工程经济学（第二版）

ENGINEERING ECONOMICS

刘新梅 主编

北京大学出版社
PEKING UNIVERSITY PRESS

图书在版编目(CIP)数据

工程经济学/刘新梅主编. —2 版. —北京:北京大学出版社,2017.10
(21 世纪经济与管理规划教材·管理科学与工程系列)
ISBN 978-7-301-28855-9

Ⅰ.①工… Ⅱ.①刘… Ⅲ.①工程经济学—高等学校—教材 Ⅳ.①F062.4

中国版本图书馆 CIP 数据核字(2017)第 247937 号

书　　　名	工程经济学（第二版）
	GONGCHENG JINGJIXUE
著作责任者	刘新梅　主编
责 任 编 辑	李笑男
标 准 书 号	ISBN 978-7-301-28855-9
出 版 发 行	北京大学出版社
地　　　址	北京市海淀区成府路 205 号　100871
网　　　址	http://www.pup.cn
电 子 信 箱	em@pup.cn　　QQ:552063295
新 浪 微 博	@北京大学出版社　@北京大学出版社经管图书
电　　　话	邮购部 62752015　发行部 62750672　编辑部 62752926
印 刷 者	三河市博文印刷有限公司
经 销 者	新华书店
	787 毫米×1092 毫米　16 开本　20.25 印张　480 千字
	2009 年 7 月第 1 版
	2017 年 10 月第 2 版　2021 年 12 月第 3 次印刷
印　　　数	5001—6000 册
定　　　价	45.00 元

未经许可，不得以任何方式复制或抄袭本书之部分或全部内容。
版权所有，侵权必究
举报电话：010-62752024　电子信箱：fd@pup.pku.edu.cn
图书如有印装质量问题，请与出版部联系，电话：010-62756370

丛书出版前言

作为一家综合性的大学出版社,北京大学出版社始终坚持为教学科研服务,为人才培养服务。呈现在您面前的这套"21世纪经济与管理规划教材"是由我国经济与管理领域颇具影响力和潜力的专家学者编写而成,力求结合中国实际,反映当前学科发展的前沿水平。

"21世纪经济与管理规划教材"面向各高等院校经济与管理专业的本科生,不仅涵盖了经济与管理类传统课程的教材,还包括根据学科发展不断开发的新兴课程教材;在注重系统性和综合性的同时,注重与研究生教育接轨、与国际接轨,培养学生的综合素质,帮助学生打下扎实的专业基础和掌握最新的学科前沿知识,以满足高等院校培养精英人才的需要。

针对目前国内本科层次教材质量参差不齐、国外教材适用性不强的问题,本系列教材在保持相对一致的风格和体例的基础上,力求吸收国内外同类教材的优点,增加支持先进教学手段和多元化教学方法的内容,如增加课堂讨论素材以适应启发式教学,增加本土化案例及相关知识链接,在增强教材可读性的同时给学生进一步学习提供指引。

为帮助教师取得更好的教学效果,本系列教材以精品课程建设标准严格要求各教材的编写,努力配备丰富、多元的教辅材料,如电子课件、习题答案、案例分析要点等。

为了使本系列教材具有持续的生命力,我们将积极与作者沟通,争取三年左右对教材不断进行修订。无论您是教师还是学生,您在使用本系列教材的过程中,如果发现任何问题或者有任何意见或者建议,欢迎及时与我们联系(发送邮件至 em@pup.cn)。我们会将您的宝贵意见或者建议及时反馈给作者,以便修订再版时进一步完善教材内容,更好地满足教师教学和学生学习的需要。

最后,感谢所有参与编写和为我们出谋划策提供帮助的专家学者,以及广大使用本系列教材的师生,希望本系列教材能够为我国高等院校经管专业教育贡献绵薄之力。

北京大学出版社
经济与管理图书事业部

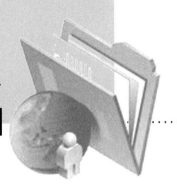

前　言

  21世纪是提高智力劳动的效率及效益的时代，它对所有人员提出了更高的要求。降低成本，增加利润，不仅是管理者和工程技术人员的重要任务，也是创业者在创新创业过程中关注的重点之一。因此，加强高等院校学生的经济意识、竞争意识，提高他们经济分析能力、决策能力是至关重要的。

  由刘新梅主编的《工程经济学》(第二版)，是在21世纪管理科学与工程规划教材《工程经济学》第一版的基础上修订出版的。针对第一版中案例少、与当前经济形势联系不紧密的缺陷，在《工程经济学》(第二版)中，对涉及国家税制改革的相关内容进行了相应的调整，对第一版中的相关例题做了统一处理；增加了投资方案选择的决策程序、最佳厂址选择、创业计划书编制大纲以及创业计划书等方面的实际案例；在具体内容的编写上更加注重内在的逻辑关系、知识点之间的联系；由浅入深，通俗易懂，紧紧围绕如何进行正确的投资决策、如何提高资金使用效率及效益等问题展开。《工程经济学》(第二版)主要围绕着工程项目的投资决策问题展开。重点介绍工程项目的投资、经济效果、费用效益分析及投资选择的基本原则；针对工程项目特点及类型，系统地介绍不同决策结构下的评价方法和评价指标体系，及工程项目可行性研究的工作内容、工作重点及财务评价的基本方法、财务报表及评价指标。通过上述内容的介绍，可以使学生对项目投资决策和可行性研究有一个全面的了解，对项目实现经济效益最大化的所涉及的研究内容及研究重点有明确的认识，这对于管理者、工程技术人员以及创新创业者寻求技术创新、新产品开发方向，开展有效的创新、创业活动具有很好的支持与帮助。

工程经济学是与工程技术学科、经济学科及管理学科有着紧密联系的新兴边缘学科。因此,编者在编写过程中,力求集中反映本学科知识的系统性、内容和方法的实用性。各章之后,附有思考练习题,以便读者复习和自学。

编者　刘新梅
2017.10.10 于西安

21世纪经济与管理规划教材
管理科学与工程系列

目 录

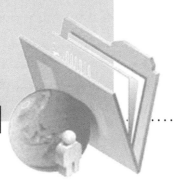

第一章 绪论 …………………………………………………………… 1
    第一节 工程经济学的含义 ……………………………………………… 3
    第二节 投资 ……………………………………………………………… 6
    第三节 费用与效益 ……………………………………………………… 8
    第四节 工程经济学的基本方法 ………………………………………… 11
    第五节 工程经济分析的重要意义 ……………………………………… 13

第二章 工程经济学基本原理 ………………………………………… 15
    第一节 工程经济分析的经济要素 ……………………………………… 17
    第二节 备选方案选择的可比原则 ……………………………………… 32
    第三节 投资方案选择的决策程序 ……………………………………… 33
    第四节 案例：美联储加息对中国投资人投资决策的影响 …………… 35

第三章 资金时间价值 ………………………………………………… 43
    第一节 资金时间价值的内涵 …………………………………………… 45
    第二节 基本术语 ………………………………………………………… 47
    第三节 资金时间价值的计算 …………………………………………… 50
    第四节 案例 ……………………………………………………………… 57

第四章 单一方案的评价方法与指标 ………………………………… 65
    第一节 单一方案的评价指标 …………………………………………… 67
    第二节 折旧、所得税对评价指标的影响 ……………………………… 75

第三节 通货膨胀对评价指标的影响 ……………………………… 80

第五章 多方案的评价方法与指标 …………………………………… 87
  第一节 独立方案的评价方法与评价指标 …………………… 89
  第二节 互斥方案的评价方法与评价指标 …………………… 93
  第三节 混合型方案的评价与选择 ……………………………… 105

第六章 融资方式及融资成本 …………………………………………… 111
  第一节 资金来源与融资渠道 …………………………………… 113
  第二节 融资方式 …………………………………………………… 117
  第三节 资金的机会成本 …………………………………………… 122
  第四节 融资成本 …………………………………………………… 124

第七章 不确定性分析 …………………………………………………… 133
  第一节 盈亏平衡分析 ……………………………………………… 135
  第二节 敏感性分析 ………………………………………………… 137
  第三节 概率分析 …………………………………………………… 141
  第四节 风险分析 …………………………………………………… 147

第八章 财务评价 ………………………………………………………… 155
  第一节 财务评价的基本内容 …………………………………… 157
  第二节 财务评价的主要指标 …………………………………… 158
  第三节 财务评价的基本报表 …………………………………… 161
  第四节 财务评价的基本程序 …………………………………… 168
  第五节 案例 ………………………………………………………… 169

第九章 设备修理与更新的经济分析 ……………………………… 181
  第一节 设备磨损及其补偿方式 ………………………………… 183
  第二节 设备的经济寿命 …………………………………………… 186
  第三节 设备大修的经济分析 …………………………………… 188
  第四节 设备更新的经济分析 …………………………………… 191

第十章 可行性研究 …………………………………………………… 203
  第一节 可行性研究的作用 …………………………………… 205
  第二节 可行性研究的基本内容 ………………………………… 208
  第三节 可行性研究报告 …………………………………………… 219
  第四节 创业计划书 ………………………………………………… 221
  第五节 市场分析案例 ……………………………………………… 223

第十一章 年产 30 万吨纤维聚酯项目的可行性研究 ………… 231
  第一节 概述 ………………………………………………………… 233
  第二节 项目必要性研究 ……………………………………………… 233

	第三节 项目市场研究	234
	第四节 项目厂址选择	235
	第五节 投资估算与资金筹措	238
	第六节 效益与费用估算	240
	第七节 财务评价	246
	第八节 不确定性分析	252
	第九节 财务评价结论	255

第十二章 优家健康食材连锁超市创业计划书 257
  第一节 总论 259
  第二节 公司简介 260
  第三节 市场分析 262
  第四节 目标市场确定 263
  第五节 营销战略与模式 266
  第六节 管理 267
  第七节 财务计划（略） 269
  第八节 关键风险 269
  第九节 收获及退出战略 270

参考文献 271

附录 273
  附录一 财务评价参数 273
  附录二 普通（按年计）复利表 281

后记 313

21世纪经济与管理规划教材

管理科学与工程系列

第一章 绪 论

  本章主要介绍工程经济学的内涵,投资、费用及效益的定义、分类,及工程经济学的基本方法。通过学习,要求明确工程经济学的研究对象、研究方法,掌握投资、费用、效益的内涵,熟知投资方案的类型,熟练及准确地识别项目的费用和效益。

第一节　工程经济学的含义

一、工程经济学的发展历程

工程经济学的历史最早可以追溯到19世纪末。美国土木工程师阿瑟·惠灵顿(Arthur M. Wellington)在工程经济学的建立与发展中做了开创性的工作，他在1887年发表的"铁路布局的经济理论"一文中首次对工程经济进行了精辟的评述，他写道："不把工程学简单地理解和定义为建造艺术是很有用处的，从某种意义来说，工程经济并不是建筑艺术。我们不妨把它精确地定义为一门少花钱多办事的艺术。"在铁路线的计算中，他首次运用了资本费用分析法，并提出了工程利息的概念。他的观点为在工程投资领域开展经济评价工作奠定了重要的基础。

进入20世纪，工程经济学得到了迅速的发展，有许多经济学家在工程经济学的发展中起到了积极的推动作用。1920年，戈德曼(O. B. Goldman)教授在他的著作《财务工程学》中研究了工程投资问题，提出用复利法计算不同投资方案的评价结果，并提出了比较选优的思路，从而为工程经济学中许多基本原理的产生铺平了道路。1930年，尤金·格兰特(Eugene L. Grant)教授在他的《工程经济原理》教科书中第一次对工程经济学原理做了系统的论述，在指出古典经济学方法的局限性的同时，提出了复利计算方法，讨论了判别因子和对短期投资进行评价的重要性，并对资本的长期投资评价做了介绍。《工程经济原理》教科书的出版标志着工程经济学真正成为一门重要的学科，进入了高等学府，成为投资经济分析中的一门重要课程。格兰特的卓越贡献使他获得"工程经济学之父"的美称。经济学家乔尔·迪安(Joel Dean)将凯恩斯等经济学家的理论结合起来，提出了分析资源配置中各种影响因素的方法。在他的影响下，现金流量的折现计算方法和资本分配法等工程经济学中许多基本的研究方法应运而生。

20世纪后期，工程经济学的地位日益突出，其重要性得到公认。特别是1982年，工程经济学家里格斯(J. L. Riggs)教授出版了《工程经济学》一书，使工程经济学的学科体系更加完整与充实，从而成为国外许多高等学府的通用教材。目前，工程经济学的发展侧重于用概率统计进行风险分析、敏感性分析和随机分析等新方法的研究上。

二、工程经济学的含义

(一) 经济学

美国经济学家萨缪尔森(P. A. Samuelson，1970年诺贝尔经济学奖获得者)认为："经济学是研究人类和社会怎样进行选择的，也就是借助或不借助货币，使用有其他用途的稀缺资源来生产各种物品；并且，为了当前和未来的消费，在社会的各个成员之间或者集团之间分配这些物品。它分析改善资源使用的配置形式所需的代价和可能得到的收益。"简言之，**经济学**就是研究如何使有限的生产资源得到有效的利用，从而获得不断扩大、日益丰富的商品和服务。

经济学根据研究的主体不同，可以分为微观经济学和宏观经济学。

微观经济学以家庭、企业、公司等微观个体为研究对象,研究在资源短缺情况下的生产经营活动,重点解决生产什么、生产多少、如何生产和为谁生产的问题。一般把利润最大化作为公司目标,把效用最大化即获得最大满意程度作为家庭的目标。

宏观经济学是以国民收入、货币流通、总消费、总投资和一般价格为研究对象,将经济活动作为整体来考虑的经济学,一般把福利最大化作为目标。

(二) 工程经济学

1. 工程、项目和经济的含义

(1) 工程。**工程**是指按一定计划进行的工作,如造船、修路、开矿、希望工程等。工程的任务是运用科学知识解决满足人们需要的生产和生活问题,比如说希望工程,其主要的目的就是使所有贫困山区的适龄儿童走进课堂,接受教育。

(2) 项目。所谓**项目**就是以一套独特而相互联系的任务为前提,有效地利用资源,为实现某一特定的目标所做的一次性努力。

项目可以从不同的角度进行分类。按项目的目标,分为营利性项目和非营利性项目;按项目的产出属性(产品或服务),分为公共项目和非公共项目;按项目的投资管理形式,分为政府审批项目、核准项目和备案项目;按项目与企业原有资产的关系,分为新建项目和改扩建项目;按项目的融资主体,分为新设法人项目和既有法人项目。

任何一项工程的完成,都有明确的开始和结束时间,同时都是以一套独特而相互联系的任务为前提,都需要有效地利用资源。从这个意义上来讲,工程就是项目的一种类型。

(3) 经济。"经济"一词,在不同范畴内有不同的含义。目前,人们对经济的理解主要有以下几种:

① 经济是指社会生产关系的总和。这种定义将经济等同于生产关系或经济基础。

② 经济是指物质的生产、交换、分配、消费的总和。这个概念将经济视为生产力和生产关系相结合的活动。

③ 经济是指"节约""节省"。

工程经济学中的经济更多的是指工程项目或其他社会经济活动中的"相对节约""相对节省",即项目的合理性问题。

2. 工程与经济的关系

工程离不开技术,工程离不开经济。因此,工程技术与经济是人类进行物质生产所不可缺少的两个方面,而先进的技术并不一定能够保证工程的经济性要求。现代工程师必须充分认识工程技术和经济在生产实践中相互促进和相互制约的关系。

经济发展往往是技术进步的动力和方向,而技术进步又是推动经济发展的重要条件和手段。在一定的社会经济条件下,生产技术的发展水平和结构,决定了整个社会的进步和经济发展。从最简单的手工劳动工具到现代的自动化和电子化的机器体系,技术在人类社会进步中经历了许多发展阶段。18世纪的欧洲产业革命以广泛使用蒸汽机为标志,促进了工业、商业和交通运输业的发展。19世纪开启了电力时代,发电机和电动机的出现,为机械工业、汽车工业、航空工业的发展开辟了道路。20世纪中期电子计算机的出现开创了技术发展的新阶段,标志着人类开始进入生产自动化和劳动生产率急剧提高的时代。当前以微电子技术、生物工程、光纤通信、宇航工程、海洋工程、新能源、新材料等为标志的新技术革命,必将进一步促进社会经济的发展,为节约社会劳动时间、缩短空间距离、促进人类交往、发展生产等带来巨大的社会经济效益。

但是另一方面,工程技术和经济之间也往往有相互制约和相互矛盾的一面。技术的发展要受到各种条件的制约,这是由于技术的实现总是要依靠当时当地的具体条件,包括自然条件、经济条件、社会条件等。条件不同,技术所带来的经济效益也就不同。例如,某种技术在某些条件下体现出较好的经济效益,而在另一些条件下就不一定如此。又如,从近期效益看,需要采用这一种技术,而从长远的发展方向来看,则可能采用另一种技术为好。有些技术的应用又往往受到经济条件的限制,例如太阳能发电、煤炭的地下气化、电力牵引机车等先进技术之所以未能广泛采用,主要就是由于成本昂贵的问题还未得到解决。又如自动化技术可以提高劳动生产率、节约劳动力和降低生产成本,但在某些国家、某些地区或某些行业却不宜广泛采用。

此外,有不少技术,如果单从技术本身来看,都是比较先进的,不过在一定条件下,某一种技术可能较其他技术更经济,效果更好,因而在实践中被采用;而另几种技术可能就不太经济,效果较差,在实践中一时不能采用。但是,随着事物的发展变化,原来不经济的技术可以转化为经济的技术,原来经济的技术也可能转化为不经济的技术。

综上所述,工程技术和经济既统一又矛盾。如何使工程技术和经济相互适应,寻求工程技术和经济的合理结合或最佳关系,就是工程经济分析的主要任务之一。

3. 工程经济学的定义

工程经济学是微观经济学的一个特殊领域,因此,它关注的重点是单个组织或企业的经济决策,其任务就是用有限的资源,最好地完成工程任务,获得最大的经济和社会效益。从根本上讲,工程经济学涉及工程与经济之间的关系。

工程经济学关注的重心不是怎样设计三峡大坝或者如何建造三峡大坝,而是三峡大坝应不应该建设?应该在什么地点、什么时间建设?建设三峡大坝需要花费多少资金?能够产生多大的经济效益和社会效益?等等。

随着科学技术的飞速发展和社会投资活动的增加,企业、公司和个人经常面对许许多多的工程决策及投资决策问题。例如,为了提升企业、公司的动态竞争能力,应不应该开发新的产品和服务?应该开发何种新的产品和服务?两个完全不同的开发方案应该如何选择?正在使用的机器何时更新最为合适?在资金有限的情况下,如何选择最佳的投资规模及投资方案?2007年11月股票市场调整之后,投资人应该进行股票投资还是购买基金?是购买商品房投资还是购买股票投资?等等。这些问题有两个明显的特点:一是每个问题都涉及方案的选择;二是每个问题都需要考虑经济问题。因此,在日益复杂的环境下要做出正确的决策,仅仅靠工程学的知识是远远不够的,还必须具备经济学的知识,并且掌握一些工程经济的分析方法。

由此可见,**工程经济学**是一门建立在工程学和经济学之上,围绕工程、项目的有关经济活动的问题,在有限的资源条件下,运用有效方法,对多种可行方案进行评价和决策,从而确定最佳方案的学科。

这里所涉及的有限资源包括资金、人力、设备、原材料等。从追求经济效益的角度分析,工程经济学与微观经济学有着紧密的联系;而从追求社会效益的角度分析,工程经济学与宏观经济学也有联系。

第二节 投　　资

一、投资的基本含义

从词性上讲，**投资**具有两层含义：一是动词的属性，表明经济活动行为，如房地产的购置活动，通常称为房地产投资；二是名词的属性，表明在某一经济活动中投入的资金数量，如在房地产开发中投入 1 000 万元。

在经济活动的分析过程中，投资的两个属性通常都会涉及。当投资人具有一定的资金，需要决定是购买股票还是购买基金时，投资所反映的就是其动词的属性；当决定进行股票投资时，投资人需要决定在股票市场投入多少资金，这时的投资就体现出其名词的属性。

无论是公司、企业还是个人，投资的目的都是希望通过现期支出一笔资金，在未来能够取得更多的回报。正如经济学家所讲的，投资是为了获得将来更多的消费而放弃现期的消费。

如果投资人将资金用于开办工厂、购买房地产，这类投资称作实物投资；如果用于购买股票、债券等有价证券，这类投资称作金融投资。

工程项目投资属于实物投资，而且需要在项目建设初期一次性（或分年）支出资金。

二、投资的分类

按照不同的资金来源，投资可以分为私人投资和公共投资。

1. 私人投资

资金来自私人部门的投资就是**私人投资**，如某公司购买 10 辆自卸货车、新建一条流水生产线、购买一幢别墅等。这类项目被称作私人投资项目。

私人投资关注的焦点是投资回报问题，投资的目的是盈利最大化、效益最大化，因此，私人投资项目往往以项目的货币收益作为项目取舍的标准，并且在评价项目时，直接运用市场价格进行计算。

2. 公共投资

如果资金来自政府部门或公共部门，这类投资就是**公共投资**，如修建高速公路、建设桥梁、城市供水工程等，这类项目被称作公共投资项目。

公共投资又称为政府投资，其主要目的是满足人们不断增长的物质文化和精神文化的需要，满足宏观经济发展的需要。因此，公共投资主要用于具有公共物品和准公共物品属性的项目、涉及国家经济安全的项目，如市政公路、城市管网、教育、电信、防洪、航天等项目。

由于公共投资项目资金来自公共部门或政府，因而在投资过程中，更加注重资源的合理配置，更加关注投资的经济效益和对社会福利所做出的贡献。换言之，公共投资追求的是社会福利的最大化，因此，不能单纯以项目的货币收益作为项目取舍的评价标准，还应该从项目对社会的贡献大小进行评价。

由于公共项目的投资决策取决于社会成本和社会收益的比较结果,所以对公共项目的分析需要考虑更多的问题,如外部效果。

三、投资方案的类型

对于一般的投资,通常可以形成三种类型的投资方案,即互斥方案、独立方案和相关方案。

1. 互斥方案

在进行投资项目决策时,往往有两个或两个以上的备选方案可供选择,如果仅有一个备选方案能被采纳,其余的方案不得不放弃,那么这些方案就属于**互斥方案**。显然,这一类型的方案之间具有互不相容、互相排斥的性质。

例如,在河上建一座桥。假设可供选择的设计方案是使用钢材或使用强化混凝土,两者只能选择其一。再比如,建造一栋楼房,项目决策者必须在建 30 层、32 层还是 35 层三种方案中选择其一,显然,在这块可用的地皮上只能建一栋楼房,因此,必须拒绝其他的设计方案。

2. 独立方案

独立方案是指作为决策对象的各个方案之间的现金流量是独立的,不具有相关性,而且,任一方案的采用与否都不影响其他方案的决策。

例如,在西部交通网的建设方案评价中,有数百个高速公路项目参选。在建设资金允许的前提下,建设其中一条高速公路并不会妨碍建设另一条。方案的采纳取决于其经济评价的结果,因为它们全是相互独立的项目。再举另一个例子,一家大型企业的工程投资部提出了三个方案项目:(1) 引进一条新的生产线;(2) 进行现有企业的技术改造;(3) 进行技术创新,研制新产品。如果选择某一确定方案,将不会影响任何同时提出的其他方案,则这三个方案就是独立方案。

3. 相关方案

当项目方案之间存在相互依存关系时,即如果接受某一方案,就会显著地改变其他方案的现金流,或者会影响其他方案的接受与否,则这些方案就是**相关方案**。

以机器和存放它的厂房为例,如果对其中之一(如机器)进行投资,就得考虑另外一个(即厂房)。因为没有厂房,机器就不能正常使用;而单有厂房,没有机器,厂房就不能构成生产车间的一个部分,而只能用作其他用途,如作为仓库。

在对一个工程项目进行投资分析时,首先需要解决的是要不要投资的问题,这时候的投资方案就是一个独立方案。当答案是肯定的时候,接下来需要解决的是如何投资的问题,这时候的投资方案往往可以形成满足目标的多个方案,而多个方案之间往往是互斥关系,此时的投资就形成了一个**互斥方案**。所以,在投资决策的不同阶段,投资所形成的方案类型是不同的。

第三节 费用与效益

在对项目进行经济分析时,根据分析者所占的视角,可以把评价分为两种:站在国家立场上的评价,称为**国民经济评价**,简称**经济评价**;站在企业或投资人立场上的评价,称为**财务评价**。

评价的视角不同,分析时所包含的费用与效益的范围也不同。经济评价时所涉及的费用与效益称为经济费用与效益,财务评价所涉及的费用与效益称为财务成本与收益。

一、经济效益与费用

经济费用与效益主要用于对满足社会公众利益的公共项目(即社会项目)的评价。

(一)经济效益

经济效益,简称效益,是指项目的完成为国家、公共部门或企业所带来的真实经济效益与社会效益,包括直接效益、间接效益、外部效果和无形效益。

1. 直接效益

直接效益是指项目本身直接增加销售量和服务量所获得的收益,或为社会节约的开支、减少的损失和节省的资源。在清水川电厂项目中,主要产品(电力)每年为公司带来的销售收入和利润,副产品如热水、炉灰所产生的收益,就是该项目的直接效益。

一个工程或项目所产生的直接效益通常包括以下两类:

(1)产品和服务数量的增加,导致财富的增加。如陕西省府谷县清水川电厂工程,为新建火力发电厂,建设规模为规划容量1 200 MW,一期工程为建设 2×300 MW 空冷燃煤发电机组。电厂项目要求在 2007 年 12 月 30 日以前投产。项目建成投产后,将为陕西乃至北京每年新增 30 亿度电的供应能力。同时,在电厂生产过程中,还会产生热水、炉灰等副产品。项目每年能为陕西清水川发电有限公司带来 9 亿元的销售收入和 3 000 万元的利润。而生产过程中产生的热水可供附近农民养鱼;炉灰是一种建筑材料,可以用来制砖。同时,电厂的建设增加了就业机会,改善了电力供应的紧张状况,改变了陕北地区的能源结构。这些都是项目的经济型效益。

(2)费用的节约,导致在产出数量不变的情况下增加了利润。如西安至汉中高速公路的建成与通车,使西安到汉中的在途时间由原来的 8 个小时缩短为现在的 3 个小时。在途时间的缩短,为运输企业降低了运输费用。

2. 间接效益

间接效益是指由于项目的兴建和经营,使配套项目和相关部门因增加产量或服务量而获得的收益。这部分收益是项目对社会所做出的贡献,而项目本身并未得到那部分效益。清水川电厂项目的建设,将对煤炭资源产生新的需求,促进煤炭生产的发展;同时,项目的建设与投产将增加就业机会,改善电力供应紧张状况,改善投资环境等,这些都是项目的间接效益。

对于一个工程项目来讲,直接效益和间接效益往往是同时存在的。在现实中,通常比较重视直接效益,但有时候间接效益比直接效益更重要,所以直接效益和间接效益都不可偏废。

3. 外部效果

一个项目除了产生由项目本身承担，在项目的收益或支出中反映的内部效果外，还会对项目以外的其他部门产生影响，这种没有在项目的收益或支出中反映出来，同时也不是项目预计中要产生的效果称为**外部效果**，也就是会计账目中不应包含的费用或收益。

比如，空气污染的产生与发电、使用汽车等交通工具和工业废气排放等因素有关。然而，它从来没有以货币的形式显示在电力公司、公交系统，或任何一个工厂的账本上，而且也未反映在汽车使用者的家庭账本上。而电力公司的原料费用、公交公司的司机工资或汽车使用者的汽油费用都清清楚楚地记录在各自的会计账目上，因此，这些费用属于他们的内部费用，相对于这些内部费用，空气污染产生的成本则是一种外部费用(效果)。

4. 无形效益

项目的直接效益或外部效益中都有一类难以或无法用货币度量的效果，这种效果统称为**无形效益**。例如，城市的犯罪率、安全、人的寿命、噪声、空气污染、绿化等，这种效果是客观存在的，具有实际的社会价值，但这些效果不能用货币来度量或本身无法度量。

对于无形效益，尽管没有市场价格，但是可以根据支付意愿估计效益的方法，对其进行估计或量化，从而给出定量与定性相结合的分析评价结果。

(二) 经济费用

经济费用，简称费用，是指为了项目的完成，国家、公共部门或企业所付出的真实费用与代价，包括项目的直接费用和间接费用两部分。

1. 直接费用

直接费用是指项目本身的直接投资和生产物料投入，以及其他直接支出。项目所产生的负效益，统一划归为费用。根据性质的不同，直接费用可分为以下几种：

(1) 投资费用。**投资费用**是指为实现某一项目所需要长期占用的全部资金，主要包括固定资产投资和流动资产投资两部分。

(2) 成本费用。**成本费用**是指工程项目为生产一定种类和数量的产品或服务所发生的各项生产费用之和，主要包括生产成本、期间费用。

(3) 税金。**税金**是指企业根据项目生产经营的范围、收益状况和国家相关的法律制度，依法向税务部门缴纳的资金。

(4) 沉没费用。**沉没费用**是指制定本项目决策之前就已花掉的费用。它的大小与支出不会对后续的决策产生影响。例如，某人想买一台家用空调，他在甲商店看到一台满意的样品，价格是 4 500 元，于是花了 150 元预订了一台，提货时只需再付 4 350 元即可。过了几天，他在乙商店看到了同一种类型的空调，价格是 4 400 元。在评价买哪一种空调时，预交的 150 元订金就是沉没费用，它对最后的决定不产生影响。此时，买甲商店的空调需 4 350 元，买乙商店的空调需 4 400 元，因此，还是买甲商店的空调合算，尽管其总价要高于乙商店。

在对待沉没费用上，容易产生一些混乱。有些人会产生这样的疑问：买甲商店的空调，不是多花了 100 元吗？其实 150 元订金是已经花掉的钱，即使不买甲商店的空调也无法挽回。因此，某人只能根据将来要花多少费用、取得多大经济效益来决定怎样行动。

(5) 转移支付。税收对于企业来说,是不折不扣的费用支出。但是,税收作为国家的财政收入,用于国家的公共事业和其他发展目的,是国家参与国民收入分配的一种手段,它仅仅代表了相应资源的分配权和使用权从企业转移到政府手中,并未减少国家的经济资源,也未增加国家的经济资源。这种不影响社会资源增减,而只表现为资源的使用权从社会的一个实体转移到另一个实体中去的转移费用,称为**转移支付**。

形成转移支付的主要原因是分析与研究的视角不同。属于转移支付的还有贷款及贷款利息、补贴、征地费等。

(6) 机会成本。众所周知,世界上的所有资源都是有限的,对于这些有限的资源,如何分配才能发挥或创造出最大的经济效益,是短缺经济学要解决的主要问题,也是摆在每一位经济学家、经营决策者面前的一个重要问题。当把一定量的某种资源用于某种用途从而获得一定权益时,就不得不放弃用于其他方面而可能产生的效益。比如一吨煤炭,用于发电可以产生一定效益,但是就不得不放弃将这一吨煤用于取暖所获得的收益;再比如某人有一亩地,用来种植小麦,就不得不放弃种玉米、蔬菜的权益。这部分被迫放弃的收益就是这种资源的机会成本。当一种资源有多种用途时,被迫放弃的最大的收益,就是这种资源的**机会成本**,即影子价格。

一种资源的机会成本只有当它面临两种以上的使用选择时才有意义。离开了不同的社会选择,机会成本就失去了实际意义。

[**例题 1-1**] 一位工程师宁愿为她自己工作,每年收入 5.5 万元。为了这么做,她放弃了一家大公司每年收入 6.2 万元的工作和朋友公司每年收入 6 万元的工作。请问:工程师雇用自己的机会成本是多少?

解:根据机会成本的定义可知,工程师雇用自己的机会成本是 6.2 万元。

[**例题 1-2**] 张某自己拥有 260 万元的闲余资金,如果进行民间贷款,每年将有 15% 的固定收益。目前,他正准备将这笔资金用于一家服装连锁经营项目,如果项目成功,张某每年将获得 30% 的收益。请问:如果谈判失败,张某无法加入服装连锁,则他的机会成本是多少?

解:如果谈判失败,张某被迫放弃服装连锁,则他的机会成本是 30% 的收益。

2. 间接费用

所谓**间接费用**,是指社会为项目付出的代价,项目本身并不需要支付的那部分费用,如为新建项目服务的配套和附属工程等所需的投资支出和其他费用。例如,要生产一种新式、低能耗的电冰箱,要求关键部件制冷压缩机的能耗指标、可靠性指标达到一定水平,否则电冰箱就无法达到设计标准。为了使压缩机的性能、质量满足电冰箱生产的需要,压缩机厂必须改进生产技术,使用先进设备,因而需要投入一定资金购买新设备,这一笔投资费用就是间接费用,它不是直接为电冰箱服务,但却与此项目能否实现有关。

间接费用的存在反映了各经济部门、行业之间的内部关联性、相互依存性。

在识别经济费用与效益时,必须采用反映资源价值高低的价格,换句话来讲,计算经济费用与效益所采用的价格必须是各种不同资源的真实价格,即影子价格。

二、财务成本与收益

财务成本与收益是对工程项目进行财务分析的重要基础,是根据项目的实际收支,按照现实财务、会计,以及税收制度确定的以现金形式支出或得到的收益。

财务成本是指工程项目实施过程中企业为之付出的全部代价与成本,主要包括投资、成本、税金等直接费用。

财务收益是指项目对企业所产生的全部收益,主要包括营业收入、补贴收入等直接效益。

第四节 工程经济学的基本方法

为了科学、客观、准确地分析工程项目投资的经济效益和对社会福利所做出的贡献,评价项目的经济合理性,工程经济学采用的基本分析方法有费用效益分析法和方案优选法。

一、费用效益分析法

费用效益分析,有时又叫效益费用分析,它是通过比较项目的预期效益和预计代价(费用),判断项目的费用有效性或经济合理性,以作为决策者进行选择和决策时的参考或依据的一种方法。

为了准确地反映项目的经济合理性,费用效益分析必须同时反映项目投入、产出两个因素影响的结果,因此,常用的表示方法有比率表示法和差额表示法两种。

(一)费用效益比率法

费用效益比率法是利用该项目的效益总额与其费用总额之比,计算该项目效益费用比的一种方法。其计算公式为:

$$费用效益比 = \frac{效益}{费用} \tag{1-1}$$

这种表示方法的特点是可以用双计量单位表示。也就是说,分子和分母的量纲可以相同,也可以不同。比如,固定资产利用的经济效果用每百元固定资产提供的产值表示(元/百元),即价值/价值。又比如,能源利用的经济效果用每吨标准煤提供的产值(元/吨标准煤)表示,即价值/实物。当费用效益比 $= \frac{效益}{费用} \geq 1$ 时,表明项目的经济效果是好的;否则,经济效果不好。

(二)差额表示法

差额表示法就是通过该项目的效益总额与其费用总额之差,计算该项目净效益(绝对数值)的一种方法。其计算公式为:

$$净效益 = 效益 - 费用 \tag{1-2}$$

这种表示方法要求产出和投入的计量单位只能用价值形式。由于此时的净效益是个绝对量,所以,它只适用于衡量规模、技术水平和技术装备以及内外部条件都相似的企业或行业的经济效果。

对于工程项目来讲,净效益应满足:净效益＝效益－费用＞0,且差值越大,经济效果越好。

二、方案优选法

为了保持清晰且合乎逻辑的推理,科学、准确地做出工程项目的决策,在利用费用效益分析法对多个方案进行比选时,必须借助于有/无分析法和增量分析法。

(一) 有/无分析法

有/无分析法是指在特定的时间内,分析人员将有项目投资所发生的一切与无项目投资所发生的一切进行对比分析的一种方法,即考察在工程项目"有"或"无"的条件下,各项目标实现程度的改变量。

在这种分析方法下,无项目投资的目标状态是一个动态的发展过程。

例如,某企业有一个技术改造项目,其目的是改进现有产品微型制冷压缩机的性能、质量,并扩大生产规模。现在的年产量为 8 000 台,售价为 500 元/台,成本为 300 元/台。如果希望扩大销路,则需要降价,预计降到 450 元/台时,销量可达 10 000 台/年。项目的建设周期为两年,预计项目建成后销量可达 20 000 台/年,且售价可提高到 550 元/台。

为了准确判断该项目的净效益,首先,分析"无"项目状态下企业的利润水平。

当前产品的市场价格为 500 元/台,两年后,由于产品性能落伍,加之市场竞争加剧,目前的产品不能保持原有的市场。为了扩大销路,企业将采取薄利多销的方法,降价进行销售,预计两年后当价格降为 450 元/台时,销量可达 10 000 台/年。假定成本不变(300 元/台),于是两年后企业的年利润是:

$$(450-300)\times 10\,000 = 150(万元)$$

其次,分析"有"项目(进行技术改造投资)状态下的利润。在"有"项目状态下,两年后,由于改造项目实施使产品的技术性能、质量、寿命都有提高,具有较强的竞争能力,估计销量可达 20 000 台/年,售价可提高到 550 元/台。假定成本不变,那么项目建成投产后,企业的年利润是:

$$(550-300)\times 20\,000 = 500(万元)$$

最后,"有"项目状态下的利润减去"无"项目状态下的利润,所得结果就是实施技术改造项目所产生的净利润。由此可见,技术改造项目能使企业利润每年增加 350 万元。

(二) 增量分析法

增量分析法主要用于对一个项目多个备选方案的投资决策。比如,在三峡船闸的设计方案中,要实现发电、防洪等综合效益,可以提出建设 3 级船闸、4 级船闸、5 级船闸和 6 级船闸等多个方案。其中,每个方案所需要的坝高不同,开挖的土方量不同,形成的发电能力不同,船只通过的时间不同,等等。这些不同如果用价值量进行度量与分析,可以归结为项目投资数量的不同。

由于边际效用递减和规模报酬递减定律的存在,不难想象,在对同一个项目进行投资时,不同的投资规模会形成不同的生产能力和生产成本,这样就形成了多个投资备选方案。

对于具有两个以上的备选方案的项目进行决策时,就可采用增量分析法。

增量分析法是指在相互竞争的互斥方案中通过比较一个方案相对于另一个方案的差额成本与差额收益,分析为获得增量效果所付出的增量费用是否值得,从而做出投资决策的一种分析方法。

在对两个以上备选方案进行增量分析时,必须按照以下步骤进行选优:

(1) 将可行的方案费用由低到高排列。
(2) 从费用最低的两个方案开始比较,通过增量分析选择优势方案。
(3) 将优势方案与紧邻的下一个方案进行增量分析,并选出新的优势方案。
(4) 重复第三步,直至最后一个方案。最终被选定的优势方案为最优方案。

第五节 工程经济分析的重要意义

要使技术能够有效地应用于国家经济建设,就必须对各种技术方案的经济效益进行计算、分析和评价,这就是工程经济分析。工程经济分析的重要意义主要体现在以下三个方面。

1. 工程经济分析是提高社会资源利用效率的有效途径

人类生活在一个资源有限的世界上,工程师所肩负的一项重大社会和经济责任,就是合理分配和有效利用现有的资源,包括资金、劳动力、原材料、能源等,来满足人类的需要。所以,如何使产品以最低的成本可靠地实现其必要功能是工程师必须考虑和解决的问题,而要做出合理分配和有效利用资源的决策,则必须同时考虑技术与经济各方面的因素,进行工程经济分析。

2. 工程经济分析是企业生产出物美价廉的产品的重要保证

现代社会要求企业的产品具有较高的市场竞争力,不仅技术要过硬,价格上也要有吸引力。如果只考虑提高质量,不考虑成本,产品价格很高,则很可能卖不出去。降低成本,增加利润,是工程师的重要任务,也是经济发展对工程师提出的要求,如果工程技术人员不懂经济,不能正确处理技术与经济关系,就做不到这一点。

3. 工程经济分析是降低项目投资风险的可靠保证

决策科学化是工程经济分析的重要体现。在工程项目投资前期进行各种技术方案的论证评价,一方面可以在投资前发现问题,并及时采取相应措施;另一方面对于技术经济论证不可行的方案,及时否定,可以避免不必要的损失,使投资风险最小化。如果盲目从事或凭主观意识发号施令,到头来只会造成人力、物力和财力的浪费。只有加强工程经济分析工作,才能降低投资风险,使每项投资获得预期收益。

本章小结

1. 工程经济学是一门建立在工程学和经济学之上,围绕工程、项目的有关经济活动的问题,在有限的资源条件下,运用有效方法,对多种可行方案进行评价和决策,从而确定最佳方案的学科。

2. 按照不同的资金来源,投资可以分为私人投资和公共投资。

3. 投资方案通常包括互斥方案、独立方案和相关方案三种类型。

4. 经济效益是指项目对国民经济所做出的贡献,即由于项目的兴建和投产为国家带来的总的经济效益和社会效益。它主要包括直接效益、间接效益、外部效益和无形效益。直接效益包括产品和服务数量的增加和费用的节约两种类型。

5. 费用是指为进行或完成某项活动或工作而必须投入的经济资源的数量,通常是以价值形式来反映的。而工程项目的费用主要是指工程项目实施过程中国家(或部门、企业)为该项目建设和生产所付出的真实经济代价。对于工程项目来讲,费用主要有直接费用和间接费用两种。

6. 直接费用是指项目本身的直接投资和生产物料投入,以及其他直接支出。它包括投资费用、成本费用、税金、沉没费用、转移支付和机会成本。

7. 费用效益分析,有时又叫效益费用分析,它是通过比较项目的预期效益和预计代价(费用),判断项目的费用有效性或经济合理性,以作为决策者进行选择和决策时的参考或依据的一种方法。

思考练习题

1. 什么是工程?什么是项目?什么是经济?三者之间的关系是什么?
2. 什么是投资?按照投资人的属性,投资可以划分为哪些类型?
3. 私人投资关注的重点是什么?
4. 公共投资关注的重点是什么?
5. 什么是经济费用?它包括哪些类型?它和财务成本的主要区别是什么?
6. 什么是经济效益?它包括哪些类型?
7. 什么是费用效益分析?
8. 什么是直接效益?什么是间接效益?如何进行划分?
9. 什么是机会成本?试举例说明你目前所存在的机会成本。
10. 在对项目进行经济效益与费用分析时,采用的是什么价格?为什么?
11. 投资一般能形成哪些投资方案?在你大学毕业的时候,你需要做出相关的决策,试以此为例,分析一下在决策的不同阶段所形成的方案类型。
12. 以自身情况为例,试分析在大学读书期间所存在的财务成本和收益。

21世纪经济与管理规划教材

管理科学与工程系列

第二章　工程经济学基本原理

本章主要阐述工程经济分析的经济要素和投资方案选择的基本原理。通过学习,要求掌握工程经济分析中投资、成本、收入、税金和利润等经济要素的内涵、构成,以及相互之间的关系;熟练掌握各要素的计算公式和计算方法;能够准确识别投资项目的备选方案的类型;掌握多方案比选的四个基本原则;熟悉投资方案选择的决策程序。

第一节 工程经济分析的经济要素

在对工程项目进行财务评价时,其基本的经济要素主要包括投资、成本、收入、税金和利润。

一、投资

(一)总投资的构成

根据工程项目建设与经营的要求,投资者要形成一定的生产能力,所需要的项目总投资应包括三个部分,即建设投资、流动资金和建设期利息。

1. 建设投资

(1)建设投资的概念。**建设投资**是指项目按给定的建设规模、产品方案和工程技术方案进行建设所需要的费用。它是项目费用的重要组成部分,也是项目财务分析的基础数据。

(2)建设投资的构成。建设投资可以按**概算法**或形成**资产法**进行分类。

按概算法分类,建设投资的构成如图 2-1 所示。

① 工程费用。工程费用是指按照给定的建设规模、产品方案和工程技术方案进行建设所需要的厂房建设费用。设备的购置与安装费用。工程费用的投入主要是为了形成一定生产能力所需要的设施。

② 工程建设其他费用。工程建设其他费用是指在形成厂房、设备等设施过程中除工程费用以外的资金投入。它主要包括技术的引进费、专有技术的使用费、专营费、生产准备费、开办费等。

③ 预备费用。预备费用是指考虑建设过程中可能出现的风险因素而导致的建设费用增加的这部分内容。按照性质的不同,预备费又分为基本预备费和涨价预备费。

基本预备费是指在建设过程中因不可预见的因素(如天气、地址条件等)发生而增加的费用,通常按照工程费用的百分比计提。

涨价预备费是指在建设期间因物价上涨而增加费用。

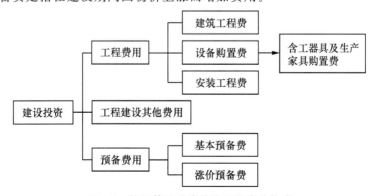

图 2-1 按概算法分类的建设投资的构成

按形成资产法分类,建设投资由固定资产费用、无形资产费用、其他资产费用和预备费四个部分组成。

固定资产费用是指项目投产时直接形成固定资产的建设投资,包括工程费用和工程建设其他费用中按规定所形成的固定资产费用(又称为固定资产其他费用)。

工程费用主要包括建筑工程费、设备购置费和安装工程费。固定资产其他费用主要包括建设单位管理费、可行性研究费、研究试验费、勘察设计费、环境影响评价费、场地准备及临时设施费、引进技术和引进设备其他费、工程保险费、联合试运转费、特殊设备安全监督检验费和市政公用设施建设及绿化费等。

固定资产费用所形成的资产就是固定资产原值(固定资产)。

无形资产费用是指直接形成无形资产的建设投资,即形成专利权、非专利技术、商标权、土地使用权和商誉等所需要的建设投资。无形资产费用所形成的资产叫无形资产。

其他资产费用是指建设投资中除形成固定资产和无形资产以外的部分,如生产准备、开办费、样品样机购置费和农业开垦费等。其他资产费用所形成的资产称为其他资产。

2. 流动资金

(1) 流动资金的概念。**流动资金**是指生产和经营活动中用于购买原材料、燃料动力、备品备件、支付工资和其他费用,以及在制品、半成品、制成品占用的周转资金。它是在生产和经营过程中,供周转使用的物资和货币的总和,也是为维护生产所占用的全部周转资金。

流动资金具有以下特点:① 在生产过程中,其实物形态不断发生变化,一个生产周期结束,其价值一次全部转移到产品中去,并在产品销售后以货币形式获得补偿;② 每个生产周期流动资金完成一次周转,但在整个项目寿命期内流动资金始终被占用着,直到项目寿命期末,全部流动资金才能退出生产和流通,以货币资金形式被回收。

(2) 流动资金的构成。流动资金在生产领域和流通领域以储备资金、生产资金、成品资金、结算资金和货币资金等五种形态存在,并周而复始循环。流动资金的构成及周转过程如图2-2所示。

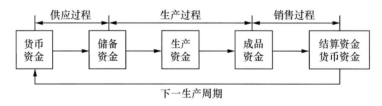

图2-2 流动资金的构成及周转过程

流动资金所形成的资产称为**流动资产**。

流动资产与流动资金之间有以下关系式:

$$流动资金 = 流动资产 - 流动负债(应付账款)$$

3. 建设期利息

建设期利息又称为建设期资本化利息,是指项目在建设期内因使用外部资金(如银行贷款、企业债券、项目债券等)而支付的利息。建设期利息应计入固定资产原值。

为了便于分析与计算,通常假定借款均在每年的年中支用,当年使用的建设资金借款按半年计息,其余各年份(上一年年末或本年年初借款累计)按全年计息。

当采用自有资金付息时,按单利计算,即:

各年应计利息 =(年初借款本金累计 + 本年借款额/2)× 名义年利率 （2-1）

当采用复利方式计息时:

各年应计利息 =(年初借款本息累计 + 本年借款额/2)× 实际年利率 （2-2）

[例题 2-1] 某项目建设期为 3 年,银行贷款利率为 10%,在第一年与第二年企业分别获得 100 万元贷款,试问:(1)采用自有资金支付利息时,该项目建设期利息为多少？(2)采用银行借款支付利息,假设银行规定每半年付息一次,试问,该项目建设期利息为多少？

解:（1）采用自有资金付息时,按照单利计算利息。

根据公式(2-1)可知:

第 1 年的贷款利息 = $100 \times 10\% / 2 = 5$(万元)

第 2 年的贷款利息 = $100 \times 10\% + 100 \times 10\% / 2 = 15$(万元)

第 3 年的贷款利息 = $100 \times 10\% + 100 \times 10\% = 20$(万元)

因此,该项目建设期的利息为 40 万元。

（2）采用银行借款付息时,按照复利计算。

根据公式(2-2)可知:

第 1 年的贷款利息 = $100/2 \times [(1+10\%/2)^2 - 1] = 5.125$(万元)

第 2 年的贷款利息 = $[(100+5.125)+100/2] \times [(1+10\%/2)^2 - 1] = 15.9$(万元)

第 3 年的贷款利息 = $(100+100+15.9) \times [(1+10\%/2)^2 - 1] = 22.130$(万元)

因此,该项目建设期的利息为 43.155 万元。

(二)总资产的构成

根据资本保全原则,当一个工程项目建成投入运营时,项目总投资中的建设投资、建设期利息、流动资金分别形成固定资产原值、无形资产原值、其他资产原值和流动资产四部分。

1. 固定资产

固定资产是指使用年限在 1 年以上,单位价值在一定限额以上,在使用过程中始终保持原有物质形态的资产。固定资产主要包括房屋、建筑物、机械、运输设备和其他与生产经营有关的设备、器具、工具等。不属于生产经营主要设备的物品,单位价值在 2 000 元以上,使用年限超过两年的也作为固定资产。

在不同的分析时期,固定资产具有不同的价值。

(1)固定资产原值:项目建成投产时核定的固定资产价值,其大小等于购入或自创固定资产时所发生的全部费用。

(2)固定资产净值:固定资产使用一段时间后所具有的价值,其大小等于固定资产原值扣除累计的折旧费。

(3)固定资产残值:项目寿命期结束时,固定资产的残余价值(一般指当时市场上可以实现的价值)。

形成的固定资产原值可用于计算折旧费。

2. 无形资产

无形资产是指具有一定价值或可以为所有者带来经济利益,能在比较长的时期内持续发挥作用且不具有独立实体的权利和经济资源。无形资产通常表现为企业拥有的一种特殊权利。无论是自创的还是购入的无形资产,都能使拥有者在较长时期内获得高于一般水平的收益。而且企业拥有的无形资产价值越高,其获利能力就可能越强。

无形资产包括专利权、著作权、商标权、土地使用权、专有技术、商誉等,如图 2-3 所示。

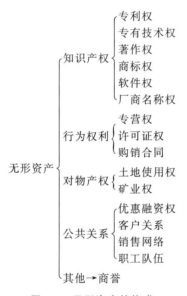

图 2-3　无形资产的构成

形成的无形资产原值可用于计算摊销费。

3. 其他资产

其他资产费用所形成的资产称为**其他资产**。形成的其他资产原值可用于计算摊销费。

4. 流动资产

企业在一定的流动资金的支持下,通过采购、生产和销售等一系列生产经营活动,就可以生产出新的产品和服务,产生价值的增值。流动资金的投资使投资者具有一定的资产,即流动资产。

流动资产是指可以在一年或超过一年的一个营业周期内变现或者耗用的资产。流动资产通常包括现金(银行存款)、存货(原材料、半成品、产成品)和应收账款等。

企业生产经营活动过程中流动资产的构成及循环过程如图 2-4 所示。

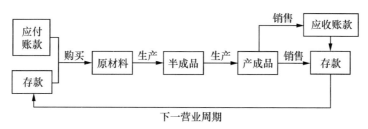

图 2-4 流动资产的构成及循环过程

二、成本

对于一个工程项目来讲,一旦建成投产,就开始了产品和服务的生产和经营活动,产品和服务的生产与销售必然伴随着活劳动和物化劳动的消耗,产品和服务的成本就是这种劳动消耗的货币表现。

(一)总成本费用

总成本费用是指在运营期(生产期)内为生产产品或提供服务所发生的全部费用。总成本费用的构成可以由生产成本加期间费用法和生产要素法两种方法确定。

1. 生产成本加期间费用法

按照生产成本加期间费用法,总成本费用的构成如图 2-5 所示。

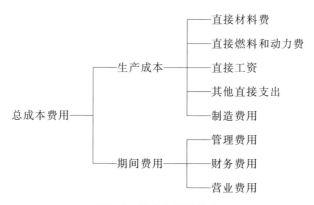

图 2-5 总成本费用构成

(1)生产成本。**生产成本**是指为生产产品和提供服务所发生的各种耗费,也称制造成本,主要包括各项直接支出和制造费用。

① 各项直接支出主要包括直接材料、直接燃料和动力、直接工资和其他直接支出。

直接材料是指在生产和服务过程中直接消耗且用于产品生产的各种物资,包括实际消耗的原材料、辅助材料、备品配件、外购半成品、包装物,以及其他直接材料。

直接燃料和动力是指在生产和服务过程中直接消耗于产品和服务生产的各种燃料和动力,包括实际消耗的煤、电、气、油等。

直接工资是指在生产和服务过程中直接从事产品生产人员的工资性消耗,包括生产和服务人员的工资、奖金、津贴、各类补贴等。

其他直接支出是指按照直接工资的一定百分比计算的直接从事产品生产人员的职工

福利费。

② 制造费用是指发生在生产单位的间接费用，是生产单位（车间、分厂）为组织和管理生产所发生的各项费用，包括生产单位管理人员的工资、职工福利费、生产单位固定资产折旧费、修理维护费、维简费及其他制造费用（低值易耗品、取暖费、水电费、办公费、差旅费、运输费、保险费、劳保费、修理期间的停工损失费，以及其他制造费用）。

(2) 期间费用。**期间费用**是与特定的生产经营期密切相关，直接在当期得以补偿的费用。期间费用包括管理费用、财务费用和营业费用。

① 管理费用是指企业行政管理部门为管理和组织经营活动而发生的各项费用。包括由企业统一负担的管理人员工资和福利费、折旧费、修理费、无形资产及其他资产摊销费及其他管理费用（办公费、差旅费、劳保费、技术转让费、土地使用税、车船使用税、房产税、印花税等）。

② 财务费用是指为筹集资金而发生的各项费用，包括生产经营期间发生的利息净支出及其他财务费用（外币汇兑损益、外汇调剂手续费、支付给金融机构的手续费等）。

③ 营业费用是指在销售产品过程中所发生的费用以及专设销售机构的各项费用，包括为销售产品和服务所发生的运输费、包装费、保险费、展览费和广告费，以及专设销售机构人员的工资及福利费、类似工资性质的费用、业务费等。

2. 生产要素法

按照生产要素的构成，总成本费用主要包括外购原材料、燃料和动力费、工资及福利费、折旧费、摊销费、修理费、财务费用（利息支出）和其他费用。

(1) 外购原材料、燃料和动力费。**外购原材料**、**燃料和动力费**是指在生产过程中外购的部分。

(2) 工资及福利费。**工资及福利费**是指企业为获得职工提供的服务而给予各种形式的报酬，通常包括职工工资、奖金、津贴和补贴以及职工福利费。

(3) 折旧费、摊销费。

折旧费是指固定资产在使用过程中由于逐步磨损而转移到产品中的那部分价值。固定资产的折旧额从销售收入中按月提存。

目前我国采用的折旧方法主要有直线法、年数总和法、双倍余额递减法，其中，年数总和法和双倍余额递减法是加速折旧法。有关折旧的计算问题，将在第四章第二节进行详细的阐述。

摊销费是指无形资产和其他资产的原始价值在规定的年限内，按年或产量转移到产品成本中的部分。企业通过计提摊销费，回收无形资产和其他资产投资。

按照有关规定，摊销费从开始使用之日起，在有效使用年限内平均摊入成本。一般采用平均年限法，不考虑残值。另外，在没有规定期限时，摊销的年份按不少于10年的期限分期摊销。

(4) 修理费。**修理费**是指为保证固定资产的正常运转和使用，充分发挥使用效能，对其进行必要修理所发生的费用。按修理范围的大小和修理时间间隔的长短可以分为大修理和中小修理。

(5) 财务费用(利息支出)。按照会计法规,企业为筹集所需资金而发生的费用称为**借款费用**,又称为**财务费用**,包括利息支出、汇兑损失,以及相关的手续费等。

长期借款利息按复利计算,流动资金借款和短期借款利息按单利计算。

(6) 其他费用。其他费用包括其他制造费用、其他管理费用和其他营业费用。

① 其他制造费用是指从制造费用中扣除生产单位管理人员工资及福利费、折旧费、修理费后的其余部分。在项目评价中常用的估算方法是按固定资产原值(扣除建设期利息)的百分数估算或者按人员定额估算。

② 其他管理费用是指从管理费用中扣除工资及福利费、折旧费、摊销费、修理费后的其余部分。在项目评价中常用的估算方法是按照人员定额或工资及福利费总额的倍数估算。

③ 其他营业费用是指从营业费用中扣除工资及福利费、折旧费、修理费后的其余部分。在项目评价中常用的估算方法是按营业收入的百分数估算。

(二) 经营成本

经营成本是工程经济学中分析现金流量时所使用的特定概念。作为项目运营期的主要现金流出,其构成为:

$$经营成本 = 外购原材料、燃料和动力费 + 工资及福利费 + 修理费 + 其他费用 \quad (2-3)$$

经营成本涉及项目生产及销售、企业管理过程中的物料、人力和能源的投入费用,能够在一定程度上反映企业的生产和管理水平。同类企业的经营成本具有可比性。

经营成本与总成本的关系为:

$$经营成本 = 总成本费用 - (折旧费 + 摊销费 + 利息支出) \quad (2-4)$$

(三) 固定成本和可变成本

按照各种费用与产品或服务数量的关系,可以把总成本费用划分为固定成本和可变成本两部分。

固定成本是指在一定生产规模限度内,不随产品或服务的数量增减而变化的费用,如折旧费、摊销费、修理费、工资及福利费(计件工资除外)和其他费用等。通常把运营期发生的全部利息也作为固定成本。

可变成本是指产品成本中随产品或服务数量的增减而成比例增减的费用。可变成本包括外购原材料、燃料及动力费和计件工资。

还有一些费用,虽然也随着产量增减而变化,但不是成比例地变化,称为**半可变(半固定)成本**,如运输费等。通常将半可变成本进一步分解为可变成本与固定成本。因此,总成本费用最终可划分为可变成本和固定成本。

[**例题 2-2**] 某企业的成本信息如下:原材料 3100 元;燃料和动力 2000 元;生产工人工资 4000 元,其中计件工资 1500 元,计时工资 2500 元;车间经费和企业管理费 10900 元,其中变动成本 3400 元,固定成本 7500 元。若企业年产量为 1000 件,试问:① 在上述成本资料中,哪些属于固定成本?哪些属于可变成本?② 该企业的总成本费用为多少?

解:① 在该企业的成本资料中,原材料费、燃料和动力费、计件工资、管理费中的可变成本部分,都与产量成正比关系,属于可变成本。因此,该企业的可变成本为:

$$可变成本 = 3\,100 + 2\,000 + 1\,500 + 3\,400 = 10\,000(元)$$

该企业的单位产品的可变成本为：

$$单位产品的可变成本 = \frac{可变成本}{产量} = \frac{10\,000}{1\,000} = 10(元)$$

单位产品的可变成本为10元，说明每生产1件产品就必须投入10元的相关费用，即单位可变成本在相关的产量范围内是不变的。

计时工资、管理费中的固定成本部分与产量没有正比关系，属于固定成本。因此，该企业的固定成本为：

$$固定成本 = 2\,500 + 7\,500 = 10\,000(元)$$

该企业的单位产品的固定成本为：

$$单位产品的固定成本 = \frac{固定成本}{产量} = \frac{10\,000}{1\,000} = 10(元)$$

从计算结果可知，单位产品的固定成本随产量的变化而变化，并且呈现出反比关系。

② 该企业的总成本费用为：

$$总成本费用 = 固定成本 + 可变成本 = 10\,000 + 10\,000 = 20\,000(元)$$

三、收入、税金和利润

（一）收入

1. 营业收入

营业收入是指销售产品或提供服务所获得的收入，它是财务分析的重要数据，也是现金流量表中主要的现金流入量。

营业收入的大小主要与产品或服务的销售量和价格有关，即：

$$营业收入 = 产品或服务的销售量 \times 价格$$

企业的营业收入与总产值是有区别的。同一时期企业的总产值是指企业生产的成品、半成品和在制品、工业性劳务的价值总和，可按市场价格或不变价格计算。而营业收入是企业出售产品的货币收入，是按出售时的市场价格计算的。

2. 补贴收入

补贴收入是指与收益有关的政府补贴，包括先征后返的增值税、按销量或工作量等依据国家规定的补助定额计算并按期给予的定额补贴，以及属于财政扶持而给予的其他形式的补贴等。

补贴收入同营业收入一样，应列入利润及利润分配表、财务计划现金流量表和项目投资现金流量表。

（二）税金

税收是国家为实现其职能，凭借政权的力量，按照法定的标准和程序，无偿地、强制地取得财政收入而发生的一种分配关系。税收不仅是国家取得财政收入的主要渠道，也是国家对各项经济活动进行宏观调控的重要杠杆。税收对国家而言，是一种收入；对纳税人而言，则是一项支出。在工程经济分析中，只有正确计量项目的各项税费，才能科学准确地进行评价。下面主要介绍与工程项目经济分析有关的税种。

1. 增值税

(1) 增值税的含义。**增值税**是以商品(含应税劳务)在流转过程中产生的增值额作为计税依据而征收的一种流转税。从计税原理上说,增值税是对商品生产、流通、劳务服务中多个环节的新增价值或商品的附加值征收的一种流转税。增值税实行价外计税,即由消费者负担,有增值才征税,没增值不征税。

销售货物或者提供加工、修理修配劳务以及进口货物的单位和个人就其实现的增值额缴纳增值税。目前,增值税已经成为中国最主要的税种之一,增值税的收入占中国全部税收的60%以上,是最大的税种。增值税由国家税务局负责征收,税收收入中75%为中央财政收入,25%为地方收入。进口环节的增值税由海关负责征收,税收收入全部为中央财政收入。

(2) 增值税的计税方法。在实际操作的过程中,商品新增价值或附加值在生产和流通过程中是很难准确计算的。因此,中国也采用国际上普遍采用的税款抵扣的办法。即根据销售商品或劳务的销售额,按规定的税率计算出销售税额(销项税额),然后扣除取得该商品或劳务时所支付的增值税款,也就是进项税额,其差额就是增值部分应交的税额。即:

$$应纳税额 = 当期销项税额 - 当期进项税额 \tag{2-5}$$

① 销项税额。**销项税额**是指纳税人销售货物或者提供应税劳务,按照销售额和增值税率计算并向买方收取的增值税额。销项税额的计算公式为:

$$销项税额 = 销售额 \times 税率 \tag{2-6}$$

销售额是指纳税人销售货物或提供应税劳务而向购买方收取的全部价款和价外费用(手续费等),但不包括收取的销项税额,即:

$$销售额 = 含税销售额 \div (1 + 税率) \tag{2-7}$$

② 进项税额。**进项税额**是指纳税人购进货物或接受应税劳务所支付或负担的增值税额。进项税额是由销售方向购买方在销售价格以外收取的税费。

另外,增值税也可以按照增值额的大小进行计算,即:

$$增值税 = 增值额 \times 税率$$

式中,**增值额**是指纳税人从事应税货物生产经营或提供劳务而新增加的价值额。

(3) 增值税计税的理论依据。根据增值税计税的理论依据,增值额可以用新增的工资和利润表示。此时的增值税为:

$$\begin{aligned} 增值税 &= 增值额 \times 税率 \\ &= (销售收入 - 外购原材料、燃料动力等) \times 税率 \end{aligned} \tag{2-8}$$

(4) 增值税税率。一般纳税人适用的税率有17%、13%、11%、6%、0%等。

① 根据国家有关规定,适用17%税率的有:

- 销售货物或者提供加工、修理修配劳务以及进口货物;
- 提供有形动产租赁服务。

② 根据国家有关规定,适用13%税率的有:

- 粮食、食用植物油;
- 自来水、暖气、冷气、热水、煤气、石油液化气、天然气、沼气、居民用煤炭制品、二甲醚等；
- 图书、报纸、杂志、音像制品、电子出版物等；
- 饲料、化肥、农药、农机、农膜。

③ 适用 11% 税率的有：
- 交通运输业服务；
- 建安房地产。

④ 适用 6% 税率的有：
- 现代服务业；
- 金融保险；
- 生活服务等（有形动产租赁服务除外）。

⑤ 适用 0% 税率的有：出口货物等特殊业务。

[例题 2-3] 2015 年 6 月某企业实现的销售额为 200 万元，购进货物或接受应税劳务所支付或负担的增值税额为 16 万元。假设该企业增值税适用税率为 17%。试问：该企业 2015 年 6 月应向税务机关缴纳的增值税为多少？

解： 当期销项税额 $= 200 \times 17\% = 34$（万元），当期进项税额为 16 万元。

根据增值税的计算公式(2-5)可知，该公司 2015 年 6 月应缴纳的增值税为：

$$应纳增值税额 = 当期销项税额 - 当期进项税额$$
$$= 34 - 16 = 18（万元）$$

[例题 2-4] A 公司 2015 年 4 月购买甲产品支付货款 20 000 元，增值税进项税额 3 400 元，取得增值税专用发票。销售甲产品含税销售额为 34 500 元。试问：A 公司 2015 年 4 月应向税务机关缴纳的增值税为多少？

解： 根据题目，A 企业 2015 年 4 月的进项税额为：

$$进项税额 = 3 400（元）$$

A 企业 2015 年 4 月的销项税额为：

$$销项税额 = 34 500/(1 + 17\%) \times 17\% = 5 013（元）$$

根据增值税的计算公式(2-5)可知，A 公司 2015 年 4 月应向税务机关缴纳的增值税为：

$$应纳税额 = 5 013 - 3 400 = 1 613（元）$$

2. 消费税

(1) 消费税的含义。**消费税**（特种货物及劳务税）是以消费品的流转额作为征税对象的各种税收的统称。消费税是政府向消费品征收的税项，可从批发商或零售商征收。消费税是典型的间接税。消费税实行价内税，只在应税消费品的生产、委托加工和进口环节缴纳，在以后的批发、零售等环节，因为价款中已包含消费税，因此不用再缴纳消费税，税款最终由消费者承担。根据《中华人民共和国消费税暂行条例》，消费税的纳税人为在中国境内生产、委托加工和进口应税消费品的单位和个人。

消费税是在对货物普遍征收增值税的基础上，国家根据宏观产业政策和消费政策的要求，有目的地、有重点地选择一些消费品征收的一个税种，目的是调节产品结构、引导消费方向、保证国家财政收入。消费税是以特定消费品为课税对象所征收的一种税，属于流转税的范畴。

(2) 消费税征收范围。消费税的征税项目具有选择性。目前,中国现行消费税的征收范围主要包括烟、酒及酒精、鞭炮、焰火、化妆品、成品油、贵重首饰及珠宝玉石、高尔夫球及球具、高档手表、游艇、木制一次性筷子、实木地板、汽车轮胎、摩托车、小汽车等税目,有的税目还进一步划分若干子目。

(3) 消费税的计税依据。消费税的计税依据分别采用从价和从量两种计税方法。实行从价计税办法征税的应税消费品,计税依据为应税消费品的销售额。实行从量定额办法计税时,通常以每单位应税消费品的重量、容积或数量为计税依据。

(4) 消费税的计税方法。

① 从价计税

$$应纳税额 = 应税消费品销售额 \times 适用税率 \quad (2-9)$$

② 从量计税

$$应纳税额 = 应税消费品销售数量 \times 适用税额标准 \quad (2-10)$$

3. 营业税金附加

营业税金附加主要包括教育费附加和城市维护建设税。

(1) 教育费附加。**教育费附加**是指为了加快地方教育事业的发展,扩大地方教育经费来源,而向缴纳增值税、消费税的单位及个人征收的教育经费。教育费附加按应缴纳的增值税、消费税税款的3%征收。

教育费附加的计算公式为:

$$教育费附加 = (增值税、消费税) \times 3\%$$

(2) 城市维护建设税。**城市维护建设税**是一种地方附加税,是以增值税、消费税为计税依据征收的一种税。所有缴纳增值税、消费税的单位和个人均应缴纳城市维护建设税。

城市维护建设税的计算公式为:

$$城市维护建设税 = (增值税、消费税) \times 税率$$

城市维护建设税按纳税人所在地区实行差别税率。

① 项目所在地为市区的,税率为7%;

② 项目所在地为县城、镇的,税率为5%;

③ 项目所在地为乡的,税率为1%。

4. 资源税

资源税是对在我国境内开采原油、天然气、煤炭、黑色金属矿原矿、有色金属矿原矿及生产盐的单位和个人征收的一种税。征收资源税的目的在于调节因资源条件差异而形成的资源级差收入,促进国有资源的合理开采与利用,同时为国家创造一定的财政收入。

资源税按照矿产的产量计征,即:

$$资源税应纳税额 = 课税数量 \times 税率$$

资源税实行差别税率,即对资源条件和开采条件好、收入多的,多征税;对资源条件和开采条件差、收入少的,少征税。

5. 营业税金及附件

在会计处理上,增值税、消费税、资源税和城市维护建设税、教育费附加均可包含在营业税金及附加中，即：

营业税金及附加＝增值税＋消费税＋营业税金附加＋资源税

＝增值税＋消费税＋城市维护建设税＋教育费附加＋资源税 (2-11)

6. 所得税

所得税是以单位（法人）或个人（自然人）在一定时期内的纯所得（净收入）额为征税对象的一个税种。根据征收对象的不同，所得税分为企业所得税和个人所得税两种。

(1) 企业所得税。

① 企业所得税的类型及适用税率。**企业所得税**是对我国境内企业和其他取得收入的组织（以下统称企业），就其生产、经营所得和其他所得征收的一种税。根据企业注册地的不同，企业又可分为居民企业和非居民企业。

居民企业是指依法在中国境内成立，或者依照外国（地区）法律成立但实际管理机构在中国境内的企业。居民企业应当就其来自中国境内、境外的所得缴纳企业所得税。

非居民企业是指依照外国（地区）法律成立且实际管理机构不在中国境内，但在中国境内设立机构、场所的，或者在中国境内未设立机构、场所，但有来自中国境内所得的企业。

非居民企业在中国境内设立机构、场所的，应当就其所设机构、场所取得的来自中国境内的所得，以及发生在中国境外但与其所设机构、场所有实际联系的所得，缴纳企业所得税。

另外，对于非居民企业在中国境内未设立机构、场所的，或者虽设立机构、场所但取得的所得与其所设机构、场所没有实际联系的，就其来自中国境内的所得缴纳企业所得税，所得税适用税率为20%。

② 应纳税额的计算公式。根据企业所得税法的规定，企业的应纳税所得额乘以适用税率，减除依照所得税法关于税收优惠的规定减免和抵免的税额后的余额，为应纳税额。由此可以得出企业应纳税额的计算公式为：

应纳税额＝应纳税所得额×税率－减免或抵免额

＝（收入总额－准予扣除的项目金额）×税率

－减免或抵免额 (2-12)

应纳税所得额为企业每一纳税年度的收入总额，减除不征税收入、免税收入、各项扣除以及允许弥补的以前年度亏损后的余额。

收入总额是指企业以货币形式和非货币形式从各种来源取得的收入，主要包括：(a) 销售货物收入；(b) 提供劳务收入；(c) 转让财产收入；(d) 股息、红利等权益性投资收益；(e) 利息收入；(f) 租金收入；(g) 特许权使用费收入；(h) 接受捐赠收入；(i) 其他收入。

收入总额中为不征税的收入有：(a) 财政拨款；(b) 依法收取并纳入财政管理的行政事业性收费、政府性基金；(c) 国务院规定的其他不征税收入。

各项扣除是指企业实际发生的与取得的收入有关的、合理的支出，主要包括成本、费用、税金、损失和其他支出。

另外，企业发生的公益性捐赠支出，在年度利润总额12%以内的部分，准予在计算应纳税所得额时扣除。

企业按照规定计算的固定资产折旧、无形资产和其他资产的摊销费用,在计算应纳税所得额时准予扣除。

③ 所得税的税率。

(a) 一般企业和项目,税率为25%。

(b) 小型微利企业,税率为20%。

(c) 国家需要重点扶持的高新技术企业,税率为15%。

(d) 根据所得税法的有关规定,企业的下列所得,可以免征、减征企业所得税:

- 从事农、林、牧、渔业项目的所得;
- 从事国家重点扶持的公共基础设施项目投资经营的所得;
- 从事符合条件的环境保护、节能节水项目的所得;
- 符合条件的技术转让所得。

此外,符合条件的征收企业所得税,按15%的税率征收企业所得税。

企业所得税是国家参与企业利润分配的重要手段。

(2) 个人所得税。

① 个人所得税的征收范围。凡在中国境内有住所,或者无住所而在境内居住满一年的个人,从中国境内和境外取得的所得,均应缴纳个人所得税。

在中国境内无住所又不居住或者无住所而在境内居住不满一年的个人,从中国境内取得的所得,依照所得税法规定也需缴纳个人所得税。

个人所得主要包括:工资、薪金所得;个体工商户的生产、经营所得;对企事业单位的承包经营、承租经营所得;劳务报酬所得;稿酬所得;特许权使用费所得;利息、股息、红利所得;财产租赁所得;财产转让所得;偶然所得;经国务院财政部门确定征税的其他所得。

② 个人所得税的税率。工资、薪金所得,适用超额累进税率,税率为3%—45%,具体税率如表2-1所示。

表2-1 个人工资、薪金所得税税率表

级数	全月应纳税所得额(含税)	税率(%)
1	≤1 500 元	3
2	1 500—4 500 元	10
3	4 500—9 000 元	20
4	9 000—35 000 元	25
5	35 000—55 000 元	30
6	55 000—80 000 元	35
7	≥80 000 元	45

注:本表所称全月应纳税所得额是指依照《中华人民共和国个人所得税法》第六条的规定,以每月收入额减除费用3 500元以及附加减除费用后的余额。

个体工商户的生产、经营所得和对企事业单位的承包经营、承租经营所得,适用5%—35%的超额累进税率,具体税率如表2-2所示。

表 2-2 个体工商户生产、经营所得税税率表

级数	全年应纳税所得额	税率(%)
1	≤15 000 元	5
2	15 000—30 000 元	10
3	30 000—60 000 元	20
4	60 000—100 000 元	30
5	≥100 000 元	35

注：表 2-2 所称全年应纳税所得额是指依照《中华人民共和国个人所得税法》第六条的规定，以每一纳税年度的收入总额，减除成本、费用以及损失后的余额。

稿酬所得，适用比例税率，税率为 20%，并按应纳税额减征 30%。

劳务报酬所得，适用比例税率，税率为 20%。对劳务报酬所得一次收入极高的，可以实行加成征收，具体办法由国务院规定。

特许权使用费所得，利息、股息、红利所得，财产租赁所得，财产转让所得，偶然所得和其他所得，适用比例税率，税率为 20%。

(三) 利润

1. 利润总额

利润总额是企业在一定时期内全部生产经营活动的最终财务成果。它集中反映了企业生产经营各方面的效益。

按照现行财务制度规定，利润总额的计算公式为：

$$\text{利润总额} = \text{营业利润} + \text{投资净收益} + \text{补贴收入} + \text{营业外收支净额} \tag{2-13}$$

其中：

$$\text{营业利润} = \text{主营业务收入} - \text{主营业务成本和主营业务税金及附加} + \text{其他业务利润} - \text{营业费用} - \text{管理费用} - \text{财务费用} \tag{2-14}$$

在项目评价时，为简化计算，通常假定项目不发生其他业务利润，也不发生投资净收益、补贴收入、营业外收支净额，故本期的利润总额为：

$$\text{利润总额} = \text{主营业务(销售)收入} - \text{主营业务总成本费用} - \text{主营业务(销售)税金及附加} \tag{2-15}$$

2. 税后利润

税后利润又称为净利润，是指利润总额扣除所得税后的余额。其计算公式为：

$$\text{税后利润} = \text{利润总额} - \text{所得税} \tag{2-16}$$

根据我国有关法律，税后利润应按以下顺序分配：

① 被没收财物损失，违反税法规定支付的滞纳金和罚款；
② 弥补企业以前年度亏损；
③ 提取法定公积金，用于弥补亏损，按照国家规定转赠资本金等；
④ 提取公益金，主要用于企业职工福利设施支出；
⑤ 向投资者分配利润，企业以前年度未分配的利润，可以并入本年度向投资者分配。

[例题 2-5] 某项目投产后,每年生产成本为:直接材料费(外购)125 万元,直接人工费 100 万元,制造成本(不含折旧)80 万元,管理费用(不含折旧)60 万元,折旧 50 万元,财务费用(全部是利息支出)70 万元,销售费用 80 万元。每年的销售收入为 750 万元。试问:① 该项目的总成本费用、经营成本是多少? ② 营业税金及附加是多少? ③ 利润总额是多少? ④ 税后利润是多少?

解:① 该项目的总成本费用:

$$总成本费用 = 直接材料费 + 直接人工费 + 制造成本(不含折旧)$$
$$+ 管理费用(不含折旧) + 折旧 + 财务费用 + 销售费用$$
$$= 125 + 100 + 80 + 60 + 50 + 70 + 80$$
$$= 565(万元)$$

由公式(2-4)可得:

$$经营成本 = 总成本费用 - (折旧费 + 摊销费 + 利息支出)$$
$$= 565 - (50 + 70) = 445(万元)$$

② 营业税金及附加:

由公式(2-8)可得:

$$增值税 = (销售收入 - 直接材料费) \times 税率$$
$$= (750 - 125) \times 17\% = 106.25(万元)$$

根据国家的有关规定,教育费附加按应缴纳的增值税、营业税税款的 3% 征收,城市维护建设税按增值税、营业税、消费税的 7% 计征。

由公式(2-11)、公式(2-12)可得:

$$教育费附加税 = 增值税 \times 税率 = 106.25 \times 3\% = 3.19(万元)$$
$$城市维护建设税 = 增值税 \times 税率 = 106.25 \times 7\% = 7.44(万元)$$

则该项目应缴纳的营业税金及附加为:

$$营业税金及附加 = 106.25 + 3.19 + 7.44 = 116.88(万元)$$

③ 利润总额:

由公式(2-15)可得:

$$利润总额 = 销售收入 - 总成本费用 - 营业税金及附加$$
$$= 750 - 565 - 116.88 = 68.12(万元)$$

④ 税后利润:

根据国家有关规定,按照公式(2-12)所计算的项目应纳税额为:

$$应纳税额 = 应纳税所得额 \times 税率 = 利润总额 \times 税率$$
$$= 68.12 \times 25\% = 17.03(万元)$$

根据公式(2-16)所计算的税后利润为:

$$税后利润 = 利润总额 - 所得税$$
$$= 68.12 - 17.03 = 51.09(万元)$$

第二节 备选方案选择的可比原则

一、备选方案的识别

满足相同目标的备选方案的形成,主要受到投资规模的影响,投资规模越大,产出数量越多。例如,在解决西安到汉中的运输量问题时,一般想到的是修建铁路、高速公路两种方案。铁路建设和高速公路建设所需要的资金不同,每年的运输量不同。通常情况下,铁路建设的投资大于高速公路,铁路每年的运输量也远远高于公路。在决定进行铁路建设时,我们又会提出是建设高速铁路还是建设电气化铁路的问题。建设高速铁路的投资要大于电气化铁路,但是高速铁路的通行量和运输量却要高于电气化铁路。同样对于公路建设也是一样,不同的投资可以形成不同的建设方案,从而产出也不同。

根据经济学的规模报酬递减规律可知,随着投资规模的增加,其边际产出呈现出递减的趋势。比如说,某投资者在西安高新区想开一家健身房,营业面积为100平方米。如果开设1门健身课,需要2名教练,教练每人每月的费用为1500元;如果开设2门健身课,需要3名教练,每名教练每月的费用为1300元。由此可见,在一定的规模下,随着课程数的增加,教练员的收入呈现出递减的规律。规模报酬递减规律也是形成备选方案的原因之一。

那么,在对一项投资进行分析时,如何识别其备选方案呢?通常可以采用"集思广益法"。所谓**集思广益**,就是利用与投资相关的所有人员或所有可能对问题提出解决办法的人的想象力,借助他们的知识、经验、理解力,提出满足投资目标的各种方案(甚至是最难以实现的方案),然后利用一定的方法,选出那些看起来有研究价值的方案。这些有价值的方案就形成了投资活动的备选方案。

[**例题 2-6**] 张某即将大学毕业,为了获得更好的发展,准备继续深造。试问:张某可供选择的方案有哪些?

解:对于这个问题,每一个大学生都需要面对。在大学三年级的时候,每一位学生都将面临两种选择:继续深造还是就业。

张某在综合了当前的就业形势、家庭经济条件、本人发展方向及目标之后,决定继续深造。

在综合考虑决定继续深造时,张某需要考虑的问题有:① 是继续学习本专业还是换专业? ② 是在国内还是到国外继续深造? ③ 在国内继续深造的话,是在本校继续深造还是到外校?哪些外校?等等。这些问题就是张某在决定继续深造时,可供选择的备选方案。这三个问题形成了三组备选方案,而每一组备选方案之间形成的是互斥方案。

二、投资方案选择的基本原理

对投资项目的备选方案进行比选时,为了准确地分析、对比方案之间的效果,所分析的方案应满足四个基本的可比原则。

1. 需要上的可比

需要上的可比是指各个备选方案能够满足相同的社会、家庭、个人需要的质和量,即具有共同的目标。目标不同的方案、不能满足最低要求的方案无法进行比较。

比如，火力发电，可以用煤作为燃料，也可以用天然气作为燃料，还可以用原油作为燃料，究竟哪一种燃料比较经济合理呢？这就需要对用煤、天然气还是原油作为燃料的方案进行比较。虽然三种燃料的化学和物理性质不同，但是对于火力发电燃料来讲，它们都满足要求，因而具有可比性。

为了对满足需要的备选方案进行比较，需要对备选方案的产出数量、质量和品种等不可比因素进行修正，以使备选方案在相同的产出数量、质量和品种下进行可比的定量计算。

2. 消耗费用上的可比

消耗费用上的可比是指在计算和比较费用指标时，必须考虑相关费用，各种费用的计算必须采用统一的原则和方法。

不同的备选方案，在实现项目目标的过程中占用和消耗的劳动和资本是不同的。为了使备选方案在消耗费用上具有可比性，必须从整个社会和国民经济的视角、社会全部消耗和系统的观点出发，按照统一的价格体系，计算备选方案的全部费用，即直接费用和间接费用。只有这样，才能保证备选方案对比的口径一致。

3. 价格上的可比

价格上的可比是指在计算不同备选方案的成本、收益时，必须采用合理的、一致的价格，即采用同一时点的价格及统一的价格指数。

目前在对投资活动进行经济分析的过程中，出现了两种价格体系，即市场价格和影子价格。

市场价格是指在一定时期内根据市场供求状况、物价水平所确定的价格。

影子价格也称为修正价格（计算价格），它是反映资源最优配置下的价格，也是资源的真实价值的体现。它不考虑通货膨胀因素的影响。

4. 时间上的可比

时间上的可比是指不同的备选方案应具有可比的寿命周期和相同的效果比较时点。

时间上的可比性包括以下两方面的内容：

（1）具有统一的计算期（寿命周期）。不同备选方案进行比较时，应采用相同的计算期作为基础。

（2）考虑资金的时间价值。备选方案在不同时间点上发生的成本和收益不能简单相加减，必须考虑时间因素的影响。

第三节 投资方案选择的决策程序

一、理性投资决策的基本程序

按照理性决策的方法，投资方案选择的决策程序包括以下八个步骤：(1) 监测决策环境；(2) 界定决策问题；(3) 明确决策目标；(4) 诊断问题；(5) 提出备选方案；(6) 评价备选方案；(7) 选择最佳方案；(8) 实施选定的方案。

二、投资方案选择的决策程序

一般而言，投资方案选择需要经过五个决策程序，即确定投资所希望达到的目标、识别并提出满足目标的备选方案、预测备选方案实现目标的效果、利用相关指标对备选方案进行评价、推荐最佳方案或提出优先采用的顺序。

1. 确定投资所希望达到的目标

理性的投资者都以追求利益的最大化或利润的最大化为终极目标,因此,任何一笔(项)投资,都有其明确的目标,比如股票投资者投资的目标是回报率最高,网站公司投资的目标是提高点击率,软件公司投资的目标是利润最大化和市场占有率的提高。因此,每一项投资,在投资前都必须确立明确的投资目标。设定的目标不同,分析过程中的成本、收益的范围也就不同,所导致的行动方案和投资效果也是不同的。

在确定投资目标的过程中,分析的着眼点不同,所确定的目标是不同的。比如,对于引汉济渭工程,当我们站在投资人的角度进行分析时,设定的目标是投资回报率;当我们站在政府的角度时,设定的目标就是保证西安、渭南及陕北能源基地水资源的优化配置。

2. 识别并提出满足目标的备选方案

为了实现项目投资目标,需要对满足目标的备选方案进行识别。通常情况下,实现项目目标的方案不止一个。例如,个人投资者为了实现利润最大化,可以通过投资 A 股、B 股和 H 股,购买债券、基金、信托产品,或者以上任意组合来实现。每一种投资或投资组合都形成了满足投资利润最大化的备选方案,并且这些方案之间存在排他性,即这些方案都是互斥方案。

对于任何一项投资,根据其设立的目标,都可以找到实现目标的多种方案。为了保证所选的最终方案是最优解(最满意的)或次优解(较满意的),在这个环节,应尽可能地列出所有满足投资目标的方案。同时,为了便于定量分析,需要将目标转化为具体的可量化的效果指标。

备选方案应不少于两个,且为互斥方案或可转化为互斥方案。

3. 预测备选方案实现目标的效果

通过分析每个备选方案投资过程中所发生的投资、成本费用、收入、税金等经济要素,预测备选方案的成本与收益,最终预测出各备选方案实现目标的效果。

比如,个人投资者利用 10 万元进行资本投资。如果将这 10 万元用于购买债券,预计年收益为 5 600 元;如果用于信托产品,预计年收益为 6 200 元;如果购买股票型基金,预计年收益为 18 000 元。这些备选方案的预计收益就是实现个人投资者简单利润目标的效果。

需要注意的是,在对备选方案进行成本、收益预测的过程中,必须考虑方案可比的基本原则。

4. 利用相关指标对备选方案进行评价

在第 3 步的基础上,利用相应的评价方法和评价指标对满足目标的各个备选方案进行分析、比较。

由于满足目标的备选方案多数是互斥方案,因而,在解决方案可比性问题的基础上,通过对备选方案的综合分析、比较,利用互斥方案的评价方法,以及净年值、费用年值、差额投资回收期及差额内部收益率等评价指标,就可以对备选方案进行评价。具体方法见第五章。

5. 推荐最佳方案或提出优先采用的顺序

通过成本、收益分析和评价虽已得出最优方案,但是并没有做出决策。此时,决策者需要从系统的角度,考虑一些在成本、收益中无法考虑的因素或者用货币无法度量的因素,如外部性问题;同时还要对程序中要素的完整性和准确性问题进行研究,比如:股票投资的风险有多大?预测误差如何?项目寿命期的估计是否合适?等等。

在充分考虑投资活动的直接效益、间接效益、直接成本和间接成本、项目风险等因素的基础上,结合评价指标,最终做出决策,推荐最佳方案或提出优先采用的顺序。

第四节　案例:美联储加息对中国投资人投资决策的影响

一、检测决策环境

美国联邦储备委员会(简称美联储)在结束2015年度最后一次货币政策例会后发表声明说,此次加息之后,美联储将继续保持宽松的货币政策以支持就业市场进一步改善以及让通货膨胀(以下简称通胀)向目标值迈进。

2015年10月以来,美国经济温和扩张,家庭消费和企业固定投资稳步增长,房地产市场进一步改善,就业市场明显改善,有理由相信通胀将向2%的中期目标迈进。考虑到经济前景以及现有政策需要一段时间来影响未来经济状况,美联储决定启动加息。

2015年12月16日,美联储宣布将联邦基金利率上调25个基点到0.25%—0.5%的水平,这是美联储自2006年6月以来首次加息。

二、界定决策问题

美联储加息后,人民币汇率将感受到压力,资本外流将加速。在中国降息和经济放缓的背景下,美联储此次加息将会给那些大胆的投资者通过做空人民币、做多美元获利提供良机,并有可能让人民币进入贬值通道,对中国投资者必定带来一定的影响。

美联储的加息对中国经济的影响主要体现在以下几个方面:

1. 资本外流

美国在金融风暴后实施的量化宽政策,源源不断地向市场投放美元,这些美元为了寻求高回报,纷纷流向全球各地,投资大宗商品或主权债券。

投资者廉价借入美元(尤其是通过杠杆),然后再投资于其他国家市场,这种套息交易非常普遍。2000年以来,全球套息交易规模翻了四倍至9万亿美元,其中进入中国的资金大约占到1/4到1/3。

因此,一旦美联储加息,这些在中国进行"套利交易"的热钱大规模回流,将对中国形成巨大的资本外流压力。在中国央行宽松和美国加息预期的双重挤压下,中美之间的利差正在收窄。一旦利差倒挂,资本外流风险不可避免地会上升。

2. 加剧人民币汇率的贬值压力

美联储提高联邦基金利率,意味着美元债的利率上升,从而诱使资本舍弃亚洲货币转而去投资美元债,其结果是亚洲货币的贬值。近几个月人民币对美元贬值,其主要压力除了来自市场对于中国经济成长放缓感到不安,还有对美国加息的强烈预期。

2014年人民币兑美元汇率平均为6.16,2015年已贬到6.47,2016年为6.64。因此,中长期来看,美联储加息会加剧人民币汇率的贬值压力。人民币若持续贬值,将有引发亚洲及其他地区的货币战争的风险。相较于美联储加息,更大危机在于若中国放弃贬值底线,将会引发全球经济陷入通货紧缩浪潮之中。

3. 对A股影响或偏负面

从历史上看,自1994年以来的美国三轮紧缩中,上证指数在首次加息后的1个月内都是下跌的。有证券机构指出,上证综指的变化说明可能是美联储加息导致的中国资本外流,对中国股市存在负面作用。

从当前来看,美联储加息将导致资金外流、人民币贬值预期进一步强化,对A股而言总体上是不利因素。

4. 加大国内债务失衡风险

美联储如果加息,新兴市场的信贷杠杆将显得尤为脆弱,其中负债率较高的中国、韩国、土耳其、墨西哥等国尤其值得担忧。

中国在新兴市场国家中属于负债率较高、加杠杆速度也较快的一个。如果加息导致了资本外流,继而造成流动性短缺,那么对于高负债率的机构将会带来大麻烦。虽然中国2015年11月的外汇储备依然保持在34 383亿美元的高位,但年内降幅高达4 050亿美元,超过10%,因此,从长远看,国内债务失衡的风险不可掉以轻心。

美联储的加息也能有如下好处:(1)有助于出口;(2)有助于抑制消费外流;(3)有助于吸引外资(特指实体层面,非金融层面)。

三、明确决策目标

面对美联储加息,作为拥有闲置资金200万人民币的理性投资者,在风险中性的偏好下,1年的时间内实现货币收益12%水平。

四、诊断决策问题

2008年金融风暴席卷美国,美联储坚决实施"量化宽松"的货币政策,以增加货币供给量,刺激经济。到2015年,美国经济显著复苏,就业好转,物价回升,自2015年9月以来,美国失业率从5.1%降至5.0%,同时,核心通胀率升至2%。薪资通胀达到每月2.5%,为危机之后的最高水平。因此,美联储认为是时候把钱收回去,以维持经济的平衡。

五、提出备选方案

根据美国学者Robert Johnson的建议,投资者可供选择的投资方案有:

1. 投资股市

股市确实会下跌,但是不要完全放弃股票。历史经验表明,股市仍然有值得投资的领域。即使美联储收紧利率,能源、消费品、公用事业和食品板块仍能跑赢大盘,平均年收益率可以分别达到11.5%、8.4%、7.8%和7%。

2. 大宗商品

大宗商品是一个令人惊喜的避风港。美联储 20 世纪 70 年代加息时,高盛大宗商品指数在货币收缩时期平均大幅升高 17.7%,而在货币扩张时期,平均下跌 0.2%。通货膨胀时期,人们更喜欢硬资产。

3. 房地产

房地产也是值得关注的领域。股权房地产投资信托基金在紧缩时期的平均涨幅为 9.8%,而在货币扩张时期可以达到 16.4%。

六、评价备选方案

1. 中国 A 股

2015 年中国 A 股经历了巨大的波动和震荡。以风险较低的沪深 300 来计,参考近 3 年的收益率为 14.32%;沪深 300 平均市盈率为 13.7;对应年化收益为 7.30% 左右。具体收益情况如图 2-6、图 2-7 和表 2-3、表 2-4、表 2-5 所示。

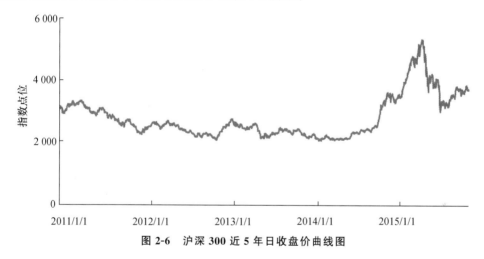

图 2-6　沪深 300 近 5 年日收盘价曲线图

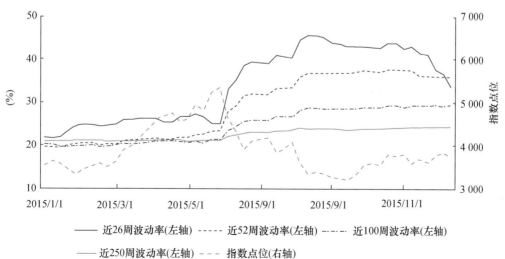

图 2-7　沪深 300 指数 2015 年 1—11 月阶段收益图

表 2-3 沪深 300 指数阶段收益表　　　　　　　　　　　　　　　　单位：%

累计收益				年化收益		
近1月	近3月	近1年	2015年以来	基日以来	近3年	近5年
4.80	14.95	8.18	5.49	4.06	14.32	4.06

表 2-4 沪深 300 风险收益特征　　　　　　　　　　　　　　　　单位：%

年化波动率（日收益）			夏普比率（日收益）		
基日以来	近3年	近5年	基日以来	近3年	近5年
29.66	28.35	25.48	0.51	0.6	0.22

表 2-5 沪深 300 财务指标　　　　　　　　　　　　　　　　单位：%

市盈率(TTM)	13.64	每股收益(14A)	0.69
市盈率(15E)	12.82	每股收益(15E)	0.71
市盈率(16E)	11.76	每股收益(16E)	0.77
市盈率(Forward 12M)	12.54	每股收益(Forward 12M)	1.42
市净率(MRQ)	1.72	每股净资产(14A)	5.07
市销率(TTM)	1.46	每股销售额(14A)	6.78
市现率(TTM)	13.36	每股现金流量(14A)	0.31

2. 大宗商品

大宗商品的收益参考中证大宗商品股票指数，该指数可大致反映实际大宗商品情况。参考近三年收益率为 7.07%，市盈率为 44.98，对应分红率为 2.22%。具体收益情况如图 2-8、2-9 和表 2-6、2-7、2-8 所示。

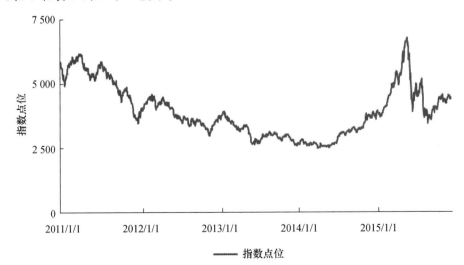

图 2-8 大宗商品近 5 年日收盘价曲线图

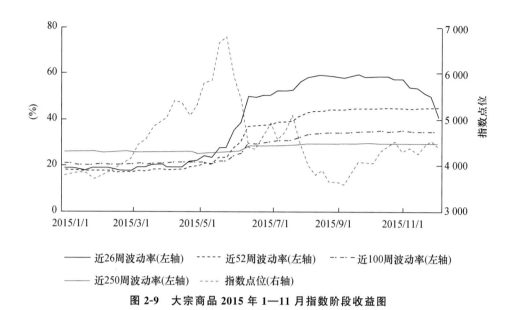

图 2-9 大宗商品 2015 年 1—11 月指数阶段收益图

表 2-6 大宗商品指数阶段收益表　　　　　　　　　　　　　　　　单位：%

累计收益				年化收益		
近1月	近3月	近1年	2015年以来	基日以来	近3年	近5年
2.30	22.59	18.17	19.10	−4.36	7.07	−4.36

表 2-7 大宗商品风险收益特征　　　　　　　　　　　　　　　　　单位：%

年化波动率（日收益）			夏普比率（日收益）		
基日以来	近3年	近5年	基日以来	近3年	近5年
35.47	31.49	29.94	0.53	0.35	−0.05

表 2-8 大宗商品财务指标　　　　　　　　　　　　　　　　　　　单位：%

市盈率(TTM)	44.98	每股收益(14A)	0.42
市盈率(15E)	31.21	每股收益(15E)	0.26
市盈率(16E)	24.39	每股收益(16E)	0.33
市盈率(Forward 12M)	17.30	每股收益(Forward 12M)	1.83
市净率(MRQ)	1.53	每股净资产(14A)	5.55
市销率(TTM)	0.79	每股销售额(14A)	13.45
市现率(TTM)	131.97	每股现金流量(14A)	0.07

3. 房地产

房地产收益率很难衡量，因此选取上海新房均价作为房地产参考收益率；综合 2010 年的数据来看，房地产投资收益率 CAGR 为 10.2%；由于房地产属于重资产，风险将主要来自经济周期波动，难以衡量。以上海市为例新房成交均价如图 2-10、表 2-9 所示。

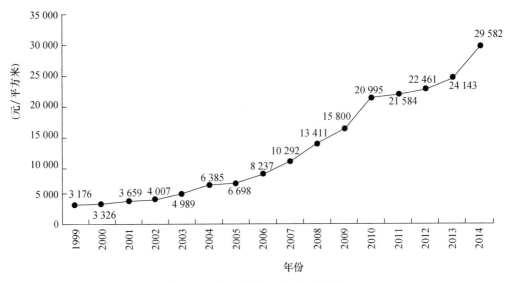

图 2-10 上海市新房成交价曲线图

表 2-9 上海市新房成交价变化表

年份	2010	2011	2012	2013	2014
上海新房均价(元/平方米)	20 995	21 584	22 461	24 143	29 582
收益率(%)	—	2.8	4.1	7.5	22.5
2010 年以来 CAGR(%)	—	—	—	—	10.2

七、选择最优方案

三个备选投资方案的期望收益率、无风险收益率、风险、风险波动,以及流动性及其他潜在影响因素等方面的情况如表 2-10 所示。

表 2-10 三种方案比较

变量	A 股(沪深 300)	大宗商品	房地产
期望收益率(%)	14.32	7.07	10.2
无风险收益率(%) (市盈率)	7.30	2.22	10.2
风险(日波动)	28.35 (3 760)	31.49 (指数参考 4 400)	0
风险波动 (夏普指数改)	0.25	0.15	—
流动性	强	强	弱
其他潜在影响因素	经济周期	行业周期	行业周期

注:夏普指数表明风险每增加 1 单位,收益率增加的情况。风险表示每天承受多少个单位点数的波动率。

根据相关理论以及实际经验,我们可以从三个方面进行比较:

(1) 无风险收益率比较:房地产＞A 股＞大宗商品;

(2) 综合期望收益率比较:A 股＞房地产＞大宗商品;

(3) 风险程度:大宗商品＞A 股＞房地产。

基于上述分析,在综合考虑了对风险、收益的偏好之后,所做出的投资决策为优先选择 A 股(沪深 300)和房地产投资。

八、实施选定方案

根据上述分析结果,将闲置的 200 元资金投入和 A 股和房地产。

本章小结

1. 项目总投资包括建设投资、建设期利息和流动资金三个部分。

2. 建设投资可以按概算法或形成资产法进行分类。

3. 流动资金分别在生产领域和流通领域以储备资金、生产资金、成品资金、结算资金和货币资金等五种形态存在,并周而复始地循环。

4. 总投资形成的资产包括固定资产、无形资产、其他资产和流动资产。

5. 总成本费用是指在运营期(生产期)内为生产产品或提供服务所发生的全部费用。总成本费用的构成可以由生产成本加期间费用法和生产要素法两种方法确定。

6. 对投资项目的备选方案进行比选时,为了准确地分析、对比方案之间的效果,所分析的方案应满足需要上、消耗费用上、价格上和时间上四个基本的可比原则。

7. 投资方案选择需要经过五个决策程序,即确定投资所希望达到的目标、识别并提出满足目标的备选方案、预测备选方案实现目标的效果、利用相关指标对备选方案进行评价、推荐最佳方案或提出优先采用的顺序。

思考练习题

1. 工程项目总投资由哪些部分组成?
2. 什么是固定资产投资?它的主要用途是什么?
3. 按照概算法分类,建设投资由哪几个部分构成?
4. 按照形成资产法进行划分,建设投资由哪几个部分构成?
5. 什么是固定资产?根据分析期的不同,固定资产具有哪几种价值?
6. 什么是固定资产费用?
7. 什么是无形资产?它主要包括哪些内容?
8. 什么是无形资产费用?
9. 什么是流动资金?流动资金的主要特点是什么?其主要的用途是什么?
10. 对于一般的工业企业,流动资金由哪些部分组成?
11. 什么是流动资产?它有哪三种形式?它和流动资金之间存在什么关系?
12. 为了便于分析和计算,对于建设投资借款利息的计算,通常采取什么方法?
13. 什么是总成本费用?它有哪两种估算方法?

14. 按照生产成本加期间费用法,总成本费用主要包括哪些内容?
15. 按照生产要素的构成,总成本费用主要包括哪些内容?
16. 什么是生产成本?生产成本的构成是什么?
17. 什么是制造费用?
18. 什么是期间费用?期间费用主要包括哪些内容?
19. 什么是经营成本?经营成本与总成本之间的关系是什么?
20. 按照成本与产量之间的关系,总成本费用可以分为哪两种成本?它们与产量之间的关系是什么?
21. 什么是营业收入?如何计算营业收入?它与总产值有何区别?
22. 什么是增值税?增值税是如何计算的?
23. 我国现行增值税税率实行的是比例税率。请问,它有几档?税率是多少?
24. 什么是企业所得税?它的计税基准是什么?
25. 企业所得税有哪些类型?其适用的税率分别是什么?
26. 个人所得税的征收范围是什么?
27. 什么是消费税?消费税的计税依据是什么?
28. 在会计处理上,营业税金及附加包含哪些税种?
29. 什么是利润总额?什么是税后利润?它们是如何计算的?
30. 在对投资项目备选方案的比选过程中,为了准确地分析、对比方案之间的效果,所分析的方案应该满足的可比原则有哪些?
31. 一般投资方案选择的决策程序是什么?
32. 为什么折旧、摊销及借款利息不是经营成本的组成部分?
33. 小张是西安交通大学机械学院的学生,2017年即将毕业。此时,小张面临的选择问题是:工作、考研或者出国留学。请就这一问题,运用决策的准则及其方法对其进行分析。如果就考研问题进行分析,小张所面临的决策问题及备选方案有哪些?
34. 2015年国家多次降准降息。作为一个理性的投资人,你如何进行投资?

21世纪经济与管理规划教材
管理科学与工程系列

第三章　资金时间价值

本章主要阐述资金时间价值的基本术语、等值计算公式。通过学习,要求熟悉资金时间价值的概念;掌握时值、资金等值、名义利率和实际利率的概念;熟知影响资金等值的因素;熟练掌握资金时间价值的等值计算公式。

第一节　资金时间价值的内涵

一、定义

资金时间价值是指把资金投入到生产或流通领域,随着时间的推移,会发生增值现象(见图 3-1)。

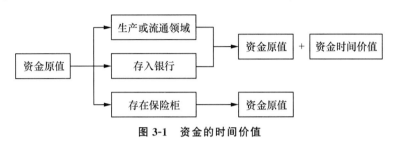

图 3-1　资金的时间价值

资金在运动过程中所产生的增值部分称为资金时间价值。

在生产或流通领域,资金运动产生的增值是利润,其大小与行业的利润率水平有关;存入银行的资金产生的增值是利息,其大小取决于利息率。

二、影响因素

根据资金时间价值的定义,不难发现,资金时间价值主要受利息的计算方法、利息的计息周期和折(贴)现率的影响。

(一)利率的大小

利率存在着两种不同的表示方法,即名义利率与实际利率。

(二)利息的计算方法

根据计算时是否考虑利息的时间价值,利息的计算方法分为单利法和复利法两种。

1. 单利法

单利法是指利息计算过程中只考虑本金的利息,而不考虑利息的利息。具体的计算公式为:

$$I_n = P \cdot i \cdot n \tag{3-1}$$

式中,I_n 为利息,P 为本金。i 为利率,n 为计息周期数。

2. 复利法

复利法是指利息计算过程中不仅考虑本金的利息,而且考虑利息的利息。具体的计算公式为:

$$F_n = P(1+i)^n \tag{3-2}$$

式中,F_n 为 n 期末的本利和。

(三)利息的计息周期

利息的计息周期是指一年时间中利息计算的时间长短,如按年、按月、按季、按天进行计息。

用一年的时间除以计息周期,就得到了计息次数。

在一年中,计息周期越短,表明计息次数越多,相同本金的时间价值就越大。

[例题 3-1] 1 000 元的借款,借期为 1 年,借款利率为 12%,试问:① 按年复利计息时,期末本利和为多少?② 按月复利计息时,期末本利和又为多少?

解:① 按年复利计息时,期末本利和为:

$$F_1 = 1\,000(1+12\%)^1 = 1\,000 \times 1.12 = 1\,120(元)$$

② 按月复利计息时,问题转化为月实际利率为 1%,计息次数为 12 次,则第 1 月月末的本利和为:

$$F_1 = 1\,000(1+1\%)^1 = 1\,000 \times 1.01 = 1\,010(元)$$

第 2 月月末的本利和为:

$$F_2 = 1\,010(1+1\%)^1 = 1\,000(1+1\%)^2 = 1\,000 \times 1.01^2 = 1\,020.1(元)$$

依此类推,第 12 月月末的本利和为:

$$F_{12} = 1\,000(1+1\%)^{12} = 1\,000 \times 1.126\,8 = 1\,126.8(元)$$

从以上计算结果可以看出,第 1 年年末的本利和按月计息比按年计息多出了 6.8 元。这多出的部分就是每月的利息的增值,也就是利息的时间价值。

由于计息周期的原因,利率存在着两种不同的表示方法,即名义利率与实际利率。

所谓**名义利率**,是指周期利率与每年计息周期数的乘积。通常表达为"年利率 12%,按季复利计息"。

所谓**实际利率**,是指一年利息额与本金之比。它反映的是真实借贷下的成本。因为:

$$F = P\left(1+\frac{r}{m}\right)^m \tag{3-3}$$

式中,r 为名义利率,m 为计息次数。

按照真实借贷法计算出的利息为:

$$I = F - P = P\left(1+\frac{r}{m}\right)^m - P \tag{3-4}$$

则名义利率与实际利率之间的关系为:

$$i = \frac{I}{P} = \frac{P\left(1+\frac{r}{m}\right)^m - P}{P} = \left(1+\frac{r}{m}\right)^m - 1 \tag{3-5}$$

式中,i 为实际利率。

由此可见,实际利率等于名义利率加上利息的时间价值。

[例题 3-2] 假设名义利率为 15%,每月计息一次,则实际年利率为多少?

解:已知 $m=12$,$r=15\%$,根据公式(3-5)可知:

$$i = \left(1+\frac{r}{m}\right)^m - 1 = \left(1+\frac{0.15}{12}\right)^{12} - 1 = 16.08\%$$

即在名义利率为 15%、每月计息一次的情况下,实际年利率为 16.08%。

第二节 基本术语

一、时值

时值是指以某个时间为基准,运动着的资金所处的相对时间位置上的价值(即特定时间位置上的价值)。根据时间基点的不同,同一笔资金的时值又可以分为现值和终值。

1. 现值

现值(P, present value)是指某一特定时间序列起点的现金流量。如果把未来某个时点上的现金流量按照某一确定的利率(i)计算到该时间序列起点的现金流量,该计算的现金流量也称为现值,这一过程称为**折现**。

2. 终值

终值(F, future value)是指某一特定时间序列终点的现金流量。如果把某个时点上的现金流量按照某一确定的利率(i)计算到该时间序列终点的现金流量,该计算的现金流量也称为终值。由此可见,终值是现值加上资金时间价值后的现金流量。

3. 年值

年值(A, annuity)是指发生在某一特定时间序列各计算期末(不包括零期)并且金额大小相等的现金流量。

例如,基金公司开展的定投业务。基金持有人根据自己的收入情况,每个月购买一定数额(相同)的基金。这样,基金购买者就形成了以每个月相同数额的资金所形成的等额序列。这每个月用于购买基金的现金流量就称为年值。

再如银行开展的零存整取业务。每月存入100元的资金(年值),5年内就形成了年值为100、计算周期为60的等额序列。

二、折现

所谓折现(贴现),是指把未来某个时点上的现金流量按照某一确定的利率(i)计算到该时间序列起点的现金流量的过程。

折现的大小取决于折现率,即某一特定的利率i。

三、等值

在同一时间序列中,不同时点上的两笔或两笔以上的现金流量,按照一定的利率和计息方式,折现到某一相同时点的现金流量是相等的,则称这两笔或两笔以上的现金流量是**等值**的。

例如,2008年1月1日的1 000元,在年利率为10%的情况下,按年计息,就与2009年1月1日的1 100元是相等的。

由此可见,在一定的利率和计息周期下,同一笔现金流量的现值和终值是等值的。

以下是决定等值的三个因素:

(1) 资金金额的大小,也就是现值的大小;

(2) 资金金额发生的时间,即现金流量发生的时点;
(3) 利率的高低。

四、现金流量

(一) 现金流量的概念

1. 现金流量的定义

现金流量是指在一定时期内(项目寿命期内)流入或流出项目系统的资金。流入系统的实际收入或现金收入称为现金流入量(为正),流出系统的实际支出或现金支出称为现金流出量(为负)。

现金流入量与现金流出量之差称为**净现金流量**。

为了准确地表达一个项目或投资方案的现金流量,必须把投资项目或投资方案看作一个独立的系统,然后进行分析。

2. 工程项目财务分析中的现金流量

(1) 现金流入量。工程项目财务分析中的现金流入量包括营业收入、补贴收入、回收固定资产残值、回收流动资金等。

(2) 现金流出量。工程项目财务分析中的现金流出量包括固定资产投资、固定资产方向调节税、建设期利息、流动资金、经营成本、营业税金及附加、所得税等。

(二) 现金流量的构成

现金流量的构成包括三个要素,即大小(资金数额大小)、方向和时点。

大小是指项目寿命周期内任意一年所发生的实际收入或实际支出的资金数额的大小。

方向是指项目寿命周期内任意一年所发生的实际收入或实际支出,或者是现金的收入或现金的支出。收入为正,支出为负。

时点是指每笔实际收入或实际支出所发生的时间点,即具体发生的年份。

在现金流量发生时点的表示上,有以下两种方法:

(1) 年初投资年末收益法,即把投资计在发生年的年初,收益与其他支出计在发生年的年末。

(2) 年(期)末习惯法,即把每年发生的现金流量全部计在发生年的年末。这种方法是国际通用的表示方法,也是国家发改委和住建部在《建设项目经济评价方法与参数》一书中推荐使用的表示方法。本书所有关于现金流量的表示均采用这种方法。

(三) 现金流量的表示方法

一个工程项目或投资方案在其整个寿命周期内,现金流量的表示方法通常包括现金流量图和现金流量表两种。

1. 现金流量图

现金流量图的表示方式如图3-2所示。

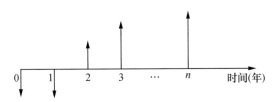

图 3-2 现金流量图的表示方式

水平轴线为时间轴,时间轴上的单位表示一个时间单位(年、半年、季、月),刻度表示该时间单位(如年、半年等)末时点。同一时点既代表本年的年初,也代表上一年的年末。

时间轴上的线段的长短代表了现金流量的大小。

箭头的方向代表了现金流量的流向(流入或流出)。时间轴上方,箭头向上代表着现金流入量;时间轴下方,箭头向下代表着现金流出量。

一个项目的现金流,从时间上看,有起点、终点和一系列的中间点,为了便于区别和表达,把起点称为"现在"(尽管可能并不发生在现在这个时刻),除现在以外的时间称为"将来";把发生在现在的资金收支额称为"现值",用符号 P 表示;把发生在终点的资金收支额称为"终值",用符号 F 表示;当时间间隔相等时,把中间时点发生的资金收支额称为"年值"或"年金",用符号 A 表示。当逐年的年值都相等时,年值也称为"等额年值"。

2. 现金流量表

现金流量表是以工程项目或投资方案作为一个独立系统,用来反映项目寿命周期内现金流入、现金流出和净现金流量的活动情况和基础数据的一张报表。它也是工程经济分析的基本报表之一。现金流量表的具体形式如表 3-1 所示。

表 3-1 现金流量表

序号	项目	合计	计算期					
1	现金流入							
1.1	营业收入							
1.2	补贴收入							
1.3	回收固定资产余值							
1.4	回收流动资金							
2	现金流出							
2.1	建设投资							
2.2	流动资金							
2.3	经营成本							
2.4	营业税金及附加							
2.5	维护运营投资							
3	所得税前净现金流量(1-2)							
4	累计所得税前净现金流量							
5	调整所得税							

(续表)

序号	项目	合计	计算期				
6	所得税后净现金流量(3−5)						
7	累计所得税后净现金流量						

计算指标：
  项目投资财务内部收益率(%)(所得税前)
  项目投资财务内部收益率(%)(所得税后)
  项目投资财务净现值(所得税前)($i_c=$%)
  项目投资财务净现值(所得税后)($i_c=$%)
  项目投资回收期(年)(所得税前)
  项目投资回收期(年)(所得税后)

第三节 资金时间价值的计算

一、一次支付的等值计算

(一)已知现值求终值

一次支付已知现值求终值的现金流量如图 3-3 所示。

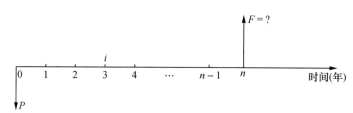

图 3-3 一次支付终值现金流量图

公式推导过程如表 3-2 所示。

表 3-2 一次支付已知现值求终值的等额计算过程

年份	年初本金(现值)	当年利息	年终本利和(终值)
1	P	Pi	$P(1+i)$
2	$P(1+i)$	$P(1+i)i$	$P(1+i)^2$
3	$P(1+i)^2$	$P(1+i)^2 i$	$P(1+i)^3$
⋮	⋮	⋮	⋮
$n-1$	$P(1+i)^{n-2}$	$P(1+i)^{n-2} i$	$P(1+i)^{n-1}$
n	$P(1+i)^{n-1}$	$P(1+i)^{n-1} i$	$P(1+i)^n$

由表 3-2 得出的 n 年末的终值 F 与现值 P 的关系为：

$$F = P(1+i)^n \tag{3-6}$$

式中，F 为 n 年末的终值；P 为本金(现值)；i 为利率；n 为计息周期(年)；$(1+i)^n$ 为一次支付终值系数，记为 $(F/P, i, n)$，其含义为已知 P、i 和 n，求 F。

[**例题 3-3**] 假定现在有 1 万元存在银行,年利率为 10%,若按复利计算,则 5 年后银行的存款会是多少?

解:根据题意,已知 $P=1$ 万元,$i=10\%$,$n=5$,求 F。这是一个一次支付现值计算问题。

根据公式(3-6)可知:
$$F = P(1+i)^n$$

将 $P=1$ 万元,$i=10\%$,$n=5$ 代入公式(3-6),则有:
$$F = P(1+i)^n = 1(1+10\%)^5 = 1.6105(万元)$$

现在将 1 万元存在银行,在年利率为 10%、按复利计息的情况下,5 年后可从银行获取的本利和为 1.6105 万元。

(二)已知终值求现值

一次支付已知终值求现值的现金流量如图 3-4 所示。

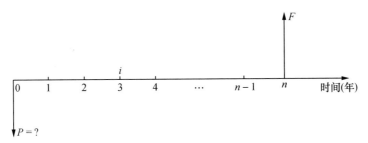

图 3-4 一次支付终值现金流量图

由于终值与现值在本金为 P、利率为 i、计息周期为 n 的情况下存在着等值关系,从公式(3-6)就可以直接推导出 P 与 F 之间的关系,即:
$$P = F(1+i)^{-n} \tag{3-7}$$

式中,$(1+i)^{-n}$ 为一次支付现值系数,记为 $(P/F, i, n)$。

[**例题 3-4**] 某投资者计划在第 5 年年末得到资金 20 万元,假如年利率为 10%,按年计息,那么现在他应在银行存入多少万元?

解:根据题意,已知 $F=20$ 万元,$i=10\%$,$n=5$,求 P。

根据公式(3-7)可知:
$$P = F(1+i)^{-n}$$

将 $F=20$ 万元,$i=10\%$,$n=5$ 代入公式(3-7),就可求得 P。

此时,$P = F(1+i)^{-n} = 20(1+10\%)^{-5} = 20 \times 0.6209 = 12.418$(万元)。

二、多次支付的等值计算

(一)一般多次支付

一般多次支付的现金流量分布及关系如图 3-5 所示。

在图 3-5 中,每一笔支付 $A_t(t=0,1,2,\cdots,n)$ 都是独立的现金流,因此,在进行所有支付的等额计算时,只需将每笔支付看成一笔独立的现金流量问题,按照一般的一次支付的等值计算公式,计算到相同的时点,然后进行简单的代数运算即可。

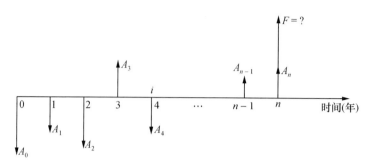

图 3-5　一般多次支付的现金流量图

此时的计算公式为：

$$F = A_0(1+i)^n + A_1(1+i)^{n-1} + A_2(1+i)^{n-2} + \cdots + A_n$$
$$= \sum_{t=0}^{n} A_t(1+i)^{n-t} \tag{3-8}$$

[**例题 3-5**]　某公司在一个项目上第 1 年投入 1 000 万元，第 2 年投入 500 万元，第 5 年又投入 500 万元。试问：在贴现率为 10% 的条件下，该公司投资的现值为多少？

解：根据年末习惯法，画出如图 3-6 所示的现金流量图。

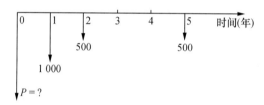

图 3-6　某项目的现金流量图

根据公式(3-8)有：

$$P = 1\,000(1+10\%)^{-1} + 500(1+10\%)^{-2} + 500(1+10\%)^{-5}$$
$$= 1\,000 \times 0.9091 + 500 \times 0.8264 + 500 \times 0.6209$$
$$= 1\,632.75 (万元)$$

该公司总共的投资现值为 1 632.75 万元。

（二）等额支付

1. 等额支付现金流的表示方法

等额支付现金流主要有基本年金和期满年金两种表示形式。

（1）基本年金。所谓**基本年金**，是指等额序列的第一笔年金发生在第一年的年末。基本年金的现金流量表示方式如图 3-7 所示。

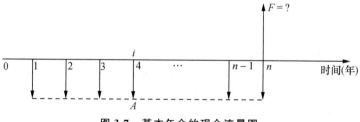

图 3-7　基本年金的现金流量图

(2)期满年金。所谓**期满年金**,是指等额序列每一年都有一笔年金发生,即等额序列的第一笔年金发生在第一年的年初。期满年金的现金流量表示方式如图 3-8 所示。

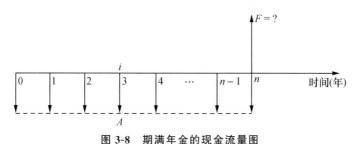

图 3-8 期满年金的现金流量图

在等额序列等值计算公式中,所采用的现金流量均为基本年金形式。

2. 等额支付的计算

(1)等额支付终值公式。

在工程经济分析中,经常遇到已知等额支付的年金 A,求与之相等价的终值的情况。这种情况相当于银行开展的零存整取的储蓄业务。

等额支付终值问题可以这样来描述:已知从第 1 期末至第 n 期末,每年以等额资金 A 存入银行,利率为 i,求 n 期末的本利和 F 为多少?其现金流量如图 3-9 所示。

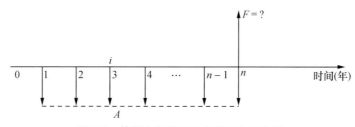

图 3-9 等额支付终值公式的现金流量图

根据图 3-9 所描述的现金流量,按照多次支付的一般计算公式,可得:

$$F = A(1+i)^{n-1} + A(1+i)^{n-2} + A(1+i)^{n-3} + \cdots + A$$
$$= A[1 + (1+i) + (1+i)^2 + \cdots + (1+i)^{n-2} + (1+i)^{n-1}] \quad (3-9)$$

公式(3-9)两边同时乘以$(1+i)$,得到:

$$F(1+i) = A(1+i)^n + A(1+i)^{n-1} + A(1+i)^{n-2} + \cdots + A(1+i) \quad (3-10)$$

用公式(3-10)减去公式(3-9)并整理,可得:

$$F = A\left[\frac{(1+i)^n - 1}{i}\right] \quad (3-11)$$

式(3-11)中,方括号内的系数 $\frac{(1+i)^n - 1}{i}$ 称为**等额分付终值系数**,记为$(F/A, i, n)$。

[**例题 3-6**] 张某从税后的薪金收入中每年拿出 5 万元存入银行,假如银行存款的年利率为 4%,按年计息,那么,在第 5 年末张某共有多少资金可供使用?

解:根据题意,已知 $A=5, i=4\%, n=5$,求 F。

将已知条件代入公式(3-11),可得:

$$F = 5 \times \left[\frac{(1+4\%)^5 - 1}{4\%}\right] = 5 \times (F/A, 4\%, 5)$$
$$= 5 \times 5.4163 = 27.0815 (万元)$$

张某在第 5 年末共有 27.0815 万元的资金可供使用。

(2) 等额支付偿债基金公式。

等额支付偿债基金问题可以这样来描述:已知未来需要提供的资金量为 F,在给定利率 i 和计息周期 n 的情况下,求每年需要存入银行的等额资金 A 为多少?其现金流量如图 3-10 所示。

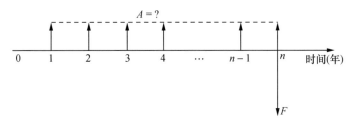

图 3-10 等额支付偿债基金公式的现金流量图

从图 3-10 可以看出,等额支付偿债基金问题刚好是等额支付终值问题的逆运算,可以由公式(3-11)直接推导出,即:

$$A = F\left[\frac{i}{(1+i)^n - 1}\right] \tag{3-12}$$

式中,方括号内的系数 $\frac{i}{(1+i)^n - 1}$ 称为等额分付偿债基金系数(或偿债基金因子),记为 $(A/F, i, n)$。

[例题 3-7] 李某准备 5 年后结婚,预计需要 15 万元,如果年利率为 10%,试问:从现在起李某每年年末应存入多少钱?

解: 由公式(3-12)可得:

$$A = F\left[\frac{i}{(1+i)^n - 1}\right] = F(A/F, 10\%, 5)$$
$$= 15 \times 0.1638 = 2.457 (万元)$$

从现在起李某每年年末应存入 2.457 万元。

(3) 等额支付现值公式。

等额支付现值问题所对应的现金流量如图 3-11 所示。

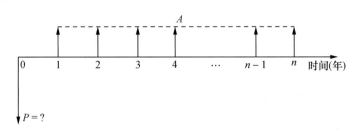

图 3-11 等额支付现值公式的现金流量图

对于图 3-11 的问题,可以分两步进行:第一步将问题转化为图 3-9 所描述的等额支付终值问题;第二步将计算出来的等额终值看作一笔一次支付已知终值求现值的问题。这样就可以进行求解了。

已知 $F=A\left[\dfrac{(1+i)^n-1}{i}\right]$,而 $P=F(1+i)^{-n}$。

将 $F=A\left[\dfrac{(1+i)^n-1}{i}\right]$ 代入 $P=F(1+i)^{-n}$,整理后可得到 P 与 A 之间的关系式为:

$$P=A\left[\dfrac{(1+i)^n-1}{i(1+i)^n}\right] \tag{3-13}$$

式中,方括号内的系数 $\dfrac{(1+i)^n-1}{i(1+i)^n}$ 称为等额分付现值系数,记为 $(P/A,i,n)$。

[例题 3-8] 某人想从下一年开始的 10 年中,每年年末从银行取 600 元。若按 6% 的利率计算复利,此人现在必须存入银行多少钱?

解: 由公式(3-13)可得:

$$P=A\left[\dfrac{(1+i)^n-1}{i(1+i)^n}\right]=A(P/A,6\%,10)$$
$$=600\times 7.3601=4\,416.06(\text{元})$$

(4) 等额支付资本回收公式。

等额支付资本回收问题所对应的现金流量如图 3-12 所示。

图 3-12 等额支付资本回收公式的现金流量图

从图 3-12 可以看出,等额支付资本回收问题刚好是等额支付现值问题的逆运算,可由公式(3-13)直接推导出,即:

$$A=P\left[\dfrac{i(1+i)^n}{(1+i)^n-1}\right] \tag{3-14}$$

式中,方括号内的系数 $\dfrac{i(1+i)^n}{(1+i)^n-1}$ 称为等额支付资本回收系数,记为 $(A/P,i,n)$。

[例题 3-9] 某工程项目投资金额为 1 500 万元,希望在 6 年内等额收回全部资金,若折现率为 10%,试问:每年至少应该回收多少?

解: 这是一个等额支付资本回收问题,已知 $P=1\,500$ 万元,$n=6$,$i=10\%$,求 A。

将已知条件代入公式(3-14),可得到:

$$A=P\left[\dfrac{i(1+i)^n}{(1+i)^n-1}\right]=1\,500(A/P,10\%,6)$$
$$=1\,500\times 0.2296=344.4(\text{万元})$$

（三）等差支付

等差序列是指按一定值逐年递增或递减所形成的序列。如果工程项目各时点的现金流按照一定值逐年递增或递减形成一个等差序列，那么，这一系列的现金流称为**等差序列现金流**，其表现形式如图 3-13 所示。

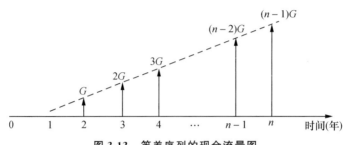

图 3-13　等差序列的现金流量图

对于等差序列支付问题的计算，可以按照一般多次支付的计算公式(3-8)进行。根据一般多次支付的等值计算公式(3-8)，可以得到等差序列相叠加的终值 F，即：

$$F = \sum_{t=1}^{n} A_t (1+i)^{n-t}$$
$$= G(1+i)^{n-2} + 2G(1+i)^{n-3} + 3G(1+i)^{n-4} + \cdots$$
$$+ (n-2)G(1+i) + (n-1)G \tag{3-15}$$

公式(3-15)两边同时乘以$(1+i)$，得到：

$$F(1+i) = G(1+i)^{n-1} + 2G(1+i)^{n-2} + 3G(1+i)^{n-3} + \cdots$$
$$+ (n-2)G(1+i)^2 + (n-1)G(1+i) \tag{3-16}$$

用公式(3-16)减去公式(3-15)并整理，可得：

$$Fi = G(1+i)^{n-1} + G(1+i)^{n-2} + G(1+i)^{n-3} + \cdots$$
$$+ G(1+i)^2 + G(1+i) - (n-1)G$$
$$= G[(1+i)^{n-1} + (1+i)^{n-2} + (1+i)^{n-3} + \cdots$$
$$+ (1+i)^2 + (1+i) + 1] - nG \tag{3-17}$$

公式(3-17)中括号内的部分是公比为$(1+i)$的等比级数，利用等比级数求和公式可得：

$$F = \frac{G}{i}\left[\frac{(1+i)^n - 1}{i}\right] - \frac{nG}{i}$$
$$= G\left[\frac{1}{i}\left(\frac{(1+i)^n - 1}{i} - n\right)\right] \tag{3-18}$$

式中，方括号内的系数 $\dfrac{1}{i}\left(\dfrac{(1+i)^n - 1}{i} - n\right)$ 称为**等差支付终值系数**，记为$(F/G, i, n)$。

当计算出 F 之后，就可以利用 F 与 P、F 与 A、P 与 A 之间的等值计算公式进行求解。限于篇幅，这里不再赘述。

需要注意的是，与等差序列现金流等值的现值 P 发生的时点为第 0 年年末。

[例题 3-10]　一台设备第一年的投资为 1 000 元，以后 4 年逐年增加 200 元，在 10% 的折现率下，试问：5 年的总费用现值为多少？年值费用为多少？

解： ① 根据题意可知，$n=5, A_1=1\,000, G=200, i=10\%$，由此得出的多次支付现值问题的现金流量如图 3-14 所示。

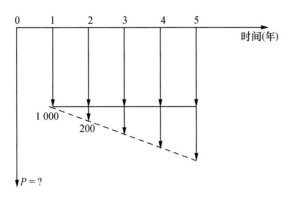

图 3-14　等差序列现值的现金流量图

根据图 3-14 可得：

$$P = A_1(P/A, 10\%, 5) + G(P/G, 10\%, 5)$$
$$= 1\,000 \times 3.790\,8 + 200 \times 6.861\,8$$
$$= 5\,163.16(元)$$

② 根据题意所得出的年值费用现金流量如图 3-15 所示。

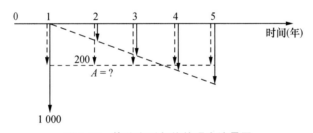

图 3-15　等差序列年值的现金流量图

本例题中的年值费用由两部分组成：一是每年投入的年值费用 $A_{11}=1\,000$ 元；二是与第二年开始、连续四年逐年增加 200 元所形成的等差支付等值的年值费用 A_{21}。

$$A = A_{11} + A_{21} = 1\,000 + 200 \times (A/G, 10\%, 5)$$
$$= 1\,000 + 200 \times 1.810\,1 = 1\,362.02(元)$$

第四节　案　　例

李某在西安高新技术开发区购买了一套一室一厅、面积为 45 m² 的公寓，价值为 50 万元。按照开发商的要求，首付 20 万元，贷款 30 万元，贷款期限 10 年，贷款利率为年利率 6%（按年计息）。试问：李某如何签订还款协议，才能使成本最低？

一、购房按揭贷款的常见方式

根据国家的有关政策和资金的使用方式,银行通常提供以下三种购房按揭贷款方式:

(1) 到期一次还本付息方式;

(2) 按月等额本息还款方式,即贷款期内每月以相等的额度平均偿还贷款本息;

(3) 按月等额本金还款方式,又称递减还款方式,即每月等额偿还贷款本金,贷款利息随本金逐月递减。

二、常见方式的还款成本

1. 到期一次还本付息方式

到期一次还本付息的现金流量如图 3-16 所示。

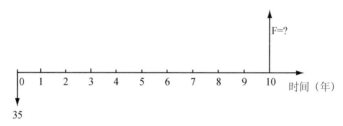

图 3-16　到期一次还本付息方式的现金流量图

根据图 3-16 所做的现金流量分析过程如下:

第 1 年年末的终值为 $F_1 = 30(1+6\%)^1 = 31.8000$(万元)

第 2 年年末的终值为 $F_2 = 30(1+6\%)^2 = 33.7080$(万元)

第 3 年年末的终值为 $F_3 = 30(1+6\%)^3 = 35.7305$(万元)

第 4 年年末的终值为 $F_4 = 30(1+6\%)^4 = 37.8743$(万元)

第 5 年年末的终值为 $F_5 = 30(1+6\%)^5 = 40.1468$(万元)

第 6 年年末的终值为 $F_1 = 30(1+6\%)^6 = 42.5556$(万元)

第 7 年年末的终值为 $F_2 = 30(1+6\%)^7 = 45.1089$(万元)

第 8 年年末的终值为 $F_3 = 30(1+6\%)^8 = 47.8154$(万元)

第 9 年年末的终值为 $F_4 = 30(1+6\%)^9 = 50.6844$(万元)

第 10 年年末的终值为 $F_5 = 30(1+6\%)^{10} = 53.7254$(万元)

10 年共支付利息 23.7254 万元。

2. 按年等额本息还款方式

按年等额本息还款方式下的还款过程的现金流量如图 3-17 所示。

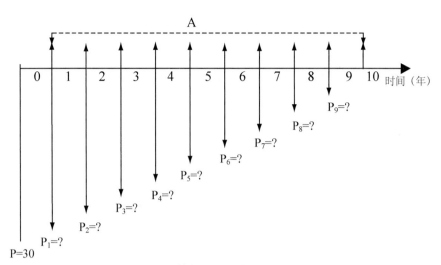

图 3-17 按年等额本息还款方式的现金流量图

在这种还款方式下,首先需要计算每年等额偿还的本金和利息额,然后再计算 10 年共偿还银行贷款的利息总额。

根据等额序列资本回收的计算公式所得出的计算公式为:

$$A = 30(A/P,6\%,10) = 4.0760(万元)$$

也就是说,银行根据协议,每年将从李先生的工资中扣除 4.0760 万元的贷款本金和利息。那么,李先生 10 年内每年还款的过程如下:

第 1 年年末尚未偿还的贷款本金为:

$$P_1 = F_1 - 4.0760 = 30 + 30 \times 6\% - 4.0760 = 27.7240(万元)$$

第 2 年年末尚未偿还的贷款本金为:

$$P_2 = 27.7240(1+6\%) - 4.0760 = 25.3114(万元)$$

第 3 年年末尚未偿还的贷款本金为:

$$P_3 = 25.3114(1+6\%) - 4.0760 = 22.7540(万元)$$

第 4 年年末尚未偿还的贷款本金为:

$$P_4 = 22.7540(1+6\%) - 4.0760 = 20.0432(万元)$$

第 5 年年末尚未偿还的贷款本金为:

$$P_5 = 20.0432(1+6\%) - 4.0760 = 17.1698(万元)$$

第 6 年年末尚未偿还的贷款本金为:

$$P_6 = 17.1698(1+6\%) - 4.0760 = 14.1240(万元)$$

第 7 年年末尚未偿还的贷款本金为:

$$P_7 = 14.1240(1+6\%) - 4.0760 = 10.8954(万元)$$

第 8 年年末尚未偿还的贷款本金为:

$$P_8 = 10.8954(1+6\%) - 4.0760 = 7.4731(万元)$$

第 9 年年末尚未偿还的贷款本金为：
$$P_9 = 7.4731(1+6\%) - 4.0760 = 3.8455(万元)$$
第 10 年年末尚未偿还的贷款本金为：
$$P_{10} = 3.8455(1+6\%) - 4.7565 = 0(万元)$$
10 年共支付利息 4.0760×10−30=10.76（万元）。

3. 按年等额本金还款方式

按年等额本金还款方式（每年等额支付本金及相应利息）下的还款过程的现金流量如图 3-18 所示。

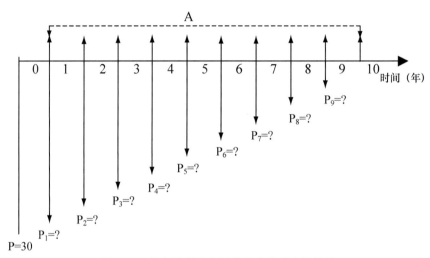

图 3-18　按年等额本金还款方式的现金流量图

按年等额本金还款方式下，银行每年从李先生的工资中扣除 3 万元的本金和相应的利息。10 年中李先生的还款过程及扣除的利息如下：

第 1 年支付的利息为 1.8 万元，年末尚未偿还的贷款本金为：
$$P_1 = F_1 - 3 = 30 + 30 \times 6\% - 4.8 = 27(万元)$$
第 2 年年支付的利息为 1.62 万元，年末尚未偿还的贷款本金为：
$$P_2 = 27(1+6\%) - 4.62 = 24(万元)$$
第 3 年支付的利息为 1.44 万元，年末尚未偿还的贷款本金为：
$$P_3 = 24(1+6\%) - 4.44 = 21(万元)$$
第 4 年支付的利息为 1.26 万元，年末尚未偿还的贷款本金为：
$$P_4 = 21(1+6\%) - 4.26 = 18(万元)$$
第 5 年支付的利息为 1.08 万元，年末尚未偿还的贷款本金为：
$$P_5 = 18(1+6\%) - 4.08 = 15(万元)$$
第 6 年支付的利息为 0.90 万元，年末尚未偿还的贷款本金为：
$$P_6 = 15(1+6\%) - 3.90 = 12(万元)$$

第 7 年支付的利息为 0.72 万元，年末尚未偿还的贷款本金为：
$$P_7 = 12(1+6\%) - 3.72 = 9(万元)$$
第 8 年支付的利息为 0.54 万元，年末尚未偿还的贷款本金为：
$$P_8 = 9(1+6\%) - 3.54 = 6(万元)$$
第 9 年支付的利息为 0.36 万元，年末尚未偿还的贷款本金为：
$$P_9 = 6(1+6\%) - 3.36 = 3(万元)$$
第 10 年支付的利息为 0.18 万元，年末尚未偿还的贷款本金为：
$$P_{10} = 3(1+6\%) - 3.18 = 0(万元)$$

10 年共支付利息为：

1.8＋1.62＋1.44＋1.26＋1.08＋0.90＋0.72＋0.54＋0.36＋0.18＝9.90 万元。

三种还款方式的具体分析结果如表 3-3 所示。

表 3-3 三种还款方式的还款成本分析　　　　　　　　　　　单位：万元

偿还方案	年数 (1)	年初所欠金额 (2)	年利息额 (3)=(2)×6%	年终所欠金额 (4)=(2)+(3)	偿还本金 (5)	年终付款总额 (6)=(3)+(5)
一次支付	1	30	1.8	31.8000	0	0
	2	31.8000	1.908	33.7080	0	0
	3	33.7080	2.0225	35.7305	0	0
	4	35.7305	2.1438	37.8743	0	0
	5	37.8743	2.2725	40.1468	0	0
	6	40.1468	2.4088	42.5556	0	0
	7	42.5556	2.5533	45.1089	0	0
	8	45.1089	2.7065	47.8154	0	0
	9	47.8154	2.8689	50.6844	0	0
	10	50.6844	3.0411	53.7254	0	0
	∑		23.7254			53.7254
等额本息	1	30	1.8	31.8000	2.2760	4.0760
	2	27.7240	1.6634	29.3874	2.4126	4.0760
	3	25.3114	1.5187	26.8301	2.5573	4.0760
	4	22.7540	1.3652	24.1192	2.7108	4.0760
	5	20.0432	1.2026	21.2458	2.8734	4.0760
	6	17.1698	1.0301	18.1999	3.0459	4.0760
	7	14.1240	0.8474	14.9714	3.2286	4.0760
	8	10.8954	0.6537	11.5491	3.4223	4.0760
	9	7.4731	0.4484	7.9215	3.6276	4.0760
	10	3.8455	0.2307	4.0762	3.8453	4.0760
	∑		10.7602			40.7600

(续表)

偿还方案 (1)	年数 (1)	年初所欠金额 (2)	年利息额 (3)=(2)×6%	年终所欠金额 (4)=(2)+(3)	偿还本金 (5)	年终付款总额 (6)=(3)+(5)
等额本金	1	30	1.8	31.80	3	4.80
	2	27	1.62	28.62	3	4.62
	3	24	1.44	25.44	3	4.44
	4	21	1.26	22.26	3	4.26
	5	18	1.08	19.08	3	4.08
	6	15	0.90	15.90	3	3.90
	7	12	0.72	12.72	3	3.72
	8	9	0.54	9.54	3	3.54
	9	6	0.36	6.36	3	3.36
	10	3	0.18	3.18	3	3.18
	∑		9.90			39.90

三、结论

根据上述计算结果可以发现,三种还款方式的付息额度存在较大的不同。其中,第三种方式的付息额度最低。

对于 1 年以内(含 1 年)的贷款,适用于到期一次还本付息方式;对于长期贷款购房者,选择等额本金还款方式的支出要低于等额本息还款方式。

以 1 万元贷款为例,在年利率 5.04‰、月利率 4.2‰的情况下,贷款成本的具体测算结果如下:

若贷款期限为 10 年,按等额本息还款方式产生的利息是 2 751 元,按等额本金还款方式产生的利息是 2 541 元,后者比前者少 210 元。

若贷款年限为 20 年,差额为 830 元。

若贷款年限为 25 年,差额为 1 300 元。

若贷款年限为 30 年,差额为 1 832 元。

另外,贷款利率的降低,也将对贷款者的成本产生影响。2015 年国家 5 次降准降息后,5 年期以上商业贷款的基准利率由原来的 5.15%,降为 4.9%。按等额本息计算,2015 年年初以 6.15%的基准利率贷款 30 年的 100 万贷款,到 2016 年 1 月 1 日后,每月将少还 785 元,总支付利息将减少 282 605.18 元,将近 30 万元。

本章小结

1. 资金时间价值主要受利息的计算方法、利息的计息周期和折(贴)现率的影响。

2. 资金时间价值的基本概念包括现值、终值、年值、折现率和计息周期。可以用现金流量图和现金流量表来表示分析期内系统现金流入、现金流出的状况。

3. 利息的计算方法分为单利法和复利法两种。

4. 根据计息周期和利率之间的关系，利率有名义利率和实际利率两种表示方法。名义利率是指周期利率与每年计息周期数的乘积。实际利率是指一年利息额与本金之比。实际利率等于名义利率加上利息的时间价值产生的利率。

5. 等值计算是将同一时间序列、不同时点上的两笔或两笔以上的现金流量，按照一定的利率和计息方式，折现到某一相同时点的过程。决定等值的因素包括金额、时点和利率。

6. 资金等值计算公式主要包括一次支付终值公式、一次支付现值公式、等额支付终值公式、等额支付偿债基金公式、等额支付现值公式、等额支付资本回收公式和等差支付公式。

思考练习题

1. 什么是资金的时间价值？
2. 什么是时值、现值和终值？现值与终值之间存在什么关系？
3. 什么是现金流量？现金流量的三要素是什么？
4. 什么是名义利率？什么是实际利率？两者之间的关系是什么？
5. 某人借款 1 万元，年复利率为 $i=12\%$，6 年末本息一次偿还，请问到期偿还的本利和是多少？
6. 某人希望 3 年末有 20 万元资金用于缴纳购房首付款，请问在年复利率为 $i=12\%$ 的情况下，现在他需要在银行一次存入多少资金？
7. 某人希望 5 年末有 20 万元资金用于缴纳购房首付款，请问在年复利率为 $i=8\%$ 的情况下，每年年末他需要在银行等额存入多少资金？
8. 某企业用 3 万元的优惠价格购进一台设备，在 8 年的使用期中，该设备每年净收入 5 000 元，第 8 年年末卖得 1 万元。若年利率为 8%，问购买此设备是否合适？
9. 已知年利率为 8%，每季计息 2 次，若每季末存入银行 1 000 元，连续 5 年，求等额支付的现值是多少？
10. 年初存入银行 5 000 元，年利率 10%，每季季末计息 1 次，求名义利率、实际利率和第 2 年年末的本利和分别是多少？
11. 某企业连续 3 年每年存入银行储备金 10 万元，年利率 8%，每季度计息 1 次，求第 3 年年末能得到的储备金总额。
12. 买一套新房需要 50 万元，卖主的条件是：首付 10%，在以后 2 年中按月付款，名义年利率为 12%，则每月应付多少？
13. 你向银行借款 100 万元来购买一处住宅，借款期限 5 年，年利率 8%，假设你的还款方式为等额本息还款，则每年你应付的利息为多少？
14. 某公司在一项目上第 1 年投入 1 000 万元，第 2 年投入 500 万元，第 5 年又投入 500 万元，项目的寿命期为 10 年，回收残值为 100 万元，在报酬率为 10% 的条件下，每年的报酬至少为多少？

15. 假如名义利率为 15%,每月计息 1 次,则实际年利率为多少?

16. 某企业向银行借款,有两种计息方式:① 年利率 8%,按月计息;② 年利率 8.5%,按半年计息。请问:企业应选择哪种计息方式?它的实际利率是多少?

17. 某设备的生命期为 6 年,前 2 年维修费用均为 1000 元,后 4 年逐年递增 200 元,若按折旧率 10% 计算,维修费用的终值是多少?

21世纪经济与管理规划教材

管理科学与工程系列

第四章 单一方案的评价方法与指标

本章主要阐述单一方案评价指标及所得税、通货膨胀对评价指标的影响。通过学习,要求熟练掌握净现值、内部收益率、总投资收益率及投资回收期的概念、计算及判别准则;掌握基准收益率的概念及其确定方法;掌握折旧、通货膨胀的计算方法;了解折旧、通货膨胀对评价指标的影响。

第一节 单一方案的评价指标

所谓单一方案,是指工程项目只存在一个备选方案。在对其进行评价时,只需考察方案自身的经济性,也就是只需检验它们自身的绝对经济效果是否能够通过评价标准。凡是通过评价标准的方案,就认为它在经济效果上是可以接受的,否则应予以拒绝。

对于单一方案的经济评价,根据是否考虑资金的时间价值,可以分为静态评价和动态评价,所采用的指标分别为静态评价指标和动态评价指标。

一、静态评价指标

所谓**静态评价指标**,是指不考虑资金的时间价值的评价指标,主要包括总投资收益率、资本金净利润率和投资回收期。

(一)总投资收益率

总投资收益率(ROI)表示总投资的盈利水平,是指项目达到设计能力后正常年份的年息税前利润或运营期内年平均息税前利润(EBIT)与项目总投资(TI)的比率。

总投资收益率的计算公式为:

$$\text{ROI} = \frac{\text{EBIT}}{\text{TI}} \times 100\% \tag{4-1}$$

式中,EBIT 为项目正常年份的年息税前利润或运营期内年平均息税前利润,TI 为项目总投资。

总投资收益率高于同行业的收益率参考值,表明用总投资收益率表示的盈利能力满足要求。

[**例题 4-1**] 国家"十三五"规划要建设一个长距离输油管道项目,共需投资 162 亿元。预计在未来 15 年内,每年可获得的息税前利润为 23 亿元。问:该项目是否满足要求?假设长距离输油管道项目的收益率为 13%。

解:根据项目给出的信息可知,项目总投资为 162 亿元,在 15 年的运营期内每年可获得的息税前利润为 23 亿元,因此,该项目的总投资收益率为:

$$\text{ROI} = \frac{\text{EBIT}}{\text{TI}} \times 100\% = \frac{23}{162} \times 100\% = 14.2\%$$

由于计算出的长距离输油管道项目总投资收益率高于同行业的收益率参考值(13%),表明用总投资收益率表示的盈利能力满足要求。

(二)资本金净利润率

资本金净利润率(ROE)表示项目资本金的盈利水平,是指项目达到设计能力后正常年份的年净利润或运营期内年平均净利润(NP)与项目资本金(EC)的比率。

资本金净利润率的计算公式为:

$$\text{ROE} = \frac{\text{NP}}{\text{EC}} \times 100\% \tag{4-2}$$

式中,NP 为项目正常年份的年净利润或运营期内年平均净利润,EC 为项目资本金投资。

资本金净利润率高于同行业的净利润率参考值,表明用资本金净利润率表示的盈利能力满足要求。

[例题 4-2] 对于例题 4-1 中所需要的 162 亿元投资总额,国家财政投入资本金 62 亿元,银行贷款 100 亿元。预计在未来 15 年内,每年可获得净利润 15 亿元。假如国家希望该投资的净利润率为 20%,请问:该项目是否满足要求?

解: 根据项目给出的信息可知,项目资本金为 62 亿元,项目在 15 年的运营期内年净利润为 15 亿元,因此,该项目的资本金净利润率为:

$$ROE = \frac{NP}{EC} \times 100\% = \frac{15}{62} \times 100\% = 24.19\%$$

由于计算出的项目资本金净利润率高于国家希望的资本金净利润率(20%),所以,该项目的盈利能力满足国家的要求。

(三)投资回收期

投资回收期(P_t)是指以项目的净收益回收项目投资所需要的时间,一般以年为单位。项目投资回收期宜从项目建设开始年算起,若从项目投产开始年计算,应予以特别注明。

投资回收期是考察项目投资回收能力的重要静态评价指标,其基本的表达式为:

$$\sum_{t=1}^{P_t}(CI-CO)_t = 0 \qquad (4-3)$$

式中,CI 为现金流入量,CO 为现金流出量,$(CI-CO)_t$ 为第 t 年的净现金流量,P_t 为投资回收期。

当某项目的投资回收期不在整数年时,可以根据现金流量表中的累计净现金流量计算求得。计算公式为:

$$P_t = 累计净现金流量开始出现正值的年份 - 1 + \frac{上一年累计净现金流量的绝对值}{当年的净现金流量}$$

即:

$$P_t = T - 1 + \frac{第(T-1)年累计净现金流量的绝对值}{第 T 年的净现金流量} \qquad (4-4)$$

式中,T 为累计净现金流量开始(首次)出现正值或零的年份。

对于一般项目,若投资回收期短,表明项目的盈利能力和抗风险能力强。

计算所得的投资回收期,应与部门或行业规定的基准投资回收期(P_c)进行比较:

若 $P_t \leqslant P_c$,表明可在规定的投资回收期限之前收回投资,项目可行;

若 $P_t > P_c$,表明项目不能在规定的投资回收期限之前收回投资,项目无法满足行业项目投资盈利性和风险性要求,故项目不可行。

[例题 4-3] 某投资项目的净现金流量如表 4-1 所示。基准投资回收期 $P_c = 5$ 年,试用投资回收期法评价项目的经济性。

表 4-1 某投资项目的净现金流量表

年	1	2	3	4	5	6	7
净现金流量	-80	-30	60	65	65	65	90

解：设该方案的投资回收期为 P_t，根据表 4-1 的净现金流量，计算累计净现金流量，如表 4-2 所示。

表 4-2 某投资项目累计净现金流量表

年	1	2	3	4	5	6	7
净现金流量	−80	−30	60	65	65	65	90
累计净现金流量	−80	−110	−50	15	80	145	235

根据公式(4-4)，有：

$$P_t = 4 - 1 + \frac{|-50|}{65} = 3.8(年)$$

因为 $P_t(=3.8) \leqslant P_c(=5)$，故方案可以接受。

通过上述介绍可以发现，静态评价方法在对项目和方案进行效益和费用计算时，不考虑资金的时间价值，不进行复利计算，因而比较简单、直观，使用方便，但是不够精确。通常情况下，静态评价用于可行性研究初始阶段的粗略分析和评价，以及方案的比选。

二、动态评价指标

所谓**动态评价指标**，是在考虑了资金的时间价值及项目在整个寿命期内收入与支出的全部经济数据后所得到的评价指标。

动态评价指标较多，主要包括净现值(NPV)、净现值率(NPVR)、净年值(NAV)、内部收益率(IRR)等。

（一）净现值

1. 净现值的概念及计算公式

净现值是指按照项目方案设定的折现率(一般采用基准收益率 i_c)，把项目寿命期内各年的净现金流量计算到项目建设期初的现值之和。其表达式为：

$$\text{NPV} = \sum_{t=1}^{n}(\text{CI} - \text{CO})_t(1+i_c)^{-t} \tag{4-5}$$

式中，NPV 为净现值，$(\text{CI}-\text{CO})_t$ 为第 t 年的净现金流量，n 为方案的寿命期，i_c 为设定的折现率(同基准收益率)。

净现值越大，说明项目的经济效益越好。

$\text{NPV} \geqslant 0$，表示项目方案实施后的投资收益率不仅能够达到基准收益率的水平，而且还能得到超额现值收益，即项目方案是可取的。

$\text{NPV} < 0$，表示项目方案实施后的投资收益率达不到基准收益率的水平，即投资收益较低，达不到投资者的期望目标。因此，项目方案不符合经济要求，项目方案是不可取的。

[例题 4-4] 某项目第 1 年固定资金投资为 100 万元，投产时需流动资金投资 20 万元。该项目从第 3 年年初投产并运行，每年需经营费 40 万元。若项目每年可获销售收入 65 万元，项目服务年限为 10 年，届时残值为 20 万元，年利率为 10%，试计算该项目的净现值。

解：根据题意画出该项目的现金流量图,如图 4-1 所示(采用年末法)。其中,第 3—12 年每年 25 万元为项目达产期每年的净现金流量;第 12 年年末的两个 20 万元分别为残值和回收的流动资金。

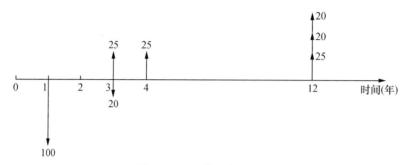

图 4-1 项目的现金流量图

根据图 4-1 得到的项目净现值为:

$$NPV = -100(P/F,10\%,1) - 20(P/F,10\%,3)$$
$$+ 25(P/A,10\%,10)(P/F,10\%,2) + 40(P/F,10\%,12)$$
$$= -100 \times 0.909 - 20 \times 0.7513 + 25 \times 6.144 \times 0.8264 + 40 \times 0.3186$$
$$= 33.753(万元)$$

由于计算出的 NPV=33.753≥0,表明该项目用其项目生产期所获得的全部收益的现值补偿了全部投资现值之后,还有 33.753 万元的现值净收益。因此,该项目的经济效益是好的,方案是可行的。

2. 影响净现值的因素

对于一般项目来讲,净现值与折现率之间的关系如图 4-2 所示。

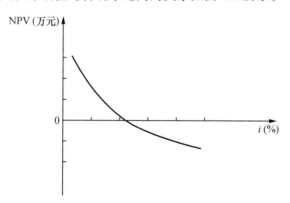

图 4-2 净现值与折现率之间的关系

从净现值的计算公式和图 4-2 可知,一个项目的净现值的大小不仅取决于项目内部的现金流量,还与项目所处的行业及行业标准(即基准收益率)有关。在一定的现金流量下,基准收益率越高,项目的净现值越低。

基准收益率也称为基准折现率,是企业或行业或投资者以动态的观点所确定的,可以接受的投资方案最低标准的收益水平。它代表了项目投资所期望的最低财务盈利水平,也是投资决策者对项目资金的时间价值所做的估量。

基准收益率是评价和判断投资方案在经济上是否可行的依据,也是一个非常重要的经济参数。

根据现代投资理论,确定基准收益率时应综合考虑以下几个因素:

(1) 资金成本和机会成本。

① **资金成本**,又称融资成本,是指企业为筹集和使用资金而付出的代价,主要由资金筹集成本和资金使用成本组成。

资金筹集成本又称融资费用,是指在资金筹措过程中支付的各项费用,主要包括各种融资方式下所产生的手续费、股票和债券的发行费、印刷费、公证费、担保费等。

资金的使用成本又称为资金占用费,包括支付给股东的股利、向债权人支付的贷款利息以及支付给其他债权人的各种利息费用等。

资金筹集成本属于一次性费用,使用资金过程中不再发生,而资金的使用成本却在资金使用过程中多次发生。

② **机会成本**是指投资者将有限的资金用于拟建项目而放弃的其他投资机会所能获得的最好收益。

通常情况下,基准收益率不应低于单位资金成本和资金的机会成本。

如果项目完全由企业自有资金投资,可参考行业的平均收益水平,此时可理解为自有资金的机会成本;如果项目资金来源于银行贷款和企业自有资金,最低收益不能低于银行贷款利率和行业平均收益水平(或新筹集权益投资的资金成本)的加权平均值。

例如,某投资项目所需的资金40%从银行贷款,年利率为10%;60%为自有资金,行业平均收益率为15%,则资金成本为:

$$资金成本 = 40\% \times 10\% + 60\% \times 15\% = 13\%$$

(2) 投资风险。

由于投资项目大多带有一定的风险和不确定性,为了补偿可能发生的风险损失,在确定基准收益率时要考虑一个适当的**风险贴水率**(即风险报酬)。风险贴水率的大小要视投资项目未来经营风险的大小来定。一般而言,风险大的项目,风险贴水率也应该大。

从客观上看,资金密集型项目的风险高于劳动密集型项目,资产专用性强的项目风险高于资产通用性强的项目,以扩大产量、增加市场份额为目的的项目风险高于以降低生产成本为目的的项目。从主观上看,资金拮据者的风险高于资金雄厚的投资主体的风险。

(3) 通货膨胀。

通货膨胀是指由于货币(纸币)的发行量超过商品流通所需的货币量而引起的货币贬值和物价上涨的现象。通常用通货膨胀率指标来表示通货膨胀的程度。

通货膨胀会造成材料、设备、土地、人工等费用的上升,因此在确定基准收益率时,必须考虑通货膨胀对基准收益率的影响。

综合以上因素分析,在采用时价计算项目收支的情况下,基准收益率为:

$$I_c = (1+r_1)(1+r_2)(1+r_3) - 1$$

式中,I_c 为基准收益率,r_1 为年资金成本和机会成本,r_2 为年风险贴水率,r_3 为年通货膨胀率。

在采用不变价格计算项目收支的情况下,基准收益率为：
$$I_c = (1+r_1)(1+r_2) - 1$$

在 r_1、r_2、r_3 均为小数的情况下,上述两式可近似简化为：
$$I_c = r_1 + r_2 + r_3$$
$$I_c = r_1 + r_2$$

(二) 净现值率

净现值率是指项目的净现值与投资现值的比值。其表达式为：

$$\text{NPVR} = \frac{\text{NPV}}{K_p} = \frac{\sum_{t=1}^{n}(\text{CI}-\text{CO})_t(1+i_c)^{-t}}{\sum_{t=1}^{n}I_t(1+i_c)^{-t}} \tag{4-6}$$

式中,K_p 为项目全部投资的现值。

净现值率的经济含义是该项目方案单位投资现值所能获得的净现值。

用净现值率进行方案比较时,净现值率较大的方案为优。用净现值指标和净现值率指标评价单方案时所得出的结论是一致的。在多个方案比较和项目排队时,这两个指标的评价结果会出现相互矛盾的情况。

(三) 净年值

净年值是通过资金等值换算将项目净现值分摊到寿命期内各年的等额年值。其表达式为：

$$\begin{aligned}\text{NAV} &= \text{NPV}(A/P, i_c, n) \\ &= \sum_{t=1}^{n}(\text{CI}-\text{CO})_t(1+i_c)^{-t}(A/P, i_c, n)\end{aligned} \tag{4-7}$$

式中,NAV 为净年值,$(A/P, i_c, n)$ 为资本回收系数。

净年值的判别准则为：

若 NAV≥0,则项目在经济上是合理的、可以接受的；

若 NAV<0,则项目在经济上是不合理的、不可行的。

由于
$$(A/P, i_c, n) = \frac{i_c(1+i_c)^n}{(1+i_c)^n - 1} > 0$$

因此,用净年值指标评价投资方案的经济性的结论与净现值是一致的。但是,这两个指标所给出的信息的经济含义是不同的：净现值给出的信息是项目在整个寿命期内获得的超出最低期望盈利的超额收益现值；净年值给出的信息是项目在整个寿命期内每年的等额超额收益。

净年值可以直接用来评价寿命期不等的对比方案的经济效果。

(四) 内部收益率

1. 内部收益率的概念

内部收益率是指项目在整个计算期内各年净现金流量的现值累计等于零时的折现率。其表达式为：

$$\sum_{t=1}^{n}(CI-CO)_t(1+IRR)^{-t} = 0 \qquad (4\text{-}8)$$

式中,IRR 为内部收益率,$(CI-CO)_t$ 为第 t 年的净现金流量,n 为方案的寿命期。

用内部收益率指标评价项目方案时,判别准则如下(设基准收益率为 i_c):

若 IRR$\geqslant i_c$,则项目在经济上可以接受;

若 IRR$<i_c$,则项目在经济上不可行。

由于公式(4-8)是一个一元高次方程,不容易直接求解。因此,在求解内部收益率时,通常采用**试算内插法**。具体计算步骤如下:

(1) 画出方案的现金流量图(或现金流量表),列出净现值的计算公式。

(2) 选择一个适当的收益率代入净现值的计算公式,试算出净现值。如果 NPV>0,说明试算用的收益率偏低,应提高;如果 NPV<0,说明试算用的收益率偏高,应降低。

(3) 重复步骤 2。

(4) 当试算得出的两个净现值满足:

i_1,NPV$_1$ $\xrightarrow{+}$ i_2,NPV$_2$ $\xrightarrow{-}$ 0,且 i_1、i_2 相差不超过 2%—5% 时,将计算出的 i_1、NPV$_1$、i_2、NPV$_2$ 代入公式(4-9),即可求出内部收益率(IRR)。

$$IRR = i_1 + \frac{NPV_1}{NPV_1+|NPV_2|}(i_2-i_1) \qquad (4\text{-}9)$$

式中,i_1 为试算用的较低收益率,i_2 为试算用的较高收益率,NPV$_1$ 为用 i_1 计算的净现值(正值),NPV$_2$ 为用 i_2 计算的净现值(负值)。

[例题 4-5] 西安某地产公司投资 1 000 万元在沣峪口建造了一个别墅小区,3 年后该别墅全部出售,共获得净收益 1 800 万元,试问:该项目的投资内部收益率为多少?

解: 根据题目给出的信息,该项目的现金流量如表 4-3 所示。

表 4-3 项目的现金流量表　　　　　　　　　　　　单位:万元

项目＼年份	1	2	3
现金流出量	1 000		
现金流入量			1 800
净现金流量	−1 000		1 800

根据公式(4-8)可知,该项目的内部收益率的计算公式为:

$$-1000(P/F,IRR,1) + 1800 \times (P/F,IRR,3) = 0$$

当 $i_1=32\%$ 时,净现值 NPV$_1=25.04$(万元);

当 $i_2=35\%$ 时,净现值 NPV$_2=-9.18$(万元)。

将 i_1、NPV$_1$、i_2、NPV$_2$ 代入公式(4-9),可以得到:

$$IRR = 32\% + \frac{25.04}{25.04+|-9.18|} \times (35\%-32\%)$$

$$= 34.20\%$$

通过计算得知,该别墅小区项目的内部收益率为 34.20%。

[例题 4-6] 有一个项目,初始投资为 100 万元,年经营费用为 15 万元,每年可以获得约 30 万元的收益,寿命期为 15 年,残值为 0。在期望收益率为 15% 的条件下,问:能否投资该项目?

解:设该项目的内部收益率为 IRR,则项目的净现值为:

$$NPV = -100(P/F, IRR, 1) + (30 - 15) \times (P/A, IRR, 15)$$

当 $i_1 = 15\%$ 时,查表可知,$(P/A, IRR, 15) = 5.8474$,此时净现值 $NPV_1 = 0.751$;当 $i_2 = 16\%$ 时,查表可知,$(P/A, IRR, 15) = 5.5753$,此时净现值 $NPV_2 = -2.5775$。

由内插法可得:

$$IRR = 15\% + \frac{0.751}{0.751 + |-2.5775|} \times (16\% - 15\%)$$
$$= 15.23\%$$

由于 IRR=15.23>15%(期望收益率),因此投资该项目合理。

2. 内部收益率的经济含义

为了帮助理解内部收益率的经济含义,先看一个例子。

[例题 4-7] 某项目净现金流量如表 4-4 所示。假设其内部收益率为 17.7%,试分析其投资回收的过程。

表 4-4 某项目现金流量表　　　　　　　　　　　单位:万元

年末	1	2	3	4	5
净现金流量	-100	30	40	40	40

解:用表 4-4 中项目每年的净收益,去不断地回收项目总投资 100 万元,尚未回收的投资按照 IRR=17.7% 的增值率进行增值,则项目全部投资回收的过程如表 4-5 和图 4-3 所示。

表 4-5　全部投资回收的现金流量分析表　　　　　　单位:万元

年份	年初未回收的投资 ①	年初未回收的投资到年末的金额 ②=①×(1+IRR)	可用于回收投资的资金 ③	年末未回收的投资 ④=②-③
1	0	0	0	100
2	100	117.7	30	87.7
3	87.7	103.2	40	63.2
4	63.2	74.4	40	34.4
5	34.4	40.0	40	0

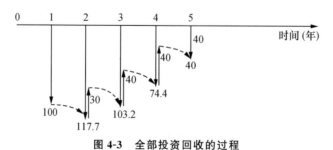

图 4-3　全部投资回收的过程

表 4-5 和图 4-3 表明,对于任意一个项目,当把资金投入项目以后,将不断地通过项目的净收益加以回收,其中尚未回收的资金将以 IRR 为利率增值,到项目计算期结束时正好回收了全部投资。因此,内部收益率是未回收投资的增值率。

同时,还可以理解为一个项目的投资用项目各年净收益来回收,并在项目寿命期结束时正好将投资全部收回,这一回收过程与项目之外的因素无关,只与项目的投资额、各年的净收益以及被占用资金的增值率等内部因素有关,故有内部收益率之称。

通过上述介绍可知,动态评价方法在计算项目和方案的效益和费用时,由于充分考虑到资金的时间价值,采用复利的计算方法,把不同时期的效益流入和费用流出折算为同一时点的等值价值,因而为项目和方案的技术经济比较确立了相同的时间基础,并能反映未来时期的发展变化趋势。因此,动态评价方法常用于项目决策前的可行性研究阶段,是经济效益评价的主要方法。

第二节 折旧、所得税对评价指标的影响

一、折旧的计提方法

折旧是指固定资产在使用过程中由于逐渐磨损而转移到产品中的那部分价值。固定资产的折旧额从销售收入中按月提存。

目前,我国采用的折旧方法主要有直线法、年数总和法、双倍余额递减法。其中,年数总和法和双倍余额递减法属于加速折旧法。

1. 直线法

直线法又称为直线计提折旧法,其每年计提的折旧额的计算公式为:

$$年折旧额 = (原值 - 残值) / 折旧年限 \tag{4-10}$$

2. 年数总和法

在年数总和法下,年折旧率的计算公式为:

$$年折旧率 = (折旧年限 - 已使用年限) / 年序号之和 \times 100\%$$

根据年折旧率的大小,可知:

$$年折旧额 = (固定资产原值 - 残值) \times 年折旧率 \tag{4-11}$$

3. 余额递减法

在余额递减法下,年折旧率为双倍直线折旧率,即:

$$年折旧率 = 2 / 折旧年限 \times 100\%$$

每年计提的折旧额为:

$$年折旧额 = 固定资产净值 \times 年折旧率 \tag{4-12}$$

需要注意的是,按余额递减法计提折旧时,应当在固定资产折旧年限到期前两年内,将固定资产净值扣除预计净残值后的净额平均摊销。

[例题 4-8] 有一台机器,原值 10 000 元(原值即为设备投资资金),残值为 0,有效使用年限 5 年,求年折旧额。

解：(1) 直线法。

根据公式(4-10)计算的年折旧额为：

$$年折旧额 = \frac{10\,000 - 0}{5} = 2\,000(元)$$

(2) 年数总和法。

根据公式(4-11)计算的该机器每年计提的折旧额分别为：

$$第1年折旧额 = \frac{5}{1+2+3+4+5} \times (10\,000 - 0) = 3\,333(元)$$

$$第2年折旧额 = \frac{4}{1+2+3+4+5} \times (10\,000 - 0) = 2\,667(元)$$

$$第3年折旧额 = \frac{3}{1+2+3+4+5} \times (10\,000 - 0) = 2\,000(元)$$

$$第4年折旧额 = \frac{2}{1+2+3+4+5} \times (10\,000 - 0) = 1\,333(元)$$

$$第5年折旧额 = \frac{1}{1+2+3+4+5} \times (10\,000 - 0) = 667(元)$$

(3) 余额递减法。

根据公式(4-12)计算的该机器每年计提的折旧额分别为：

$$第1年折旧额 = \frac{2}{5} \times (10\,000 - 0) = 4\,000(元)$$

$$第2年折旧额 = \frac{2}{5} \times (10\,000 - 4\,000) = 2\,400(元)$$

$$第3年折旧额 = \frac{2}{5} \times (10\,000 - 4\,000 - 2\,400) = 1\,440(元)$$

$$第4年折旧额 = \frac{1}{2} \times (10\,000 - 4\,000 - 2\,400 - 1\,440) = 1\,080(元)$$

$$第5年折旧额 = \frac{1}{2} \times (10\,000 - 4\,000 - 2\,400 - 1\,440) = 1\,080(元)$$

从例题 4-8 可以看出，加速折旧法(年数总和法和余额递减法)在设备使用的前两年就已回收了 60% 的设备投资资金。因此，加速折旧能够有效地改善企业资金短缺的局面，有利于企业的发展。

二、折旧对所得税的影响

我们在本书第二章给出了企业应纳税额的计算公式，即：

$$应纳税额 = 应纳税所得额 \times 税率 - 减免或抵免额$$
$$= (收入总额 - 准予扣除的项目金额) \times 税率 - 减免或抵免额$$

从式中可以看出，应纳税额(所得税)与准予扣除的项目金额的大小成反比关系。准予扣除的项目金额越小，在相同的收入总额的情况下，应纳税额就越大，企业上缴的所得税就越多。

[例题 4-9] 某机器原值 10\,000 元，寿命期 5 年，期间每年能带来收益 4\,000 元，期末无残值。如果企业所得税税率为 25%，试计算不同折旧方法下企业每年应缴纳的所得税税额。

解：为了方便起见，我们采用制表的方法进行分析。

（1）直线法。

在直线法下，该机器的年折旧额、应税所得额和所得税额如表 4-6 所示。

表 4-6　直线法下的企业所得税　　　　　　　　　　　　　　　　　　单位：元

年份	税前现金流量		折旧额	应税所得额	所得税额
	现金流出	现金流入			
1	−10 000	4 000	2 000	2 000	500
2		4 000	2 000	2 000	500
3		4 000	2 000	2 000	500
4		4 000	2 000	2 000	500
5		4 000	2 000	2 000	500
合计			10 000	10 000	2 500

（2）年数总和法。

在年数总和法下，该机器的年折旧额、应税所得额和所得税额如表 4-7 所示。

表 4-7　年数总和法下的企业所得税　　　　　　　　　　　　　　　　单位：元

年份	税前现金流量		折旧额	应税所得额	所得税额
	现金流出	现金流入			
1	−10 000	4 000	3 333	667	166.75
2		4 000	2 667	1 333	333.25
3		4 000	2 000	2 000	500.00
4		4 000	1 333	2 667	666.75
5		4 000	667	3 333	833.25
合计			10 000	10 000	2 500

（3）余额递减法。

在余额递减法下，该机器的年折旧额、应税所得额和所得税额如表 4-8 所示。

表 4-8　余额递减法下的企业所得税　　　　　　　　　　　　　　　　单位：元

年份	税前现金流量		折旧额	应税所得额	所得税额
	现金流出	现金流入			
1	−10 000	4 000	4 000	0	0
2		4 000	2 400	1 600	400
3		4 000	1 440	2 560	640
4		4 000	1 080	2 920	730
5		4 000	1 080	2 920	730
合计			10 000	10 000	2 500

从表 4-6、表 4-7、表 4-8 可以看出，由于折旧的计提方法不同，该机器每年缴纳的所得税额度也不同，但是，在整个寿命期内，企业缴纳的所得税总额是不变的，均为 2 500 元。

由此可见,在其他条件相同的情况下,折旧计提方法不能够避税,只起到了推迟纳税的作用。另外,有学者的研究证明,加速折旧可以避免通货膨胀带来的不利影响。

三、所得税对评价指标的影响

为了说明所得税对评价指标的影响,下面我们先看一个例子。

[例题 4-10] 某机器原值 10 000 元,寿命期 5 年,期间每年能带来收益 4 000 元,期末无残值。机器采用余额递减法折旧,企业所得税税率为 25%,要求计算税前、税后净现值。基准收益率为 10%。

解:第一步,计算税前、税后现金流量。计算结果如表 4-9 所示。

表 4-9　税前、税后现金流量　　　　　　　　　　　单位:元

年份	税前现金流量		折旧额	应税所得额	所得税额	税后现金流量
	现金流出	现金流入				
1	−10 000	4 000	4 000	0	0	−6 000
2		4 000	2 400	1 600	400	3 600
3		4 000	1 440	2 560	640	3 360
4		4 000	1 080	2 920	730	3 270
5		4 000	1 080	2 920	730	3 270

第二步,计算税前投资净现值。

根据表 4-9 中的税前现金流量的分布情况,所得到的净现值为:

$$NPV = -10\,000 \times (P/F, 10\%, 1) + 4\,000 \times (P/A, 10\%, 5)$$
$$= -10\,000 \times 0.909\,1 + 4\,000 \times 3.790\,8$$
$$= 6\,072.2(元)$$

第三步,计算税后投资净现值。

根据表 4-9 中的税后现金流量的分布情况,所得到的净现值为:

$$NPV = -6\,000 \times (1+10\%)^{-1} + 3\,600 \times (1+10\%)^{-2} + 3\,360 \times (1+10\%)^{-3}$$
$$+ 3\,270 \times (1+10\%)^{-4} + 3\,270 \times (1+10\%)^{-5}$$
$$= -6\,000 \times 0.909\,1 + 3\,600 \times 0.826\,4 + 3\,360 \times 0.751\,3$$
$$+ 3\,270 \times 0.683 + 3\,270 \times 0.620\,9$$
$$= 4\,308.561(元)$$

从例题 4-10 可以看出,在其他条件均相同的情况下,所得税前的净现值(6 072.2 元)大于所得税后的净现值(4 308.561 元)。由此可见,企业所得税对经济分析有着非常重要的影响,有时甚至会关系到方案的取舍。因为企业所得税对企业来说始终是一种成本,属于现金流出,所得税的计入减少了正的现金流量,导致体现投资经济价值的所有指标下降。不考虑企业所得税相当于忽略了决策中的一个非常重要的因素。

所得税对经济评价结果的影响主要是通过计提折旧的方法和利息税前抵扣体现的。

[**例题 4-11**]　对于例题 4-10 中的机器,要求计算不同折旧计提方法下的税后净现值。基准收益率为 10%。

解：根据表 4-6、表 4-7、表 4-9 所做出的三种折旧方法下的税后现金流量见表 4-10。

表 4-10　三种折旧方法下的税后现金流量表　　　　　　　　　　单位:元

年份	税前现金流量	税后现金流量 直线法	税后现金流量 年数总和法	税后现金流量 余额递减法
1	−6 000	−6 500	−6 166.75	−6 000
2	4 000	3 500	3 666.75	3 600
3	4 000	3 500	3 500	3 360
4	4 000	3 500	3 333.25	3 270
5	4 000	3 500	3 166.75	3 270

根据表 4-10 所计算的三种折旧计提方法的税后净现值分别为：

(1) 直线法下税后净现值为：

$$NPV_1 = -10\,000 \times (P/F, 10\%, 1) + 3\,500 \times (P/A, 10\%, 5)$$
$$= -10\,000 \times 0.9091 + 3\,500 \times 3.7908$$
$$= 4\,176.8(元)$$

(2) 年数总和法下税后净现值为：

$$NPV_2 = -6\,166.75 \times (1+10\%)^{-1} + 3\,666.75 \times (1+10\%)^{-2}$$
$$+ 3\,500(1+10\%)^{-3} + 3\,333.25 \times (1+10\%)^{-4}$$
$$+ 3\,166.75 \times (1+10\%)^{-5}$$
$$= -6\,166.75 \times 0.9091 + 3\,666.75 \times 0.8264 + 3\,500 \times 0.7513$$
$$+ 3\,333.25 \times 0.683 + 3\,166.75 \times 0.6209$$
$$= 4\,296.40(元)$$

(3) 余额递减法下税后净现值为：

$$NPV_3 = -6\,000 \times (1+10\%)^{-1} + 3\,600 \times (1+10\%)^{-2} + 3\,360 \times (1+10\%)^{-3}$$
$$+ 3\,270 \times (1+10\%)^{-4} + 3\,270 \times (1+10\%)^{-5}$$
$$= -6\,000 \times 0.9091 + 3\,600 \times 0.8264 + 3\,360 \times 0.7513$$
$$+ 3\,270 \times 0.683 + 3\,270 \times 0.6209$$
$$= 4\,308.561(元)$$

从例题 4-11 的计算结果可以看出,折旧计提得越快,前期企业所得税数额越小,税后现金流量越大。在其他条件均相同的情况下,加速折旧可以产生更大的现金流。因此,企业一般选取能使税后现金流量或税后净现值大的方法。

但是,有些企业为了在投产前几年通过发行股票、债券进行融资,往往选择导致低净现值的折旧方法。

第三节 通货膨胀对评价指标的影响

一、通货膨胀率的计算

(一) 通货膨胀的含义

通货膨胀(inflation)是指价格向上变化,**通货紧缩**(deflation)是指价格向下变化。当中央电视台经济频道报道 2017 年 2 月的通货膨胀率为 4.7%时,这就意味着中国的商品和服务的价格水平比 2017 年 1 月底的价格水平上涨了 4.7%。通货膨胀的高低一般是用消费者物价指数(CPI)来衡量的。

消费者物价指数是衡量不同时期城市家庭和个人日常生活中商品和服务价格的平均变化水平的指标。该指标在一定程度上反映了居民货币购买力的升降及其对居民生活费用的影响。

如果消费者物价指数升幅过大,表明通货膨胀已经成为经济不稳定因素,央行会有紧缩货币政策和财政政策的可能,从而造成经济前景不明朗。因此,该指数过大的升幅往往不被市场欢迎。例如,在过去 12 个月,消费者物价指数上升了 2.3%,这意味着生活成本比 12 个月前平均上升了 2.3%。当生活成本提高时,金钱价值便随之下降。也就是说,一年前的 100 元,今天只能买到价值 97.70 元的商品及服务。

一般来说,当 CPI>3%时,称为通货膨胀;当 CPI>5%时,称为严重的通货膨胀。

(二) 通货膨胀率的计算

1. 通货膨胀率的计算公式

通货膨胀率(f)是指在一年内市场上的商品和服务的价格变化率。其计算公式为:

$$通货膨胀率 = \frac{第二年市场篮子的价格 - 第一年市场篮子的价格}{第一年市场篮子的价格} \times 100\% \quad (4-13)$$

[**例题 4-12**] 纽约的商品和服务市场篮子①的价格在某年为 1.212 万美元,一年后为 1.324 万美元,再一年后为 1.4 万美元。问:第二年和第三年的通货膨胀率为多少?

解:第二年的通货膨胀率为:

$$f_2 = \frac{13\,240 - 12\,120}{12\,120} \times 100\% = 9.2\%$$

第三年的通货膨胀率为:

$$f_3 = \frac{14\,000 - 13\,240}{13\,240} \times 100\% = 5.7\%$$

2. 消费者物价指数的计算公式

在计算消费者物价指数时,首先需要假定某一年的价格指数为 100。市场篮子在第一年定价,一年后市场篮子重新定价,将后一价格除以前一价格再乘以上一年的 CPI,就可得到第二年的 CPI。

---

① 市场篮子(market basket)是美国编制物价指数的若干基本商品和劳务项目的总称。

由此可以给出 CPI 的计算公式：

$$\text{CPI}_2 = \text{CPI}_1 \times \frac{\text{第二年市场篮子的价格}}{\text{第一年市场篮子的价格}} \tag{4-14}$$

[例题 4-13] 纽约的商品和服务市场篮子的价格在某年为 1.212 万美元，一年后为 1.324 万美元，再一年后为 1.4 万美元。问：第二年和第三年的 CPI 为多少？

解： 为了计算 CPI，我们不妨设市场篮子为 12 120 美元那一年的价格指数为 100，根据公式(4-14)，可以得到第二年的 CPI 为：

$$\text{CPI}_2 = \text{CPI}_1 \times \frac{\text{第二年市场篮子的价格}}{\text{第一年市场篮子的价格}} = 100 \times \frac{13\ 240}{12\ 120} = 109.2$$

第三年的 CPI 为：

$$\text{CPI}_3 = \text{CPI}_2 \times \frac{\text{第三年市场篮子的价格}}{\text{第二年市场篮子的价格}} = 109.2 \times \frac{14\ 000}{13\ 240} = 115.5$$

3. 不变折现率、现实折现率和通货膨胀率的关系

考虑通货膨胀对现金流量的影响涉及两种不同的折现率，一是不变折现率，二是现实折现率。

不变折现率(i)是指假定价格不变时的资本机会成本，它是与不变货币(元)现金流量相关的折现率。

现实折现率(u)是指以膨胀的货币进行支付时的资本机会成本，它是与现实现金流量相关的折现率。

不变货币(元)是指具有不变的购买力的货币单位。

不变折现率是没有通货膨胀时的市场资本的边际成本的百分数；而现实折现率 u，也叫综合折现率，包含了通货膨胀的影响。

不变折现率、现实折现率和通货膨胀率(f)三者之间的关系如公式(4-15)所示。

$$i = \frac{u - f}{1 + f} \tag{4-15}$$

[例题 4-14] 你于某年年初将 10 万元存入银行，年利率为 15%，当年的通货膨胀率为 8%，则用年初不变元表示，年底你能取出多少钱？

解： 根据题目给出的条件可知 $f = 8\%$，$u = 15\%$，要求在不变折现率的情况下求你的收益。因此，首先需要计算出不变折现率 i。

将 $f = 8\%$，$u = 15\%$ 代入公式(4-15)，可得到 i，即：

$$i = \frac{u - f}{1 + f} = \frac{15\% - 8\%}{1 + 8\%} = 6.48\%$$

将不变折现率 $i = 6.48\%$ 代入已知现值求终值的一次支付的等值计算公式，就可得到你在考虑通货膨胀情况下的实际收益。你的实际收益为：

$$F = P \times (1 + i) = 100\ 000 \times (1 + 6.48\%)$$
$$= 106\ 480(\text{元})$$

二、通货膨胀对评价指标的影响

价格对项目结果的影响是全面的，既影响项目固定资产投资，又影响项目的营业收入,还影响项目的成本费用。因此,在财务评价中必须考虑通货膨胀引起的价格总水平的上升。

[例题 4-15] 现有一贷款项目,名义收益率为 24%,按季度计算复利。设每年的通货膨胀率平均为 5%,则这笔贷款项目的真实收益率为多少?

解: 根据题意可知名义收益率 $r=24\%$,按季度计息,则每年实际的利率 u 为:

$$u = \left(1 + \frac{24\%}{4}\right)^4 - 1 = 26.25\%$$

根据题意又知,每年的通货膨胀率平均为 5%,即 $f=5\%$,则这笔贷款项目的真实收益率 i 为:

$$i = \frac{u-f}{1+f} = \frac{26.25\% - 5\%}{1+5\%} = 20.24\%$$

由例题 4-15 可以看出,通货膨胀率对实际投资收益的影响是负面的。

[例题 4-16] 现有一投资项目,初始投资为 100 万元,预计三年内每年的现时收益为 40 万元,3 年后现时的残值为 15 万元。假定第一年的通货膨胀率为 6%,第二年为 8%,第三年为 10%,则该项目的税前不变元的收益率为多少?

解: 记 CPI 为 100 时的点为 0 时点,则第一年、第二年、第三年的 CPI 的计算结果如表 4-11 所示。

表 4-11 CPI 及不变元现时收益计算结果 单位:万元

年份	现时元	CPI	不变元
0	-100	100.0	-100
1	40	100×1.06=106.0	37.7
2	40	106.0×1.08=114.5	34.9
3	40+15	114.5×1.1=126.0	43.7

根据消费者物价指数,将现时现金流转换为不变元现金流。具体结果如表 4-11 所示。

设不变元收益率为 i,则:

$$\text{NPV} = -100 + 37.7 \times (1+i)^{-1} + 34.9 \times (1+i)^{-2} + 43.7 \times (1+i)^{-3}$$

当 $i=5\%$,NPV=5.31(万元);当 $i=8\%$,NPV=-0.48(万元)。

利用内插法可以得到:

$$i = 5\% + 3\% \times \frac{5.31}{5.31+0.48} = 7.75\%$$

由计算结果可知,该项目的税前不变元的收益率为 7.75%。

在决策中,虽然通货膨胀对每个备选方案都有影响,但是对每个方案所产生的影响程度可能会不同。另外,对于两个互斥方案,折现率采用 u 还是 i,得出的净现值的大小可能是相反的。因此,通货膨胀不容忽视。

[例题 4-17] 吴先生采用分期付款的方式购买了一套 50 万元的住宅,规定在 5 年内还清贷款,年利率为 15%,利息的支付可在纳税时扣减。银行的贷款条件是:第一年年初

首付 20%，剩余的债务可以在 5 年期内等额偿还，也可以在 5 年内任何时候一次性还清。吴先生估计一年以后每年的通货膨胀率为 8%，他所处的税级为 35，税后及考虑通货膨胀率后的边际成本为 3%。问：等额支付一年后一次性还清债务是否合理？

解：设在等额支付的情况下，每年应该支付的额度为 A，则：

$$A = 50 \times (1 - 20\%) \times (A/P, 15\%, 5) = 12（万元）$$

在不考虑通货膨胀的情况下，等额支付的本金利息如表 4-12 所示。

表 4-12　等额支付的本金利息表　　　　　　　　　　　　　　　单位：万元

年份	年支付	本金	利息	剩余债务
0	10			40
1	12	6	6	34
2	12	7	5	27
3	12	8	4	20
4	12	9	3	11
5	12	10	2	0

由表 4-12 可知，等额支付一年后一次性还清的还款额度为 34 万元。

在考虑通货膨胀的情况下，等额支付的本金利息如表 4-13 所示。

表 4-13　考虑通货膨胀率的税后债务　　　　　　　　　　　　　　单位：万元

年份	税前现金流	利息	扣减的税额 0.35	税后现金流	CPI	不变元现金流	$(P/F, 3\%, n)$	现值
0					100.0			
1	−12	5	1.75	−10.25	108	−9.49	0.97	−9.21
2	−12	4	1.4	−10.6	116.6	−9.09	0.94	−8.54
3	−12	3	1.05	−10.95	125.9	−8.69	0.92	−8.00
4	−12	2	0.7	−11.3	136	−8.31	0.89	−7.39
合计								−33.14

表 4-13 表明，在吴先生考虑通货膨胀因素的情况下，若一年后继续按照等额付款的方式偿还的话，那么后四年的现值总和只有 33.14 万元，小于不考虑通货膨胀情况下的等额支付一年后一次性还清的还款额度。

由此可见，等额支付一年后全部一次性还清是不合理的。

本章小结

1. 单一方案的评价只需考察方案自身的经济性，也就是只需检验它们自身的绝对经济效果是否能够通过评价标准。通常可以采用静态的评价指标和动态的评价指标。主要有总投资收益率、资本金净利润率、投资回收期、净现值、内部收益率等。

2. 总投资收益率能反映总投资的盈利水平。它是指项目达到设计能力后正常年份的年息税前利润或运营期内年平均息税前利润与项目总投资的比率。

3. 投资回收期能反映项目对投资的补偿能力。它是指以项目的净收益回收项目投资所需要的时间。它仅仅反映了投资回收期内项目的盈利情况以及偿还投资所需要的时间,而对投资回收以后的盈利状况没有涉及。

4. 净现值是反映项目盈利能力的动态指标。净现值是指按照项目方案设定的折现率,把项目寿命期内各年的净现金流量计算到项目建设期初的现值之和。净现值的大小不仅与项目本身的现金流量有关,而且与基准收益率(折现率)有关。

5. 基准收益率的大小主要受到资金成本和机会成本、投资风险和通货膨胀的影响。

6. 内部收益率是反映项目盈利能力的动态指标。它反映了当把资金投入项目以后,尚未回收的资金以 IRR 为利率增值,到项目计算期结束时正好回收了全部投资的过程。内部收益率是未回收投资的增值率。

7. 折旧是指固定资产在使用过程中由于逐渐磨损而转移到产品中的那部分价值。目前,我国采用的折旧方法主要有直线法、年数总和法、双倍余额递减法。其中,年数总和法和双倍余额递减法是加速折旧法。折旧的计提方法不同,使项目每年缴纳的所得税的额度不同,但是,在项目整个寿命期内,企业缴纳的所得税的总额是不变的。即在其他条件均相同的情况下,折旧计提方法不能避税,只能起到推迟纳税的作用。另外,加速折旧可以避免通货膨胀带来的不利影响。

8. 企业所得税对项目来说始终是一种成本,属于现金流出,所得税的计入减少了正的现金流,使体现投资经济价值的所有指标下降。不考虑企业所得税相当于忽略了决策中一个非常重要的因素。所得税对经济评价结果的影响主要是通过计提折旧的方法和利息税前抵扣体现的。

思考练习题

1. 净现值、内部收益率的经济含义是什么?其判别标准是什么?
2. 项目的净现值为零说明了什么?
3. 净现值与基准收益率的关系是什么?
4. 基准收益率的影响因素有哪些?确定基准收益率的基础是什么?
5. 在对同一个项目进行经济评价时,净现值、内部收益率的项目合理性的评价结果是否一致,为什么?
6. 静态评价方法和动态评价方法的区别是什么?
7. 固定资产折旧的计提方法有哪些?哪些属于加速折旧?
8. 加速折旧可以为企业合理避税吗?为什么?
9. 所得税影响经济指标的主要渠道是什么?
10. 什么是通货膨胀?什么是消费者物价指数?
11. 什么是通货膨胀率?如何计算?

12. 什么是不变折现率？什么是现实折现率？不变折现率、现实折现率和通货膨胀率的关系是什么？

13. 某投资项目的现金流量如练表 4-1 所示，基准回收期 $P_c=5$ 年，试用投资回收期法评价该项目的经济可行性。

练表 4-1 某项目的现金流量表 单位：万元

年份	1	2	3	4	5	6	7
现金流出	−150	−70					
现金流入			40	55	70	70	70	100

14. 某投资项目的现金流量如练表 4-2 所示，当基准折现率 $i_c=12\%$ 时，试用内部收益率指标判断该项目在经济效果上是否可行。

练表 4-2 某项目的现金流量表 单位：万元

年份	1	2	3	4	5
现金流出	−100				
现金流入	20	30	20	40	40

15. 一台设备的初始成本为 20 000 元，寿命期为 10 年，如果购买这台设备的资金的机会成本为 20%，那么，该设备每年的资金成本是多少？

16. 某投资方案建设期两年，建设期内每年投资 400 万元，运营期每年年末的净收益为 150 万元。若基准收益率为 12%，运营期为 18 年，残值为 0，试计算该投资方案的净现值和投资回收期。

21世纪经济与管理规划教材
管理科学与工程系列

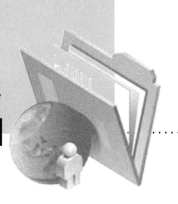

第五章 多方案的
评价方法与指标

本章主要阐述多方案效果评价的方法和指标。通过学习，要求熟练掌握资金不受限制和资金受限制情况下独立方案的评价方法和评价指标；熟知互斥方案评价方法的特点；熟练掌握增量分析方法和评价指标；掌握混合型方案评价的基本思想和程序。

第一节 独立方案的评价方法与评价指标

所谓**独立方案**,是指作为评价对象的各方案的现金流是独立的,不具有相关性,而且任意方案的采用与否都不影响其他方案是否采用的决策。根据方案选择时是否存在资金约束,独立方案的评价分为资金不受限制和资金受限制两种情况。

独立方案经济评价的特点是:(1) 不需要进行方案比较,因为所有的方案都是独立的;(2) 各方案之间不具有排他性,采用甲方案并不要求放弃乙方案,在资金无限制的情况下,几个方案甚至全部方案可以同时存在;(3) 所采纳的方案的经济效果可以相加。

根据独立方案的特点,在对独立方案进行评价时,首先进行绝对经济效果的检验,然后对于满足绝对经济效果的方案结合资金约束情况进行优选。

一、资金不受限制的情况

在资金不受限制的情况下,独立方案的采纳与否,只取决于方案自身的经济效果。这样,只需检验它们是否通过净现值或内部收益率指标的评价标准即可,凡是方案通过了自身的"绝对经济效果检验",即认为它们在经济效果上是可以接受的,否则应予以拒绝。

[例题 5-1] 两个独立方案 A 和 B,期初时投资及各年净收益如表 5-1 所示,试进行评价和选择($i_c=15\%$)。

表 5-1 独立方案 A 和 B 的净现金流量　　　　　单位:万元

方案	1	1—5
A	−100	50
B	−100	25

解:根据净现值的计算公式,所得到的两方案的净现值为:

$$NPV_A = -100(P/F,15\%,1) + 50(P/A,15\%,5)$$
$$= -86.9565 + 50 \times 3.3522$$
$$= 80.65(万元)$$
$$NPV_B = -100(P/F,15\%,1) + 25(P/A,15\%,5)$$
$$= -86.9565 + 25 \times 3.3522$$
$$= -3.15(万元)$$

由于方案 A 和方案 B 属于独立方案,因此,只要方案本身的净现值大于 0,就说明方案通过了绝对经济效果的检验,则方案是可以接受的。

对于例题 5-1 来讲,由于 $NPV_A>0$,$NPV_B<0$,所以方案 A 可接受,方案 B 应予以拒绝。

当然,对于这样的独立方案的评价,还可以用净年值、内部收益率等指标,其评价结论是一致的。

[**例题 5-2**] 有两个独立方案 A 和 B。A 方案期初投资 100 万元,每年净收益为 25 万元;B 方案期初投资 200 万元,每年净收益为 38 万元。A 方案的寿命期为 8 年,B 方案的寿命期为 10 年,若基准收益率为 12%,试用年值法对方案进行选择。

解:两方案的净年值为:

$$NAV_A = -100(P/F,12\%,1)(A/P,12\%,8) + 25$$
$$= -100 \times 0.8929 \times 0.2013 + 25$$
$$= 7.03(万元)$$
$$NAV_B = -200(P/F,12\%,1)(A/P,12\%,10) + 38$$
$$= -200 \times 0.8929 \times 0.17698 + 38$$
$$= 6.39(万元)$$

由于 A、B 两方案的净年值均大于零,根据净年值的判别标准,可以得出 A、B 两方案均合理可行的结论。

二、资金受限制的情况

对于独立方案,如果资金预算总额受到限制,在评价的过程中,就不能像资金无限制的情况那样,凡是通过"绝对经济效果检验"的方案都被采用。换言之,即使有些方案通过了绝对经济效果检验,由于资金受限,也必须放弃。在资金受限制的情况下,独立方案的评价和选择的标准是:在保证预算资金总额的前提下,取得最好的经济效果。对于资金受限制情况下独立方案的评价及选择一般有两种方法,即净现值率排序法和互斥方案组合法。

(一)净现值率排序法

所谓**净现值率排序法**,就是在计算各方案净现值率的基础上,将净现值率大于或者等于 0 的方案按净现值率大小排序,并依此次序选取项目方案,直至所选取方案的投资总额最大限度地接近或等于投资限额为止。本方法所要达到的目标是在一定的投资限额的约束下,使所选项目方案的投资效率最高。

[**例题 5-3**] 有六个可供选择的独立方案,各方案初始投资及各年净收入如表 5-2 所示。资金预算为 1 000 万元,按净现值率排序法对方案做出选择($i_c = 10\%$)。

表 5-2 各方案初始投资及各年净收入   单位:万元

方案	初始投资(第 1 年)	第 1—10 年净收入
A	300	60
B	250	40
C	280	50
D	200	35
E	180	35
F	120	24

解:根据表 5-2 所给出的各方案净现金流量,计算所得到的各方案净现值及净现值率为:

$$\begin{aligned}
\text{NPV}_A &= -300(P/F,10\%,1) + 60(P/A,10\%,10) \\
&= -300 \times 0.9091 + 60 \times 6.1446 \\
&= 95.946(万元)
\end{aligned}$$

$$\begin{aligned}
\text{NPVR}_A &= \frac{95.946}{300(P/F,10\%,1)} = \frac{95.946}{300 \times 0.9091} \\
&= 0.3518
\end{aligned}$$

$$\begin{aligned}
\text{NPV}_B &= -250(P/F,10\%,1) + 40(P/A,10\%,10) \\
&= -250 \times 0.9091 + 40 \times 6.1446 \\
&= 18.509(万元)
\end{aligned}$$

$$\begin{aligned}
\text{NPVR}_B &= \frac{18.509}{250(P/F,10\%,1)} = \frac{18.509}{250 \times 0.9091} \\
&= 0.0814
\end{aligned}$$

$$\begin{aligned}
\text{NPV}_C &= -280(P/F,10\%,1) + 50(P/A,10\%,10) \\
&= -280 \times 0.9091 + 50 \times 6.1446 \\
&= 52.682(万元)
\end{aligned}$$

$$\begin{aligned}
\text{NPVR}_C &= \frac{52.682}{280(P/F,10\%,1)} = \frac{52.682}{280 \times 0.9091} \\
&= 0.2070
\end{aligned}$$

$$\begin{aligned}
\text{NPV}_D &= -200(P/F,10\%,1) + 35(P/A,10\%,10) \\
&= -200 \times 0.9091 + 35 \times 6.1446 \\
&= 33.241(万元)
\end{aligned}$$

$$\begin{aligned}
\text{NPVR}_D &= \frac{33.241}{200(P/F,10\%,1)} = \frac{33.241}{200 \times 0.9091} \\
&= 0.1828
\end{aligned}$$

$$\begin{aligned}
\text{NPV}_E &= -180(P/F,10\%,1) + 35(P/A,10\%,10) \\
&= -180 \times 0.9091 + 35 \times 6.1446 \\
&= 51.423(万元)
\end{aligned}$$

$$\begin{aligned}
\text{NPVR}_E &= \frac{51.423}{180(P/F,10\%,1)} = \frac{51.423}{180 \times 0.9091} \\
&= 0.3142
\end{aligned}$$

$$\begin{aligned}
\text{NPV}_F &= -120(P/F,10\%,1) + 24(P/A,10\%,10) \\
&= -120 \times 0.9091 + 24 \times 6.1446 \\
&= 38.378(万元)
\end{aligned}$$

$$\begin{aligned}
\text{NPVR}_F &= \frac{38.378}{120(P/F,10\%,1)} = \frac{38.378}{120 \times 0.9091} \\
&= 0.3518
\end{aligned}$$

将计算结果汇总如表 5-3 所示。

表 5-3　各方案的净现值及净现值率　　　　　　　　　　　单位：万元

方案	净现值（NPV）	净现值率（NPVR）	按 NPVR 排序
A	95.946	0.3518	①
B	18.509	0.0814	⑥
C	52.682	0.2070	④
D	33.241	0.1828	⑤
E	51.423	0.3142	③
F	38.378	0.3518	①

将表 5-3 中净现值率按照从大到小的顺序进行排列（排序结果见表 5-3）。首先选择排序第一的 A 方案和 F 方案，所需资金为 420 万元，离 1 000 万元的资金约束还有 580 万元剩余；接下来选择排序第二的 E 方案，所需资金为 180 万元，在选择了 A、F、E 三个方案后，还有 400 万元的剩余资金……以此类推，直到选择方案所需要的资金大于剩余资金为止，此时，所选择的方案组合就是最优的方案。按照这样的思路，例题 5-3 的最优组合为 A、F、E、C，所用资金总额为 880 万元。

净现值率排序法的主要优点是计算简便、容易理解。对资金有限的独立方案的评价和选择，该方法的基本思路是单位投资的净现值最大。然而，由于投资项目的不可分性，净现值率排序法不能保证现有资金的充分利用，不能达到净现值最大的目标。这一点从例题 5-3 中可以看出，尽管还有 120 万元的剩余资金，但是，由于 D 方案的投资为 200 万元（大于 120 万元），所以仍然被淘汰。因此，只有在各方案投资占预算投资的比例很低，或各方案投资额相差不大，或各入选方案投资累加额与投资预算限额相差不大的情况下，净现值率排序法才能达到或接近净现值最大的目标。

（二）互斥方案组合法

互斥方案组合法是在各种情况下都能确保实现独立方案最优选择的更为可靠的方法。这一方法的目标是保证最终所选择的方案组的净现值最大，因此它是以效益最大化作为评价目标的。

互斥方案组合法是利用排列组合的方法，列出待选择方案的全部组合方案。保留投资额不超过投资限额且净现值大于零的组合方案，淘汰其余组合方案。互斥方案组合法在各种情况下都能保证实现项目效益的最优选择（即净现值最大化）。

利用互斥方案组合法进行方案选择的基本思路及步骤如下：

第一步，对于 m 个独立方案，列出全部相互排斥的方案组合，共 2^m-1 个。这 2^m-1 个方案彼此相互排斥，互不相容。

第二步，计算各组合方案的投资及净现值。

第三步，淘汰投资额超过投资限额的组合方案，并在保留下来的组合方案中选出净现值最大的可行方案组，即为最优方案组合。

[**例题 5-4**]　现有三个独立项目方案 A、B、C，其初始投资分别为 300 万元、180 万元和 120 万元，年净收入分别为 60 万元、35 万元和 24 万元。三个方案的计算期均为 10 年，基准收益率为 10%，若投资限额为 500 万元，试进行方案选择。

解：若采用净现值率排序法选择方案，计算结果如表 5-4 所示。

表 5-4　净现值率排序法的计算结果　　　　　　　　　　单位：万元

方案	第 1 年投资	第 1—10 年净收益	净现值	净现值率
A	300	60	95.95	0.352
B	180	35	51.44	0.314
C	120	24	38.38	0.352

各方案的净现值率均大于 0，按净现值率由大到小的顺序，应选择 A、C 方案，其净现值总额为 95.95＋38.38＝134.33（万元）。

若采用互斥方案组合法，其方案组合及指标的计算结果如表 5-5 所示。

表 5-5　互斥方案组合法的计算结果　　　　　　　　　　单位：万元

互斥组合方案＼指标	A	B	C	第 1 年投资	第 1—10 年净收益	净现值
1	1	0	0	300	60	95.95
2	0	1	0	180	35	51.44
3	0	0	1	120	24	38.38
4	1	1	0	480	95	147.44
5	1	0	1	420	84	134.39
6	0	1	1	300	59	89.83
7	1	1	1	600	119	185.83

表 5-5 的计算结果显示，在效益最大化的目标下，最优方案组合应为 A、B，其净现值为 147.44 万元。所以，按净现值率排序法所选择的 A、C 方案不是效益最大化目标的最优选择。

第二节　互斥方案的评价方法与评价指标

互斥方案是指方案之间的关系具有互不相容、互相排斥的性质，即在多个互斥方案中只能选择一个，在选择某一个方案的同时，必须放弃其余方案。

互斥方案的评价、选择通常包括两大内容：首先是用净现值、内部收益率等指标考察各个方案自身的经济效果，即进行"绝对经济效果检验"；其次是利用相对评价指标如差额投资回收期等指标考察哪个方案相对最优，即进行"相对经济效果检验"。也可以说，互斥方案的评价、选择的第一步是筛选方案，第二步是优选方案。通常两者缺一不可，只有在以下两种情况下才可以只进行相对经济效果检验：一是在众多方案中必须选择其中之一；二是各方案仅有或仅需计算费用现金流量。

互斥方案具有众多方案最多可选其一的决策特点，从而使互斥方案的经济评价在考察内容方面与独立方案有所不同，同时也决定了互斥方案在评价程序、评价指标上有别于独立方案。互斥方案的经济评价除了包括对绝对效果检验——考察方案自身的经济性外，还包括相对效果检验——考察哪个方案相对最优。所以，绝对效果检验和相对效果检验共同构成互斥方案经济评价的完整内容。

一、相同寿命期互斥方案的评价方法及指标

对于多个互斥方案的评价与选择，通常采用增量分析法和盈亏平衡分析法进行分析。

（一）增量分析法

常用的增量分析法的评价指标包括差额投资回收期和差额内部收益率。

1. 差额投资回收期

差额投资回收期（P_d）又称追加投资回收期，是指一个方案较另一个方案多支出的投资，用年成本的节约额逐年回收的年限。

（1）产出量相同。

在两个方案的产出量相同的情况下，差额投资回收期的计算公式为：

$$P_d = \frac{I_2 - I_1}{C_1 - C_2} \tag{5-1}$$

式中，I_1、I_2分别为方案Ⅰ、Ⅱ的投资总额，$I_1 > I_2$；C_1、C_2分别为方案Ⅰ、Ⅱ的年成本，$C_2 > C_1$；P_d为差额投资回收期。

计算得到的差额投资回收期P_d可与基准投资回收期P_c比较。当$P_d < P_c$时，说明投资的增加部分经济效益是好的，应当选择投资大的方案；当$P_d > P_c$时，说明投资的增加部分不经济，应当选择投资小的方案。

[例题 5-5] 某厂计划改建总装车间，现有甲、乙两个方案。甲方案采用流水线，总投资为 40 万元，年经营成本为 20 万元；乙方案采用自动线，总投资为 60 万元，年经营成本为 12 万元。两个方案年生产量相同，设基准投资回收期为 5 年，试用投资回收期法对两个方案进行选优。

解：根据题意可以知，$I_1 = 40$（万元），$C_1 = 20$（万元）；$I_2 = 60$（万元），$C_2 = 12$（万元）。

将两个方案的年经营成本和投资代入公式(5-1)，可得：

$$P_d = \frac{I_2 - I_1}{C_1 - C_2} = \frac{60 - 40}{20 - 12} = \frac{20}{8} = 2.5（年）$$

由于$P_d < P_c$，说明乙方案比甲方案增加 20 万元投资的经济效益是好的，所以，应当选择投资大的乙方案，即投资大的方案乙经济效果最优。

从例题 5-5 可以看出，差额投资回收期的求法和第四章相同，评价标准也相同，只是表达的含义不同而已。在两个互斥方案评选中，如果差额投资回收期小于基准投资回收期，则投资额大的方案最优；如果差额投资回收期大于基准投资回收期，则投资额小的方案最优。

[例题 5-6] 某工程项目有两个投资方案，两方案的产量相同，费用指标如表 5-6 所示。基准投资回收期为 6 年，基准投资收益率为 10%，试分别计算差额投资回收期和差额投资收益率，并选出较优方案。

表 5-6　某工程项目的费用指标　　　　　　　　　　　　　　单位：万元

方案 \ 项目	投资	成本
方案Ⅰ	4 500	750
方案Ⅱ	5 250	600

解：根据公式(5-1)计算差额投资回收期为：

$$P_d = \frac{I_2 - I_1}{C_1 - C_2} = \frac{5\,250 - 4\,500}{750 - 600} = 5(年)$$

由于投资回收期和投资收益率互为倒数关系，因而可以得到差额投资收益率的计算公式，即：

$$R_d = \frac{C_1 - C_2}{I_2 - I_1} = \frac{750 - 600}{5\,250 - 4\,500} = 20\%$$

由计算结果可知，$P_d < P_c (=6\,年)$，$R_d > i_c (=10\%)$。因此，从差额投资回收期和差额投资收益率这两个指标都得出结论：投资大的方案Ⅱ优于方案Ⅰ。

（2）产出量不同。

如果被比较的两个方案产出量不同，根据工程经济分析的比较原则，此时，两个方案不能直接进行比较，必须进行转换，使方案之间具有可比性。最简单的方法是采用单位产品投资和单位产品成本进行比较。此时的差额投资回收期的计算公式为：

$$P_d = \frac{\dfrac{I_2}{Q_2} - \dfrac{I_1}{Q_1}}{\dfrac{C_1}{Q_1} - \dfrac{C_2}{Q_2}} = \frac{I_2 Q_1 - I_1 Q_2}{C_1 Q_2 - C_2 Q_1} \tag{5-2}$$

式中，Q_1、Q_2 分别为方案Ⅰ、Ⅱ的年产量。

在比较两个产量不同的方案时，其产量差别不能太大，太大就失去了比较的意义，因为比较的前提是项目预定的目标和任务基本一致。

[**例题 5-7**]　已知两个建厂方案：A 方案投资 1 200 万元，年经营成本为 300 万元，年产量为 1 000 台；B 方案投资 800 万元，年经营成本为 280 万元，年产量为 800 台。若基准投资回收期为 6 年，用差额投资回收期法对两个方案进行评价选优。

解：首先计算出 A、B 两个方案的单位投资和单位经营成本。计算结果如表 5-7 所示。

表 5-7　A、B 方案的投资和经营成本表　　　　　　　　　　　　单位：万元

方案	产量	投资	经营成本	单位投资	单位经营成本
A 方案	1 000	1 200	300	1.2	0.30
B 方案	800	800	280	1	0.35

从表 5-7 可以看出，A 方案的单位产品投资大于 B 方案的单位产品投资，因而 A、B 两方案的差额投资回收期为：

$$P_d = \frac{\dfrac{I_1}{Q_1} - \dfrac{I_2}{Q_2}}{\dfrac{C_2}{Q_2} - \dfrac{C_1}{Q_1}} = \frac{I_1 Q_2 - I_2 Q_1}{C_2 Q_1 - C_1 Q_2}$$

$$= \frac{1.2-1}{0.35-0.3} = \frac{0.2}{0.05} = 4(年)$$

由于 $P_d < P_c$，也就是说，单位产品投资大的方案优于单位产品投资小的方案，因此，应该选择单位产品投资大的 A 方案。

差额投资回收期指标主要用于：① 企业采用新技术、实施技术改造时多个备选方案效果的比较研究；② 在工程项目可行性研究的机会研究阶段进行多个投资机会的比选；③ 多个项目选址方案的比较研究。另外，差额投资回收期指标能够引起人们对一些已经基本建成，但尚需少量投资进行填平补齐的项目的重视。因为这样做，需要额外增加的投资并不多，却常常可以取得很好的经济效果。据一些部门或地区的调查，对已有企业进行技术改造，提高其生产能力，比新建企业形成同样的生产能力，投资可节省60%—90%，建设时间可缩短一半或更多，设备材料只需新建企业的40%左右。

2. 差额内部收益率

差额内部收益率（ΔIRR）是两个方案各年净现金流量差额的现值之和等于零时的折现率，其表达式为：

$$\sum_{t=1}^{n}[(CI-CO)_2-(CI-CO)_1]_t(1+\Delta IRR)^{-t}=0 \quad (5-3)$$

式中，$(CI-CO)_2$ 为投资大的方案的年净现金流量，$(CI-CO)_1$ 为投资小的方案的年净现金流量，ΔIRR 为差额内部收益率。

公式(5-3)经过变换可得出：$NPV_2-NPV_1=0$，即 $NPV_2=NPV_1$。可见，差额内部收益率就是两个方案净现值相等时的折现率。

用 ΔIRR 作为评价指标的判别准则是：

(1) 若 $\Delta IRR > i_c$，投资大的方案为优；

(2) 若 $\Delta IRR < i_c$，投资小的方案为优。

净现值反映的是项目资金的盈利超出最低期望盈利的超额净收益现值。因此，在对互斥方案进行比较时，净现值最大准则（以及费用最小准则）是正确的判别标准。在多方案比较时，不直接采用净现值或内部收益率指标，而是采用差额内部收益率指标，因为差额内部收益率指标的比选结论在任何情况下都与采用净现值法所得出的结论一致，符合净现值最大化的准则。

[例题 5-8] 有两个互斥方案，经济参数如表 5-8 所示，设 $i_c=15\%$，试用差额内部收益率法对方案进行选优。

表 5-8 A、B 方案的收益与支出　　　　　　　　　　　　单位：万元

方案	投资	寿命期(年)	年收入	年支出	残值
A	50	10	16	4	2
B	60	10	20	6	0

解：第一步，先对方案进行绝对经济效果检验。

$NPV_A = -50(P/F,15\%,1)+(16-4)(P/A,15\%,10)+2(P/F,15\%,10)$

$\qquad = 17.24133(万元)$

$$NPV_B = -60(P/F,15\%,1)+(20-6)(P/A,15\%,10)$$
$$= 18.08885(万元)$$

由于 NPV_A、NPV_B 均大于 0,所以,A、B 两个方案从自身的经济性来看都是可行的。

第二步,采用 ΔIRR 指标来进行评价和选择。

首先求出 A、B 方案的差额净现金流量,如表 5-9 所示。

表 5-9 A、B 方案的经济效果指标　　　　　　　　　　　　　　　单位:万元

年份	第 1 年末	第 1—10 年年末	残值	NPV
方案 A 的净现金流量	−50	12	2	17.24133
方案 B 的净现金流量	−60	14	0	18.08885
差额净现金流量(B−A)	−10	2	−2	0.84752

然后,根据第四章内部收益率的计算公式,就可求出差额内部收益率。

令 $\Delta NPV = NPV_B - NPV_A = 0$,则有:

$$\Delta NPV = -(60-50)(P/F,\Delta IRR,1)$$
$$+[(20-16)-(6-4)](P/A,\Delta IRR,10)$$
$$-2(P/F,\Delta IRR,10) = 0$$

用试算内插法可求出:$\Delta IRR = 18.6237\%$。

由于 $\Delta IRR = 18.6237\% > i_c$,说明增加投资所产生的效益能够弥补所增加的投资,所以投资大的方案 B 为最优方案。

值得注意的是,差额内部收益率只能反映两个方案之间的增量现金流的经济性(相对经济效益),而不能反映方案自身的经济效果。所以,差额内部收益率只能用于方案间的比较(相对效果检验)。

为了保证比较结果的唯一性及正确性,在对多个互斥方案进行比较优选时,首先要对每个方案进行绝对经济效果的检验,保留通过绝对经济效果检验的方案;其次要根据各方案的投资额,按照从小到大的顺序进行排序,把投资额小的方案放在前面;最后进行两两比较。在比较的过程中,利用差额投资回收期及差额内部收益率等指标进行替代式的淘汰,最后留下的一个方案便是最优方案。

[例题 5-9] 有 A—F 六个互斥的投资方案,各方案的投资及净收益如表 5-10 所示。各方案的寿命期为 12 年,基准贴现率为 12%,试用差额内部收益率法对方案进行选优。

表 5-10 方案数据表

方案	投资额(万元)	年净收益(万元)	内部收益率(%)
A	−600	124	17.76
B	−800	145	14.59
C	−1 000	190	15.70
D	−1 500	220	9.99
E	−1 800	250	8.89
F	−2 200	360	12.29

解：第一步，进行绝对经济效果检验。分别计算各方案的内部收益率，计算结果见表 5-10。

从表 5-10 中可以看出，由于方案 D 和 E 的内部收益率都小于基准收益率，没有通过绝对经济效果检验，因此，在优选的过程中首先需要剔除。

第二步，对满足绝对经济效果检验的 A、B、C、F 四个方案进行相对经济效果检验。

根据投资额从小到大的排序要求，首先比较方案 A 和 B。

根据

$$\Delta NPV_{BA} = -(800-600)(P/F,\Delta IRR_{BA},1) + (145-124)(P/A,\Delta IRR_{BA},12) = 0$$

计算得到： $\Delta IRR_{BA} = 4.5113\%$

由于 $\Delta IRR_{BA} = 4.5113\%$ 小于基准收益率 12%，所以应选择投资额小的方案 A。

其次比较方案 A 和 C。

根据

$$\Delta NPV_{CA} = -(1\,000-600)(P/F,\Delta IRR_{CA},1) + (190-124)(P/A,\Delta IRR_{CA},12) = 0$$

计算得到： $\Delta IRR_{CA} = 15.8398\%$

由于 $\Delta IRR_{CA} = 15.8398\%$ 大于基准收益率 12%，所以应选择投资额大的方案 C。

最后比较方案 C 和 F。

根据

$$\Delta NPV_{FC} = -(2\,200-1\,000)(P/F,\Delta IRR_{FC},1) + (360-190)(P/A,\Delta IRR_{FC},12) = 0$$

计算得到： $\Delta IRR_{FC} = 11.5407\%$

由于 $\Delta IRR_{FC} = 11.5407\%$ 小于基准收益率 12%，所以应选择投资额小的方案 C。

综合以上分析，当基准折现率为 12% 时，应选择方案 C。

（二）盈亏平衡分析法

盈亏平衡分析法是根据方案的成本与收益关系确定盈亏平衡点（保本点），进而选择方案的一种分析方法。在对多个互斥方案进行评价时，如果存在一个共有的不确定影响因素，通常采用盈亏平衡分析法进行决策。

1. 基本原理

在第二章第一节中，已经介绍了利润与产量之间的关系，即：

$$\text{税后利润} = \text{销售收入} - \text{总成本费用} - \text{营业税金及附加} - \text{所得税} \tag{5-4}$$

在不考虑营业税金及附加与所得税的情况下，公式(5-4)就可以简化为：

$$\text{利润} = \text{销售收入} - \text{总成本费用} = \text{销售收入} - (\text{固定成本} + \text{可变成本})$$
$$= \text{销量} \times \text{价格} - \text{固定成本} - \text{单位产品的可变成本} \times \text{产量} \tag{5-5}$$

为了简便起见，我们假定：

(1) 市场属于卖方市场（供小于求），生产量与销售量一致，即产品不积压；

(2) 产品价格稳定，即销售收入与产量呈线性关系；

(3) 产量在其相关产量范围内，即变动成本与产量为线性关系，固定成本在一定生产限度内与产量无关。

根据上述假设,公式(5-5)就可以简化为:

利润＝ 销量×价格 — 固定成本 — 单位产品的可变成本×产量
　　＝ 产量×价格 — 固定成本 — 单位产品的可变成本×产量

$$R = PQ - F - vQ$$

如果保持项目盈亏平衡,则有:

$$PQ - F - vQ = 0$$

整理上式,就可得到盈亏平衡点的产量,即:

$$Q^* = \frac{F}{P-v} \tag{5-6}$$

式中,Q^* 为盈亏平衡点的产量,R 为项目利润,P 为产品的价格,Q 为产品的产量,F 为固定成本,v 为单位产品的可变成本。

若考虑产品的所得税、营业税金及附加,则有:

$$Q^* = \frac{F+T+S}{P-v} \tag{5-7}$$

$$Q^* = \frac{F+S}{P-v-t} \tag{5-8}$$

式中,T 为项目总的营业税金及附加,t 为项目单位产品的营业税金及附加,S 为项目的所得税。

以横坐标表示产量,纵坐标表示销售收入与产品成本的金额,可画出产量、成本和利润的关系图,如图 5-1 所示。

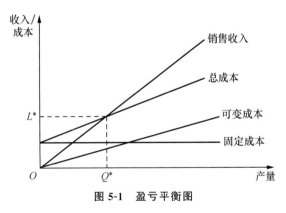

图 5-1　盈亏平衡图

从图 5-1 中可以看出,销售收入线与总成本线有一交点,在此交点上的销售收入等于总成本,这一交点就是盈亏平衡点 Q^*(break even point,BEP)。很显然,Q^* 是项目盈利与亏损的临界点,L^* 是项目盈亏平衡时的销售收入。

从公式(5-6)可知,盈亏平衡点产量的大小与固定成本成正比,与单位产品的可变成本成正比,与产品的销售价格成反比。

[例题 5-10]　小张计划在校园内开展打印业务以勤工助学。一台普通黑白打印机售价为 500 元,打印一页的成本为 0.08 元,售价为 0.20 元。试求该打印项目的盈亏平衡点。

解：在此项目中，打印机的购置成本即为固定成本，每页的打印成本为变动成本。因此，根据公式(5-6)得出盈亏平衡点的产量：

$$Q^* = \frac{F}{P-v} = \frac{500}{0.20-0.08} \approx 4\,167(张)$$

因此，小张在打印了 4 167 张时，不亏不盈。

同理，若用销售价格表示盈亏平衡点，则根据公式(5-6)可得处于盈亏平衡点的销售价格为：

$$P^* = \frac{F}{Q} + v \tag{5-9}$$

2. 多方案的选择与评价

运用盈亏平衡分析法对两个或两个以上的互斥方案进行优选的前提条件是：两个或两个以上方案的产出相同。当两个或两个以上方案的产出相同时，根据效益最大化原则，成本最小的方案为最优方案。

[**例题 5-11**] 车间生产某种零件，提出了 A、B 两个工艺方案。两方案工艺成本中单位产品的可变成本分别为：$v_A = 10$ 元/件，$v_B = 6$ 元/件，而相应的固定成本分别为：$F_A = 600$ 元/年，$F_B = 800$ 元/年。若车间生产任务为 $Q = 2\,000$ 件/年，问：采用哪个工艺方案更为经济？节约多少？

解：首先计算两个方案的临界产量。

已知方案 A 的年总成本为：

$$C_A = 600 + 10Q$$

方案 B 的年总成本为：

$$C_B = 800 + 6Q$$

令 $C_A = C_B$，可求出 $Q^* = 50$(件)。

根据 A、B 两方案的总成本函数，画出两方案的成本关系，如图 5-2 所示。

从图 5-2 中可以看出，当车间生产任务 $Q = 50$ 件/年时，A、B 两个方案的成本相等，经济效益相同；当车间生产任务 $Q > 50$ 件/年时，$C_A > C_B$，此时，方案 B 优于方案 A。由于本例题中车间生产任务 $Q = 2\,000$ 件/年，远远大于临界产量 50 件/年，故应采用方案 B 进行生产。

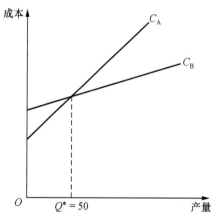

图 5-2 两方案的年总成本函数曲线

此时，方案 B 较方案 A 的节约量 ΔC_m 为：

$$\Delta C_m = C_{mA} - C_{mB} = Q(v_A - v_B) + (F_A - F_B)$$
$$= 2\,000 \times (10 - 6) + (600 - 800)$$
$$= 7\,800(元/年)$$

当运用盈亏平衡分析法对两个以上的互斥方案进行优选时，所面对的临界点不是一个，而是 C_n^2 个。此时，需要对每一个盈亏平衡点进行详细的分析，才能做出最后的决策。

[**例题 5-12**]　生产某种产品有三种工艺方案，采用方案 1，年固定成本为 1 000 元，单位产品的变动成本为 9 元；采用方案 2，年固定成本为 640 元，单位产品的变动成本为 18 元；采用方案 3，年固定成本为 370 元，单位产品的变动成本为 27 元。试分析各种方案适应的生产规模。

分析：影响互斥方案经济效果的不确定因素是产量 Q。由于有三个互斥方案，所以就要求出 $C_3^2 = 3$ 个临界点。衡量各方案经济效果的指标采用年总成本。

解：各方案的年总成本均可表示为产量 Q 的函数：

$$C_1 = 1\,000 + 9Q$$
$$C_2 = 640 + 18Q$$
$$C_3 = 370 + 27Q$$

分别求出三个临界点 Q_{12}、Q_{13}、Q_{23}。

令 $C_1 = C_2$，则方案 1 和方案 2 的临界点 $Q_{12} = 40$（件）；
令 $C_1 = C_3$，则方案 1 和方案 3 的临界点 $Q_{13} = 35$（件）；
令 $C_2 = C_3$，则方案 2 和方案 3 的临界点 $Q_{23} = 30$（件）。

画出各方案的年总成本函数曲线，如图 5-3 所示。

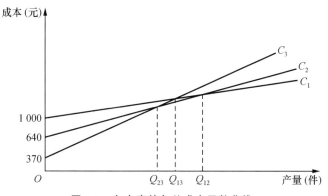

图 5-3　各方案的年总成本函数曲线

从图 5-3 中可以看出，当产量低于 Q_{23} 时，应选择方案 3；当产量大于 Q_{12} 时，应选择方案 1；当产量介于 Q_{23} 和 Q_{12} 之间时，应选择方案 2。

二、不同寿命期互斥方案的评价方法与指标

对寿命期不同的互斥方案进行评价优选时，根据可比原则，首先必须将各互斥方案的

分析期(或者计算期)进行转化,使之满足时间上的可比性;然后再利用年值法或现值法进行比较;最后选出最优方案。

(一) 年值法

对于寿命期不同的互斥方案,采用年值法尤为简便。

年值法是指以一定的基准收益率将项目计算期内的净现金流量等值换算成等额年值的方法。评价的准则是净年值最大且非负的方案为最优方案。

采用年值法对寿命期不同的互斥方案进行比选时,实际上隐含的假设是:各备选方案在其寿命期结束时均可按原方案重复实施或与原方案经济效果水平相同的方案继续实施。也就是说,年值法假定各方案可以无限多次重复实施。因此,凡是符合无限多次重复实施的互斥方案都可以采用年值法进行比较。

[例题 5-13] 有两个互斥方案 A 和 B。方案 A 的寿命期为 8 年,期初投资为 100 万元,每年净收益为 25 万元;方案 B 的寿命期为 10 年,期初投资为 200 万元,每年净收益为 38 万元。若基准收益率为 12%,试用年值法对方案进行选优。

解:按照净年值的计算公式,得到 A、B 两方案的净年值分别为:

$$NAV_A = [-100(P/F, 12\%, 1) + 25(P/A, 12\%, 8)](A/P, 12\%, 8)$$
$$= (-100 \times 0.892857 + 25 \times 4.9676) \times 0.2013$$
$$= 7.026(万元)$$

$$NAV_B = [-200(P/F, 12\%, 1) + 38(P/A, 12\%, 10)](A/P, 12\%, 10)$$
$$= (-200 \times 0.892857 + 38 \times 5.6502) \times 0.177$$
$$= 6.396(万元)$$

由于 $NAV_A > NAV_B > 0$,方案 A 优于方案 B,故选择 A 方案。

(二) 现值法

由于方案寿命期不同,比较时不具有可比性,因此,必须设定一个共同分析期,使方案间具有时间上的可比性。通常可采取以下三种方法:

1. 寿命期最小公倍数法

最小公倍数法假定方案在寿命期结束后可以按原来的方案重复实施若干次。为了使方案可比,取各备选方案寿命期的最小公倍数作为共同分析期。例如,有三个互斥方案,方案 A 的寿命期是 5 年,方案 B 的寿命期是 10 年,方案 C 的寿命期是 15 年,则共同分析期应为 30 年。

[例题 5-14] 有两个互斥方案 A 和 B。方案 A 的寿命期为 5 年,期初投资为 1 000 万元,每年净收益为 300 万元;方案 B 的寿命期为 10 年,期初投资为 2 000 万元,每年净收益为 400 万元。若基准收益率为 12%,试用现值法对方案进行选优。

解:两方案寿命期的最小公倍数为 10 年,为了满足可比原则,取 10 年为共同分析期。

对于方案 A 来说,相当于项目重复实施了两次。为了准确计算方案 A 的净现值,画出方案 A 的现金流量图,如图 5-4 所示。

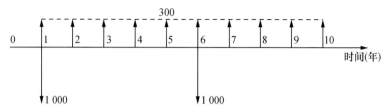

图 5-4 方案 A 的现金流量图

根据图 5-4 及方案 B 的现金流动情况,得到 A、B 两方案的净现值为:

$NPV_A = -1\,000(P/F,12\%,1) - 1\,000(P/F,12\%,6) + 300(P/A,12\%,10)$

$\quad = -1\,000 \times 0.8929 - 1\,000 \times 0.5066 + 300 \times 5.6502$

$\quad = 295.56(万元)$

$NPV_B = -2\,000(P/F,12\%,1) + 400(P/A,12\%,10)$

$\quad = -2\,000 \times 0.8929 + 400 \times 5.6502$

$\quad = 474.28(万元)$

由于 $NPV_B > NPV_A > 0$,方案 B 优于方案 A,故选择方案 B。

2. 合理分析期法

对于寿命期比较接近,但是最小公倍数比较大的互斥方案,一般选取寿命期最短的方案作为共同分析期。比如有三个方案,方案 A 的寿命期是 7 年,方案 B 的寿命期是 8 年,方案 C 的寿命期是 9 年,如果用最小公倍数,应选择 504 年作为公共分析期。显然,这样处理使得计算变得相当复杂。因此,应选择寿命期最短的 7 年作为共同分析期,而对于其他两个方案,应在分析期结束时对资产余值进行评估,并在分析期结束时回收资产余值。

[例题 5-15] A、B 两个方案属于互斥方案,方案 A 的初始投资额为 100 万元,每年净收益为 24 万元;方案 B 的初始投资额为 300 万元,每年净收益为 70 万元。方案 A 的项目寿命期为 9 年,方案 B 的项目寿命期为 11 年,假设其到第 9 年年末的资产余值估计为 8 万元,若基准收益率为 12%,试用现值法对方案进行选优。

解:两方案的寿命期不等,若取两方案寿命期的最小公倍数 99 年为共同分析期,显得很麻烦。这里取最短寿命 9 年作为分析期。对于方案 B,假设其到第 9 年末的资产余值估计为 8 万元。则有:

$NPV_A = -100(P/F,12\%,1) + 24(P/A,12\%,9)$

$\quad = -100 \times 0.8929 + 24 \times 5.3283$

$\quad = 38.5892(万元)$

$NPV_B = -300(P/F,12\%,1) + 70(P/A,12\%,9) + 8(P/F,12\%,9)$

$\quad = -300 \times 0.8929 + 70 \times 5.3283 + 5 \times 0.3603$

$\quad = 106.9125(万元)$

由于 $NPV_B > NPV_A > 0$,方案 B 优于方案 A,故选择方案 B。

3. 年值折现法

所谓年值折现法,就是先计算各方案的等额年值,然后再将等额年值按照某一共同分析期折现为现值,利用现值进行比较的一种方法。

[例题 5-16] 有两个互斥方案 A 和 B。方案 A 的寿命期为 6 年,期初投资为 200 万元,每年净收益为 90 万元;方案 B 的寿命期为 10 年,期初投资为 600 万元,每年净收益为 175 万元。若基准收益率为 12%,试进行方案选择。

解:首先,计算 A、B 两方案的等额年金,即:

$$NAV_A = -200(P/F,12\%,1)(A/P,12\%,6) + 90$$
$$= -200 \times 0.8929 \times 0.24323 + 90$$
$$= 46.56399(万元)$$

$$NAV_B = -600(P/F,12\%,1)(A/P,12\%,10) + 175$$
$$= -600 \times 0.8929 \times 0.17698 + 175$$
$$= 80.18473(万元)$$

然后,计算与等额年金(值)相等值的现值。假设 A、B 两方案的分析期为 6 年,则:

$$NPV_A = 46.56399(P/A,12\%,6) = 46.56399 \times 4.111$$
$$= 191.4246(万元)$$

$$NPV_B = 80.18473(P/A,12\%,6) = 80.18473 \times 4.111$$
$$= 329.6394(万元)$$

由于 $NPV_B > NPV_A > 0$,故方案 B 优于方案 A,选择结果同样是方案 B。

[例题 5-17] 某建设工程有两个可行方案,方案 B 按两期进行建设。

方案 A:一次性建设,投资 3 000 万元,年净收益 450 万元,服务期 20 年,期末残值为 0。

方案 B:第一期工程初始投资 2 000 万元,年净收益 280 万元,服务期 20 年,期末残值为 0;第二期工程自第 10 年开始生产,第 10 年初二期投资 1 500 万元,年净收益 200 万元,服务期 21 年,期末残值为 0。设目标收益率为 12%,试用年值折现法进行方案选优。

解:取 30 年为共同分析期,为清晰起见,首先画出两个方案的现金流量图。方案 A、B 的现金流量如图 5-5、图 5-6 所示。

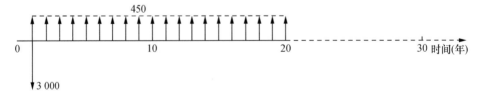

图 5-5　方案 A 的现金流量图

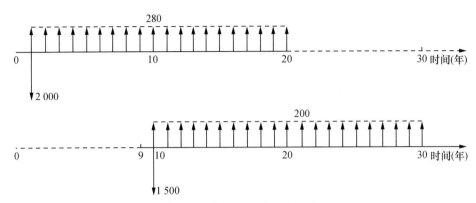

图 5-6 方案 B 的现金流量图

根据图 5-5 所计算的方案 A 的净现值为：
$$\mathrm{NPV_A} = [-3\,000(P/F,12\%,1) + 450(P/A,12\%,20)] \times \\ (A/P,12\%,20)(P/A,12\%,30)$$
$$= [-3\,000 \times 0.8929 + 450 \times 7.4695] \times 0.1339 \times 8.0552$$
$$= 736.2194(万元)$$

根据图 5-6 所计算的方案 B 的净现值为：
一期工程：
$$\mathrm{NPV_{B1}} = [-2\,000(P/F,12\%,1) + 280(P/A,12\%,20)] \times \\ (A/P,12\%,20)(P/A,12\%,30)$$
$$= [-2\,000 \times 0.8929 + 280 \times 7.4695] \times 0.1339 \times 8.0552$$
$$= 329.6822(万元)$$

二期工程：
$$\mathrm{NPV_{B2}} = [-1\,500(P/F,12\%,1) + 200(P/A,12\%,21)] \times \\ (A/P,12\%,21)[(P/A,12\%,30) - (P/A,12\%,9)]$$
$$= (-1\,500 \times 0.8929 + 200 \times 7.562) \times 0.1322 \times (8.0552 - 5.3282)$$
$$= 62.3862(万元)$$

$$\mathrm{NPV_B} = \mathrm{NPV_{B1}} + \mathrm{NPV_{B2}} = 329.6822 + 62.3862 = 392.0684(万元)$$

由于 $\mathrm{NPV_A} > \mathrm{NPV_B} > 0$，故方案 A 优于方案 B，选择结果同样是方案 A。

第三节 混合型方案的评价与选择

混合型方案就是在一组备选方案中，既有互斥方案又有独立方案的方案组合。对于这种类型的投资决策问题，需要认真研究各方案的相互关系，最终选择的不是单个方案，而是最佳的方案组合。

混合型方案评价和选择的基本程序是：
(1) 形成所有可能的组间独立、组内互斥的方案组合；
(2) 按互斥方案比选原则进行组内方案比选；

(3) 在总的投资限额下,按独立方案比选原则选择最优的方案组合。

[**例题 5-18**] 某公司计划在其所属的 A、B 两个厂各投资一个项目,两个厂又都同时提出三个方案,提供的预测数据如表 5-11 所示。

表 5-11 预测数据表 单位:万元

A 厂	投资	利润	B 厂	投资	利润
A_1	100	40	B_1	100	20
A_2	200	54	B_2	200	38
A_3	300	66	B_3	300	54

解:基本步骤如下:

(1) 形成方案组合。形成 A、B 两个方案组,A 与 B 独立,A_1、A_2、A_3 互斥,B_1、B_2、B_3 互斥。

(2) 组内方案比选。A 方案组和 B 方案组内各方案的差额投资利润率计算如表 5-12 所示。

表 5-12 方案的差额投资利润率 单位:万元

A 厂	投资（万元）	利润（万元）	差额投资利润率(%)	B 厂	投资（万元）	利润（万元）	差额投资利润率(%)
A_1	100	40	40	B_1	100	20	20
A_2	200	54	14	B_2	200	38	18
A_3	300	66	12	B_3	300	54	16

(3) 选择最优方案组合。不同投资预算限额的最佳方案组合与盈利额如表 5-13 所示。

表 5-13 方案组合与盈利额 单位:万元

| 方案 | 预算 | | | | |
	200	300	400	500	600
A	A_1	A_1	A_1	A_2	A_3
B	B_1	B_2	B_3	B_3	B_3
盈利	60	78	94	108	120

根据表 5-13 的分析结果,公司就可根据每年的预算情况,做出科学的决策。

本章小结

1. 独立方案的评价,分为资金受限制和资金不受限制两种情况。在资金不受限制的情况下,只需对项目进行"绝对经济效果检验"。如果资金受限制,项目评价和选择的标准就必须在保证预算资金总额的前提下,取得最好的经济效果。评价的方法一般有净现值率排序法和互斥方案组合法。

2. 对于互斥方案的评价,首先分为寿命期相同和寿命期不同两种。对于寿命期相同的互斥方案,评价的方法主要有增量分析法和盈亏平衡分析法。对于寿命期不同的互斥方案,评价的方法主要有年值法和现值法。

3. 混合型方案评价和选择的基本程序是:① 形成所有可能的组间独立、组内互斥的方案组合;② 按互斥方案比选原则进行组内方案比选;③ 在总的投资限额下,按独立方案比选原则选择最优的方案组合。

4. 在实际应用中,应根据项目的具体情况选择相应的评价指标和方法。首先,确定项目间的关系;其次,明确项目间是否可比,如果不可比,必须通过一定的方法转化为可比;最后,再选择合适的评价指标和方法进行选优。如果被比较的两个方案产出量不同,根据工程经济分析的比较原则,这时的两个方案不能直接进行比较,必须进行转换,使方案之间具有可比性。最简单的方法是采用单位产品投资和单位产品成本进行比较。

思考练习题

1. 什么是独立方案?其经济评价的特点是什么?
2. 什么是净现值率排序法?什么是互斥方案组合法?
3. 当净现值率排序法和互斥方案组合法所得出的评价结果不一致时,应遵循哪一种方法的评价结果?为什么?
4. 什么是互斥方案?互斥方案的评价、选择方法是什么?
5. 对于互斥方案的评价,为什么在进行相对经济效果检验之前一定要进行绝对经济效果检验?试举例说明在方案比较中不进行绝对经济效果检验可能出现的问题。
6. 采用年值法对寿命期不同的互斥方案进行评价时,其隐含的基本假定是什么?
7. 某企业现有两个相互独立的投资机会,其主要指标如练表 5-1 所示。若 $i=12\%$,试判断其经济性。

练表 5-1 各方案主要指标

方案 \ 指标	投资 (万元)	年收入 (万元)	年支出 (万元)	期限(年)
甲	12	6	3	10
乙	15	9	5	10

8. 有六个可供选择的独立方案,各方案初始投资及各年净收入如练表 5-2 所示。如果资金预算为 800 万元,$i=10\%$,试按净现值指数排序法对方案做出选择。

练表 5-2 各方案初始投资及各年净收入   单位:万元

方案	初始投资	第 1—10 年净收入
A	240	45
B	280	50
C	240	48
D	220	43
E	300	55
F	180	30

9. 某拟建项目有三个相互独立的投资方案,其数据如练表 5-3 所示。如果最高投资限额为 10 000 万元,$i=12\%$,应如何决策?

练表 5-3　三个独立方案的基本数据　　　　　　　　　　　　单位:万元

方案＼指标	初始投资	第 1—8 年净收入
A	2 000	500
B	3 500	800
C	4 500	1 100

10. 已知两个建厂方案,方案 A 投资为 200 万元,年净收入为 40 万元,年产量为 80 万件;方案 B 投资为 180 万元,年净收入为 36 万元,年产量为 60 万件。基准投资回收期为 6 年。请选出最优方案。

11. 某项目有三个技术方案,它们的年销售收入都相同,但投资和经营成本各不相同,各方案的基本数据如练表 5-4 所示。假如行业基准投资回收期 $P_t=5$ 年,试采用差额投资回收期法比较三个方案的优劣。

练表 5-4　三个独立方案的基本数据　　　　　　　　　　　　单位:万元

方案	投资	年经营成本
A	120	40
B	130	30
C	160	55

12. 某机械厂欲新建一个车间,有三个可行方案:方案 A 总投资 100 万元,年经营成本 12 万元;方案 B 总投资 120 万元,年经营成本 10 万元;方案 C 总投资 150 万元,年经营成本 9 万元。已知行业规定的投资收益率为 20%,问:应该选择哪一个方案?

13. 有两种可供选择的车床。A 车床投资 10 000 元,使用寿命为 5 年,残值为 1 000 元,使用后年净收入为 4 500 元;B 车床投资 30 000 元,使用寿命为 10 年,残值为零,使用后年净收入为 10 000 元。设目标收益率为 15%,用净现值法比较两个方案的经济效益。

14. 某企业长期需要一种水泵。现有两种型号的水泵可以选择,两种水泵均可满足生产需要,有关数据见练表 5-5,其余指标均相同。假定基准收益率为 12%,试用年值法分析应该选择哪种型号的水泵。

练表 5-5　方案数据表

	水泵 A	水泵 B
价格(元)	10 000	6 000
残值(元)	1 000	0
使用期(年)	15	10

15. 某市为扩大自来水供应需要兴建输水管道,其中某一段的设计有两个方案可供选择:或是穿山挖隧洞,或是绕山铺设管道。如果输水管道是永久性工程,那么这一段应

采用隧洞还是管道？假如利率为12%，其他资料如练表5-6所示。

练表5-6　方案数据表

	隧洞	管道
期初投资情况(百万元)	10	8
维护费用(百万元)	0	0
使用寿命(年)	永久性的	50
残值(百万元)	0	0

16. 有甲、乙两个投资方案，甲方案投资200万元，年净收入50万元；乙方案投资300万元，年净收入66万元。若方案的寿命期均趋于无穷大，试分别计算两个方案的内部收益率。

17. 某企业现有四个互斥投资方案，有关数据如练表5-7所示。假定各方案寿命期均为8年，基准收益率为10%，用差额内部收益率法选出最优方案。

练表5-7　方案数据表　　　　　　　　　　　　　　　　单位:万元

方案	初始投资	年净收入
A	2 000	400
B	2 500	480
C	3 000	590
D	3 500	780

18. 有两个投资方案，数据如练表5-8所示。若基准收益率为12%，试用差额内部收益率法来判断较优方案。

练表5-8　方案数据表

方案	投资(万元)	年经营费(万元)	年销售收入(万元)	寿命(年)
A	1 500	650	1 150	10
B	2 300	825	1 475	10

19. 有A、B两个投资方案，方案A投资10 000元，年净收入3 000元，残值2 000元，寿命5年；方案B投资15 000元，年净收入2 750元，无残值，寿命10年。若基准收益率为12%，试用净现值法分析方案优劣。

20. 有A、B两个投资方案，有关数据如练表5-9所示，该投资发生在第1年年初，残值为零。试以基准收益率为变量，分析其变动对方案优劣的影响。

练表5-9　方案数据表

方案	投资(万元)	年净收入(万元)	寿命(年)
A	15	4	10
B	10	3	10

21. 生产某产品可供选择的工艺方案有三个：方案 A 机械化程度较低，年固定成本 100 万元，单位产品可变成本 4 万元；方案 B 机械化程度较高，年固定成本 400 万元，单位产品可变成本 2.5 万元；方案 C 为自动化方案，年固定成本 700 万元，单位产品可变成本 1 万元。试分析不同产量水平下的最佳工艺方案。

21世纪经济与管理规划教材

管理科学与工程系列

第六章　融资方式及融资成本

　　本章主要介绍工程项目融资的方式及各种融资方式所需的成本。通过学习,熟悉融资的基本概念,重点掌握融资的各种方式;掌握资金机会成本的内涵,准确区分资金的机会成本和资金成本;掌握各种融资方式的资金成本的计算以及对于不同资金结构的评价。

第一节 资金来源与融资渠道

一、项目资金来源

所谓**融资**，即资金筹措，是以一定的渠道为某些特定活动筹集所需资金的各种活动的总称。在工程项目的经济分析中，融资是指为项目投资而进行的资金筹措行为或资金来源方式。

在资金筹措阶段，建设项目所需的资金由自有资金、赠款和借入资金组成。其中，自有资金是指投资者支付的投资额，包括资本金和资本溢价。

资本金是指新建项目设立企业时在工商行政管理部门登记的注册资金，其筹措可以采取政府投资、股东直接投资或者发行股票等方式；资本溢价是指在资金筹措过程中，投资者交付的出资额超出资本金的差额。

借入资金是指通过国内外银行贷款、国际金融组织贷款、外国政府贷款、出口信贷、发行债券等方式筹集的资金。

建设项目的资金来源如图 6-1 所示。

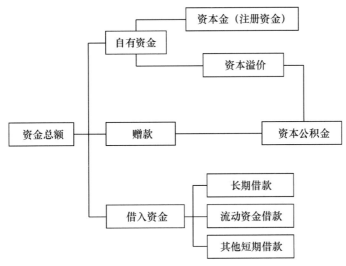

图 6-1 建设项目的资金来源

一个建设项目所需要的建设资金，可以从多个渠道获得，资金的来源渠道不同，资金成本也就不同，对于项目经济效益的影响自然也不同。因此，在项目融资之前，必须明确每一笔资金的来源渠道和融资方式。

二、融资渠道

项目资金筹措通常可以从国内融资和国外融资两个渠道来考虑，如图 6-2 所示。

除了国内融资和国外融资外，按照不同的标准，融资渠道还有如下划分方法。

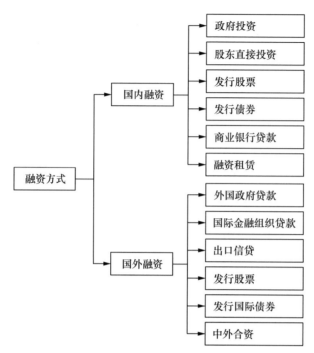

图 6-2　资金筹措的主要方式

（一）按照融资的主体，可分为既有法人融资和新设法人融资

1. 既有法人融资

既有法人融资方式是以既有法人为融资主体的融资方式。既有法人融资方式的资金主要来自既有法人内部的融资、新增资本金和新增债务资金。

既有法人融资方式筹集的债务资金用于项目投资，债务人就是既有法人。债权人可对既有法人的全部资产进行债务追索，因而债权人的债务风险较低。新增债务资金依靠既有法人的盈利能力来偿还，并以其整体的资产和信用承担债务担保。

采用既有法人融资方式时，建设项目既可以是改扩建项目，也可以是非独立法人的新建项目。

2. 新设法人融资

新设法人融资方式的融资主体是新组建的具有独立法人资格的项目公司。建设项目新设法人融资的资金主要来自项目公司股东投入的资本金和项目公司承担的债务资金。

在这种融资方式下，项目发起人（企业或政府）会组建新的项目公司，这些项目公司具有独立法人资格，并承担融资责任和风险。

新设法人融资方式一般以项目投资形成的资产、未来收益作为融资担保的基础。项目能否贷款取决于项目自身的盈利能力。因此，新设法人融资必须认真分析项目自身的现金流量和盈利能力。

采用新设法人融资方式的建设项目一般是新建项目，也可以是将既有法人的一部分资产剥离出去后重新组建新的项目法人的改扩建项目。

（二）按照融资的性质，可分为权益融资和负债融资

1. 权益融资

权益融资是指以所有者身份投入非负债性资金的方式进行的融资。权益融资形成企业的"所有者权益"和项目的"资本金"。权益融资在我国项目资金筹措中具有强制性。

权益融资具有以下特点：

（1）权益融资筹措的资金具有永久性，无到期日，无须归还；

（2）没有固定的按期还本付息压力；

（3）权益融资是负债融资的基础，是项目法人最基本的资金来源。

2. 负债融资

负债融资是指通过负债的方式筹集各种债务资金的融资方式。负债融资是工程项目资金筹措的重要形式。负债资金按其使用的期限可分为短期、中期和长期债务。短期债务的期限为 1 年（含 1 年）以内，中期债务的期限为 1 年以上（不含 1 年）、5 年以下（含 5 年），长期债务的期限为 5 年（不含 5 年）以上。按照负债融资的信用基础可分为主权信用融资、企业信用融资和项目融资。

负债融资具有以下特点：

（1）负债融资筹措的资金的使用具有时间限制，必须按期偿还；

（2）无论项目法人今后效益如何，均需要固定支付债务利息，从而形成项目法人今后固定的财务负担；

（3）负债融资的资金成本一般比权益融资低，而且不会分散对项目未来权益的控制权。

（三）按照不同的融资结构安排，可分为传统融资方式和项目融资方式

传统融资方式是指一个公司或企业利用本身的资信能力为项目所安排的融资。在这种融资方式下，投资者将该项目与项目业主作为一个整体看待，以其资产负债情况、盈利水平、现金流量状况等为依据决定是否投资。

项目融资方式是投资项目资金筹措方式的一种，特指某种资金需求量巨大的投资项目的筹资活动，而且以负债作为资金的主要来源。项目融资主要不是以项目业主的信用，或者项目有形资产的价值作为担保来获得贷款，而是依赖于项目本身良好的经营状况和项目建成、投入使用后的现金流量作为偿还债务的资金来源；同时，将项目的资产，而不是项目业主的其他资产作为借入资产的抵押。

项目融资具有分散风险、有限追索、表外融资、融资渠道多样化、融资成本较高等特点，其过程可以分为投资决策分析、融资决策分析、融资结构分析、融资谈判和项目融资的执行五个阶段。

项目融资与传统融资差异很大，它是以项目的资产、收益作为抵押的融资。我们举例说明传统融资与项目融资的区别。

[**例题 6-1**] 假设某公司拥有甲、乙两个工厂。为了再建设新的工厂丙，有两种从金融市场上筹集资金的备选方案。第一种是传统融资，就是用整个公司的收益，即甲、乙两个工厂的总收益作为归还贷款的款项来源，贷款方对该公司具有完全追索权。如果丙建设失败，该公司用甲、乙两个工厂的收益作为偿债担保，如图 6-3（a）；第二种是项目融资，

用丙建成后生产经营的收益作为归还贷款的款项来源,如果丙建设失败,贷款公司只能从清理丙的资产中收回部分资金,不能够动用该公司其他资产来归还贷款,在这种形式下,贷款方对该公司无追索权。如果签订贷款合约时,贷款方与该公司商定将公司特定的一部分资产作为贷款担保,则贷款方对该公司具有有限追索权。可见,项目融资是将归还贷款资金来源限定在特定项目的收益和资产范围之内的融资方式,如图 6-3(b)。

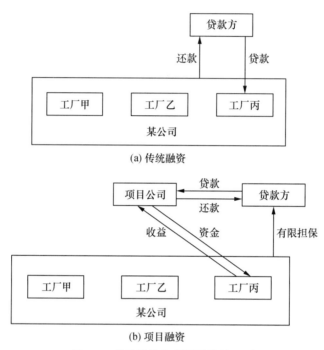

图 6-3 传统融资与项目融资的区别

从上述例子中可以看出,项目融资和传统融资的主要区别是:

(1) 贷款对象不同。项目融资贷款人融资的对象是项目单位(项目发起人为了建造某一工程项目而组成的承办单位),而传统融资贷款人融资的对象是项目发起人。

(2) 筹资渠道不同。项目融资中工程项目所需要的建设资金具有规模大、期限长的特点,因而需要多元化的资金融资渠道;而传统融资方式的融资渠道一般比较单一。

(3) 追索性质不同。在前面的例子中我们已经提到,项目融资的突出特点是融资的有限追索或者无追索权;而在传统融资中,银行提供的是具有完全追索权的资金,一旦借款人无法偿还银行贷款,银行能够行使对于借款人的资产处置权。

(4) 还款来源不同。项目融资以项目投产后的收益和项目本身的资产作为还款来源,而传统融资则以项目发起人的所有资产及其收益作为还款来源。

(5) 担保结构不同。项目融资一般具有结构严谨、复杂的担保体系,而传统融资一般只需要单一的担保结构。

第二节 融资方式

所谓**融资方式**,即取得资金的具体形式。下面我们对于负债融资和资本金融资两种不同融资渠道下各种主要的融资方式给予介绍。

一、负债融资

(一) 商业银行贷款

1. 国内商业银行贷款

国内商业银行贷款按照《贷款通则》的规定,根据承担风险主体的不同,可以分为自营贷款、委托贷款和特定贷款;根据贷款期限的不同,可以分为短期贷款、中期贷款和长期贷款;根据贷款的担保情况,可以分为信用贷款、担保贷款、保证贷款、抵押贷款、质押贷款和票据贴现贷款。

根据我国有关制度的规定,申请国内商业银行贷款应当具备产品市场前景良好、生产经营效益较佳、信用良好等基本条件。

2. 国际商业银行贷款

国际商业银行贷款有以下两种提供方式:第一种是小额贷款,即由一家商业银行独自提供贷款;第二种贷款金额较大,一般由数家商业银行组成银团联合提供贷款,又称为"辛迪加贷款"或者银团贷款。数额较大的贷款大多数采用"辛迪加贷款"的方式,因为这种方式可以有效分散贷款的风险。

3. 国际出口信贷

国际出口信贷是指以出口国政府为后盾,通过银行对出口贸易提供的信贷。出口国政府对本国出口信贷给予利息补贴并提供担保,促使本国商业银行对本国出口商或外国进口商(或银行)提供较低利率的贷款,以满足买方支付的需求,鼓励和扩大本国的出口。

(二) 政策性贷款

1. 国家政策性银行贷款

国家政策性银行贷款是指我国政策性银行,如国家开发银行、中国进出口银行、中国农业发展银行提供的贷款。这种贷款一般期限较长、利率较低,而且配合一定产业政策的实施而进行。

2. 外国政府贷款

外国政府贷款是指外国政府向发展中国家提供的长期优惠性贷款。这种贷款具有政府间开发援助的性质,赠与成分(即通过与市场条件利率和偿还期相比较,计算出的贷款的优惠幅度)一般达到35%以上。

3. 国际金融组织贷款

国际金融组织贷款主要是指国际货币基金组织、世界银行、国际开发协会、国际金融公司、亚洲开发银行等组织提供的贷款。这些国际金融组织由多个国家组成,向特定的国家提供优惠性的贷款,是另一种官方资本来源。

(三) 发行债券

1. 发行债券的主要方式

（1）国内公司（企业）债券。发行债券是项目融资的主要形式之一。发行公司债券必须符合法律规定。目前我国企业发行债券的法律依据是《企业债券管理条例》，公司发行债券的法律依据是《中华人民共和国公司法》。我国公司法规定，利用公司债券融资必须是股份有限公司、国有独资公司和两个以上的国有企业或者其他两个以上的国有投资主体投资设立的有限责任公司。

（2）可转换债券。可转换债券是指在规定期限内的任何时候，债券持有人都可以按照发行合同指定的条件把所持债券转换成发行企业的股票的一种债券。如果股价上涨，持有者可将可转换债券换成股票，从股市中取得利润；如果股价下跌，持有者可保留债券获取利息。与股票和普通债券相比，可转换债券为投资者提供了更大的选择余地。

（3）海外债券。海外债券是由一国政府、金融机构、企业或国际组织，为筹措资金而在国外证券市场上发行的、以某种货币为面值的债券。海外债券也称国际债券，包括外国债券和欧洲债券。海外债券的主要形式有一般利率债券、浮动利率债券、固定利率债券、授权债券以及复合利率债券。

（4）海外可转换债券。海外可转换债券是指向国外发行的可转换债券。和国内可转换债券一样，海外可转换债券也是一种允许债券持有人在规定的时间内，按规定的价格把债券转换成企业股票的债券，它同时具有股票和债券的双重性质。

2. 发行债券的优缺点

（1）发行债券的优点：① 资金成本较低。这主要是因为债券的发行费用比较低，债券利息在税前支付了，有一部分利息由政府承担。② 可以保证控制权。债券持有人无权干涉企业的管理事务，如果现有股东担心控制权旁落，则可采用债券融资。③ 可以发挥财务杠杆作用。不论公司赚钱多少，债券持有人只收取固定的有限的利息，而更多的收益可分配给股东，增加其财富，或留归企业以扩大经营。

（2）发行债券的缺点：① 融资风险较高。如果公司业绩不佳，在债券到期日必须向债券持有人还本付息，这会给公司带来较大的财务负担。② 限制条件较多。发行债券的契约中往往有一些很严格的限制条款，这些条款可能会影响到公司以后的筹资能力。③ 筹资能力比较有限。当公司的负债比率超过一定水平后，债券筹资的成本会迅速增加，有时甚至会发行不出去。

(四) 融资租赁

融资租赁又称财务租赁，它区别于经营租赁，是以金融、贸易和租赁相结合，以租赁物品的所有权和使用权相分离为特征的一种新型的借贷方式。

1. 融资租赁的形式

融资租赁主要有售后租回、直接租赁和杠杆租赁三种形式。售后租回是指根据协议，企业将某资产卖给出租人，再将其租回使用；直接租赁是指承租人向出租人租入所需要的资产，并支付佣金；在杠杆租赁的方式下，出租人一般只出全部设备金额的 20%—40%，其余资金则以出租设备作为抵押，由金融机构贷款解决。

2. 融资租赁的优缺点

融资租赁的筹资速度比较快,限制条款少,而且设备淘汰风险和财务风险比较小,税收负担也较轻,但是资金成本比较高。一般来说,其租金要比银行借款或发行债券所负担的利息高得多。

二、权益融资

(一)吸收直接投资

吸收直接投资是指企业按照"共同投资、共同经营、共担风险、共享利润"的原则直接吸收国家、法人、个人投入资金的一种筹资方式。吸收直接投资无须公开发行证券,出资者都是企业的所有者,他们对于企业具有经营管理权,各方按出资额的比例分享利润或者承担损失。

1. 吸收投资的种类

(1)吸收国家投资。吸收国家投资是国有企业筹集资金的主要方式,是指有权代表国家投资的政府部门或者机构以国有资产投入企业,这种情况下形成的资本叫作国有资本。吸收国家投资具有以下特点:产权归属国家;资产的运用和配置受国家约束较大;在国有企业中采用比较广泛。

(2)吸收法人投资。法人投资下形成的资本叫作法人资本,是指法人单位以其依法可以支配的资产投入企业。其特点是:发生在法人单位之间;以参与企业利润分配为目的;出资方式灵活多样。

(3)吸收个人投资。个人投资下形成的资本叫作个人资本,是指社会个人或者企业内部职工以个人合法资产投入企业。其特点是:参加投资的人员较多;每个人投资的数额较少;以参与企业利润分配为目的。

2. 吸收投资过程中的出资方式

(1)以现金出资。以现金出资是吸收投资中最重要的一种筹资方式。投资现金的数额,取决于投入的实物、工业产权之外尚需多少资金来满足建厂的开支和日常周转需要。至于现金投资占资本总额的多少,需要在投资过程中由双方协商确定。

(2)以实物出资。以实物出资就是投资者投入厂房、建筑物、设备等固定资产和原材料、商品等流动资产所进行的投资。这些投入的实物必须确实为企业科研、生产、经营所需,而且技术性能较好、作价公平合理。

(3)以工业产权出资。以工业产权出资就是投资者以专有技术、商标权、专利权等无形资产进行的投资。可行性研究在这种投资方式中非常重要,因为在这种投资方式中技术被资本化了,但是技术具有时效性,因其不断老化而导致价值不断减少甚至完全丧失,风险较大。

(二)发行普通股

股票属于股份公司为筹集自有资金而发行的有价证券,是公司签发的证明股东所持股份的凭证,它代表了股东对于股份制公司的所有权。

发行普通股是股份有限公司筹集权益资金最常见的方式。普通股是股份公司依法发行的具有管理权、股利不固定的股票。它具备股票的一般特征,是股份公司资本的基本部分。普通股股票的持有人叫普通股股东,具有公司管理权、分享盈余权、出让股份权、优先认股权和剩余财产要求权。

发行普通股筹资具有以下优点:

(1) 筹措的资金具有永久性,没有到期日,不需要归还,有利于公司的长期稳定发展。

(2) 发行普通股筹资没有固定的利息负担,股利支付视公司的盈利状况而定,因此公司的财务负担比较轻。

(3) 筹资风险小。这种筹资实际上不存在不能偿付的风险。

(4) 能增加公司的信誉。发行普通股筹集的资本是公司最基本的资金来源,这笔资金反映了一个公司的实力,可以为债权人提供保障,也是其他方式融资的基础。

(5) 与优先股和债券相比,筹资限制相对较少。

发行普通股具有以下缺点:

(1) 容易分散控制权。利用普通股筹资,引进了新的股东,容易导致公司控制权的分散。

(2) 资金成本较高。普通股票的发行费用较高,而且股利要从净利润中支付,而债券资金的利息可在税前支付。

(三) 发行优先股

优先股是股份公司依法发行的具有一定优先权的股票。它是一种特别股票,与普通股有许多相似之处,但又具有债券的某些特征。

优先股的"优先"是相对普通股而言的,这些优先权主要表现在优先分配股利权、优先分配剩余资产权和部分管理权几个方面。

从法律上讲,优先股属于企业自有资金,不承担法定的还本付息义务。优先股股东所拥有的权利和普通股股东近似。优先股的股利不能像债务利息那样从税前扣除,而必须从净利润中支付。但优先股有固定的股利,而且对于盈余的分配和剩余资产的求偿具有优先权,这两点与债券类似。所以,优先股具有双重性质。

发行优先股具有以下优点:

(1) 没有固定到期日,不需要归还本金。

(2) 股利支付既固定,又有一定弹性。一般来说,优先股都采用固定股利,但是,如果财务状况不佳,可暂时不支付优先股股利。

(3) 能增加公司的信誉。从法律上讲,优先股属于企业自有资金,因此,可以扩大企业的权益基础。

发行优先股具有以下缺点:

(1) 筹资限制多。发行优先股的限制条款比较多,比如,对公司借款的限制等。

(2) 筹资成本高。优先股支付的股利要从税后净利润中支付,而债券资金的利息可在税前支付。

(3) 财务负担重。优先股需要支付固定股利,又不能在税前扣除,当利润下降时,它会成为财务负担。

三、其他融资方式

（一）BOT 融资

BOT 是英文 build-operate-transfer 的缩写，即建设—经营—转让方式，是指政府将一个基础设施项目的特许权授予承包商（一般为外商投资机构）。承包商在特许期内负责项目设计、融资、建设和营运，并回收成本、偿还债务、赚取利润，特许期结束后将项目所有权移交给政府。实质上，BOT 融资方式是政府与承包商合作经营工程项目的一种特殊运作模式，主要用于发展收费公路、发电厂、铁路、废水处理设施等。

BOT 融资方式具有以下特点：

（1）具有无追索或有限追索权。

（2）承包商在特许期内拥有项目所有权和经营权。由于承包商承担了项目全部风险，因此，融资成本较高。

（3）融资项目设计、建设和营运效率一般较高，因此，用户可以得到较高质量的服务。

（4）项目收入一般是当地货币。如果承包商来自国外，对本国来讲，项目建设后将会有大量外汇流出。

（5）融资项目不计入承包商的资产负债表，承包商不必暴露自身的财务情况。

BOT 的运作主要有项目的确定和拟订、招标、选标、开发、建设、营运和移交八个阶段。

BOT 融资方式的新发展是 TOT 融资方式，主要用于电力行业，是指中方把已经投产的电站移交给外商经营，凭借电站在未来若干年内的现金流量，一次性地从外商那里融得一部分资金，用于建设新电站。

（二）ABS 融资

ABS 是英文 asset-backed-securitization 的缩写，它是以项目所属的资产为支撑的一种证券化融资方式。ABS 融资是在 BOT 融资的基础上发展起来的，以项目所拥有的资产为基础，以项目资产可以带来的预期收益为保证，通过在资本市场上发行债券来筹集资金。

（三）贸易融资

贸易融资有补偿贸易和对外加工装配两种方式。

补偿贸易是技术贸易、商品贸易和信贷相结合的一种利用外资的融资方式。主要有直接补偿、间接补偿、综合补偿和劳务补偿几种方式。这些方式的主要区别在于用于补偿的是用外商提供的设备和技术直接生产出来的产品（直接补偿），还是本企业的其他产品（间接补偿），或是两者都有（综合补偿），或者是承接外商来料加工和来料装配的劳务（劳务补偿）。

（四）境外投资基金融资

境外投资基金融资主要用于对我国的基础设施建设、基础产业开发、现有企业技术改造等进行直接投资。境外投资基金包括全球基金、地区基金和国家基金等。

第三节 资金的机会成本

一、资金机会成本的概念

机会成本是指将一种具有多种用途的稀缺资源置于特定用途所放弃的最大收益。而资金的机会成本就是在某段时间内,将资金用于一项特定的投资时,投资者所放弃的能够从其他可能的投资机会中获得的最大收益。

二、资金机会成本与财务成本的区别

资金的机会成本是人们进行投资决策时主要考察的对象之一,但是,要注意区分资金的财务成本和资金的机会成本。下面,举例来说明两者的区别。

[例题 6-2] 假设某公司要对一个项目进行投资,需要向银行贷款,贷款利率是15%。如果该公司实施这一项目,则预测的收益率为20%。请问:该公司资金的机会成本是多少?

解:由于该公司没有足够的资金,必须以每年15%的利率从银行取得贷款,因此,15%的利率就是该公司用于投资的资金的财务成本。当实施该项目时,这个项目每年可以获得20%的收益率。如果该公司放弃这个项目的话,那么它每年放弃的这20%的利润就是资金的机会成本。

资金的机会成本通常高于资金的财务成本,因为如果预期的收益没有资金的财务成本高的话,公司或者个人就不会进行投资,也不会进行筹资活动。就拿例题6-2来讲,如果该公司投资于这个项目的投资收益率只有14%,那么公司就不会向银行贷款并为此支付15%的利率。

三、资金机会成本的确定

资金的机会成本与资金的预算密切相关。在资金预算中,最低的能够被接受的方案的收益率就是该笔资金目前的机会成本,也就是说,资金的机会成本就是包含在预算之内的对于投资者吸引力最小的方案的收益率。

一般情况下,资金预算额度越大,资金的机会成本(收益率)也就越低。

资金的机会成本可以用资金的最低期望收益率或者折现率来确定。

[例题 6-3] 某企业计划扩建一系列工厂,假定工厂的寿命为20年,预算中包含的方案情况如表6-1所示。请问:这笔预算资金的机会成本是多少?

表 6-1 拟建方案的成本、收益表

方案	折现初始成本(百万元)	收益率(%)
A	20	18.6
B	40	23.6
C	155	15.2
D	180	16.3

解:首先按照收益率对这四个方案从高到低重新进行排列。重新排列后的结果如表 6-2 所示。

表 6-2 收益率按从高到低重新排列的结果

方案	折现初始成本(百万元)	收益率(%)
B	40	23.6
A	20	18.6
D	180	16.3
C	155	15.2

最低期望收益率的方案往往是对投资者吸引力最小的方案。

从表 6-2 中可以看出,C 方案的收益率是 15.2%,在四个方案中收益率最低,这就是在当前的投资形势下,该企业的资金机会成本。换言之,如果该企业将用于 C 方案的资金用到 B、A、D 任意一个用途上,那么 15.2% 的收益将被放弃,选择其他投资方案所放弃的 15.2% 的收益就是这笔资金的机会成本。

由于资金的机会成本意味着资金的最低期望收益率或者折现率,其大小将会影响到借款人的融资方案决策。

[例题 6-4] 某人可以获得两种类型的贷款,两项贷款总额都是 100 万元,利率是 11%,但是第一笔贷款要在第 1 年年末归还,第二笔贷款在第 10 年年末归还就可以了。不考虑所得税、通货膨胀效应以及相关的财政压力。

(1) 如果资金的机会成本也是 11%,他应该选择哪一个借款方案?

(2) 如果资金的机会成本是 14%,他又该选择哪一个借款方案呢?

解:图 6-4(a)、(b)分别表示两个方案下资金现值与终值的关系。

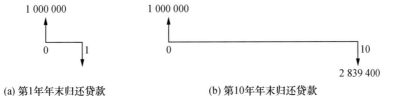

(a) 第1年年末归还贷款　　　　(b) 第10年年末归还贷款

图 6-4 两个方案下资金现值与终值的关系

方案一要求在第 1 年年末一次还清贷款,则第 1 年年末的本利和为:
$$F = P(F/P, 11\%, 1) = 1\,110\,000(元)$$

方案二要求在第 10 年年末一次支付,则第 10 年年末的本利和为:
$$F = P(F/P, 11\%, 10) = 1\,000\,000 \times 2.8394$$
$$= 2\,839\,400(元)$$

(1) 如果资金的机会成本是 11%,方案二与方案一相比,净现值的增量是:
$$NPV_{2-1} = 2\,839\,400(P/F, 11\%, 10) - 1\,110\,000(P/F, 11\%, 1)$$
$$= 2\,839\,400 \times 0.3522 - 1\,110\,000 \times 0.9009$$
$$= 37.68(元)$$

37.68 元的净现值增量与借款总额相比可以忽略不计,该结果意味着借款人在两种贷款方式之间没有什么倾向性。

(2) 如果资金的机会成本是 14%,方案二和方案一相比,净现值的增量是:

$$NPV_{2-1} = 2\,839\,400(P/F,14\%,10) - 1\,110\,000(P/F,14\%,1)$$
$$= 2\,839\,400 \times 0.2697 - 1\,110\,000 \times 0.8772$$
$$= -207\,905.82(元)$$

因而,借款人应该拒绝第一笔贷款,接受第二笔。

第四节 融资成本

融资成本,又称资金成本,是指企业为筹集和使用资金而付出的代价。融资成本主要由资金筹集成本和资金使用成本两部分组成。**资金筹集成本**,又称融资费用,是指在资金筹措过程中支付的各项费用,主要包括各种融资方式下所产生的手续费、股票和债券的发行费、印刷费、公证费、担保费等。**资金使用成本**,又称资金占用费,包括支付给股东的股利、向债权人支付的贷款利息以及支付给其他债权人的各种利息费用等。资金筹集成本属于一次性费用,在资金使用过程中不再发生,而资金使用成本则在资金使用过程中多次发生。

筹资方案的设计是建立在对项目资金来源、建设进度进行综合研究的基础之上的。为保证项目有适宜的筹资方案,需要对可能的筹资方式的筹资成本、资金使用条件、利率和汇率风险等进行比较,以寻求资金成本最低的筹资方案。

下面我们着重讨论融资成本的计算。

一、融资成本计算

融资成本可以用绝对数来表示,也可以用相对数来表示。
用绝对数表示融资成本的计算公式为:

$$C = D + f \tag{6-1}$$

式中,C 为资金成本额,D 为每年的资金使用成本,f 为每年分摊的融资费用。

对于相对数的融资成本,我们通常用资金成本率来表示。资金成本率的计算公式为:

$$K = \frac{D}{P - f} \tag{6-2}$$

或

$$K = \frac{D}{P(1 - F)} \tag{6-3}$$

式中,K 为资金成本率,P 为融资金额,F 为融资费用率,即融资费用与融资金额的比率。

(一) 个别资金成本

个别资金成本是指各种资金来源的资金成本。不同的融资方式和融资渠道对应于不同的资金成本。企业的资金成本一般包括债券成本、长期借款成本、优先股成本、普通股成本、利润留成成本等,前两者统称为债务成本,后三者统称为权益成本。

1. 债务成本

债务资金的资金成本就是贷款利率,因为借贷资本的使用费用就是借贷者所支付的贷款利息。

(1) 债券成本。发行债券的成本主要是债券利息和筹资费用。债券成本中的利息应在所得税前列支。此外,发行债券的融资费用,包括发行债券的手续费、注册费、印刷费、上市费等,也应该计入融资成本。

债券成本的计算公式为:

$$K_b = \frac{I_b(1-T)}{B(1-F_b)} \tag{6-4}$$

式中,K_b 为债券成本,I_b 为债券年利息,T 为所得税税率,B 为债券筹资额,F_b 为债券筹资费用率。

[例题 6-5] 假定某公司发行面额为 10 000 万元的债券 20 000 张,总筹资额为 15 000 万元,票面利率 8%,发行费用占发行价值的 5%,公司所得税税率为 25%。问:该债券的资金成本是多少?

解:根据公式(6-4)可得:

$$K_b = \frac{10\,000 \times 8\% \times (1-25\%)}{15\,000 \times (1-5\%)} = 4.21\%$$

该债券的资金成本为 4.21%。

(2) 长期借款成本。一般来说,长期借款成本要比债券成本低一些,因为没有那么多的发行费用。长期借款成本的计算公式为:

$$K_l = \frac{I_l(1-T)}{L(1-F_l)} \tag{6-5}$$

$$K_l = \frac{R_l(1-T)}{(1-F_l)} \tag{6-6}$$

式中,K_l 为长期借款成本;I_l 为长期借款年利息;T 为所得税税率;L 为长期借款融资额,即借款本金;F_l 为长期借款融资费用率;R_l 为长期借款年利率。

长期借款中发生的融资费用主要是手续费。当这笔费用数目很小时,可以忽略不计。

[例题 6-6] 一个企业获得四年期长期借款 4 000 万元,年利率 10%,每年付息一次,到期一次还本,融资费用率为 5%,公司所得税税率为 25%。问:该长期借款的资金成本是多少?

解:由公式(6-6)可得:

$$K_l = \frac{4\,000 \times 10\% \times (1-25\%)}{4\,000 \times (1-5\%)} = 7.89\%$$

该长期借款的资金成本是 7.89%。

2. 权益成本

权益资金的红利是由所得税后的净利润来支付的,所以并不会减少企业应该缴纳的所得税的数额。

(1) 优先股成本。优先股的认购人能够优先于普通股分得股利。在优先股的资金成本计算中,融资额按照优先股的发行价格来确定。

优先股的资金成本的计算公式为：

$$K_p = \frac{D_p}{P_p(1-F_p)} \quad (6\text{-}7)$$

式中，K_p 为优先股的资金成本，D_p 为优先股的年股利，P_p 为优先股的融资额，F_p 为优先股的融资费用率。

[例题 6-7] 某公司发行优先股总面额为 2 000 万元，总发行价格为 2 500 万元，融资费用率为 8%，年股利率为 14%。问：这笔优先股的资金成本是多少？

解：根据公式(6-7)，所得到的这笔优先股的资金成本为：

$$K_p = \frac{2\,000 \times 14\%}{2\,500 \times (1-8\%)} = 12.17\%$$

这笔优先股的资金成本是 12.17%。

(2) 普通股成本。普通股股东对于公司的预期收益(必要报酬率)要求，可以看作普通股的资金成本。普通股成本通常可以利用资本资产定价模型，通过估计同行业类似项目的投资收益来确定，也可以通过股利折现模型来测算。

用资本资产定价模型测算普通股成本的计算公式为：

$$K_c = R_f + \beta_i(R_m - R_f) \quad (6\text{-}8)$$

式中，K_c 为普通股投资的必要报酬率，即普通股的成本；R_f 为无风险报酬率；R_m 为市场平均报酬率；β_i 为第 i 种股票的贝塔系数[①]。

用股利折现模型测算普通股资金成本时，可以分为以下两种情况：

① 如果是固定股利政策，每年分派现金股利 D_c 元，则其资金成本的计算和优先股相同，即：

$$K_c = \frac{D_c}{P_c(1-F_c)} \quad (6\text{-}9)$$

② 如果是固定增长股利政策，股利固定增长率为 G，则普通股的资金成本为：

$$K_c = \frac{D_c}{P_c(1-F_c)} + G \quad (6\text{-}10)$$

式中，P_c 为普通股的融资额，D_c 为普通股第 t 年的股利，F_c 为普通股的融资费用率。

[例题 6-8] 某期间内，证券市场的无风险报酬率为 15%，平均风险股票的必要报酬率是 18%。某一股份公司普通股的贝塔系数是 1.15，那么，该普通股的资金成本是多少？

解：由公式(6-8)可得：

$$K_c = 15\% + 1.15 \times (18\% - 15\%) = 18.45\%$$

该普通股的资金成本是 18.45%。

[例题 6-9] 一个工程公司发行总价格为 2 000 万元的普通股，融资费用率为 5%，第一年股利率为 10%，以后每年增长 8%。问：这笔普通股的资金成本是多少？

解：这是一个固定增长股利问题，股利固定增长率为 8%。根据公式(6-10)，可得出这笔普通股的资金成本，即：

[①] 又称为股票市场的系统风险系数，用于衡量股票收益相对于业绩评价基准收益的总体波动性。贝塔系数越大，意味着股票相对于业绩评价基准的波动性越大，系统风险越高。

$$K_c = \frac{2\,000 \times 10\%}{2\,000 \times (1-5\%)} + 8\% = 18.53\%$$

这笔普通股的资金成本为 18.53%。

(3) 利润留成成本。股东将利润留成用于公司而不作为股利或者用于其他投资,是想从中获得能够与普通股等价的报酬。所以,利润留成成本也就是股东失去的机会成本,它的计算与普通股的成本相似,但是不考虑融资费用。其计算公式为:

$$K_r = \frac{D_c}{P_c} + G \quad (6\text{-}11)$$

式中,K_r 为利润留成成本。

(二) 综合资金成本

工程项目一般会采取各种不同的融资方式。当把整个项目的所有融资方案当作一个整体来考虑时,就需要计算资金的综合资金成本。

综合资金成本一般在计算出各类资金的个别资金成本的基础上,以各种资金占全部资金的比例为权数,用加权平均法计算出资金的综合资金成本。其计算公式为:

$$K_w = \sum_{j=1}^{n} K_j W_j \quad (6\text{-}12)$$

式中,K_w 为综合资金成本,K_j 为第 j 种个别资金成本,W_j 为第 j 种个别资金占全部资金的比例(权数)。

二、资金结构分析

资金结构是指融资方案中各种资金的比例关系。从技术上讲,综合资金成本最低,同时企业财务风险最小的资金结构最能实现企业价值最大化,也是最理想的资金结构。企业可以运用以下几种分析方法来确定自己的资金结构。

(一) 资金成本比较法

资金成本比较法就是比较企业各种可能的筹资组合方法的综合资金成本大小,最终选择综合成本最低的方案,即综合资金成本最低的方案就是具有最好的资金结构的方案。

(二) 每股盈余分析法

每股盈余分析法是通过比较每股盈余的变化来分析融资方案的资金结构是否合理的一种方法。一般来说,凡是能够提高每股盈余的资金结构即是合理的;反之,则不合理。

每股盈余(EPS)的计算公式为:

$$\text{EPS} = \frac{(S - \text{VC} - F - I) \times (1-T)}{N} = \frac{(\text{EBIT} - I)(1-T)}{N} \quad (6\text{-}13)$$

式中,EPS 为每股盈余,S 为销售额,VC 为变动成本,F 为固定成本,I 为债券利息,T 为所得税税率,N 为流通在外的普通股股数,EBIT 为息税前利润。

每股盈余的高低受资本结构和企业经营规模等因素的影响。通过每股盈余分析法,我们可以判断某项投资计划究竟是采用负债融资还是权益融资更为有效,即通过计算每股盈余的无差异点来进行评判。

每股盈余的无差异点是指每股盈余不受融资方式影响的销售水平。在每股盈余的无差异点上,负债融资与权益融资能够产生同样大小的每股盈余。以 EPS_1 代表采用负债融资情况下的每股盈余,以 EPS_2 代表采用权益融资方式下的每股盈余,则有:

$$\text{EPS}_1 = \text{EPS}_2$$

$$\frac{(S_1 - VC_1 - F_1 - I_1) \times (1-T)}{N_1} = \frac{(S_2 - VC_2 - F_2 - I_2)(1-T)}{N_2} \quad (6-14)$$

在每股盈余无差异点上 S_1 与 S_2 相等,通过求解上述方程式,就可以解出无差异点处的销售额。当企业改扩建以后的销售额达到每股盈余无差异点的销售额时,采用负债融资可以提高每股盈余;反之,则采用权益融资。

[例题 6-10] 某公司原有资本 500 万元,其中债务资本 100 万元,年负担利息费用 12 万元,普通股股本 400 万元(发行普通股 8 万股,每股面值 50 元)。公司拟追加筹资 200 万元,其融资方案有以下两种:

(1) 全部发行普通股,增发 4 万股,每股面值为 50 元;
(2) 全部筹借长期债务,债务利率仍为 12%,利息 24 万元。

公司的变动成本率为 60%,固定成本为 180 万元,所得税税率为 25%。求每股盈余无差异点。

解: 根据上述资料,首先求两种融资方案下的每股盈余无差异点的销售额 S。

将两种融资方案下的数据代入公式(6-14),可得:

$$[(S - 0.6 \times S - 180 - 12) \times (1 - 25\%)]/(8+4)$$
$$= [(S - 0.6 \times S - 180 - 12 - 24) \times (1 - 25\%)]/8$$

对等式进行求解,可得出销售额 S,即:

$$S = 660(万元)$$

将 S 代入到公式(6-13),可求出每股盈余无差异点处的每股盈余,即:

$$\text{EPS} = [(660 - 0.6 \times 660 - 180 - 12) \times (1 - 25\%)]/(8+4)$$
$$= 4.5(万元)$$

每股盈余无差异点处的销售额为 660 万元,此时每股盈余为 4.5 万元。

(三) 综合分析法

资金成本分析法和每股盈余分析法的共同缺陷在于没有将风险因素考虑进来。如果每股盈余的增加不足以补偿风险增加所需要的报酬,即使每股盈余增加了,股价也一样会下跌。**综合分析法**将综合资金成本、企业总价值和风险因素,对资金结构进行分析与决策。

企业的市场总价值等于负债资本的总价值和权益资本的总价值之和。为了简便起见,我们假定企业只有债券和普通股两种资本。债券的市场价值等于它的面值,普通股的市场价值等于税后利润与普通股资金成本之商,则:

$$V = B + S \quad (6-15)$$

$$S = \frac{(\text{EBIT} - I)(1-T)}{K_S} \quad (6-16)$$

$$K_V = K_B \frac{B}{V}(1-T) + K_S \frac{S}{V} \quad (6-17)$$

式中,V 为企业市场总价值,B 为债券价格,S 为股票价格,EBIT 为息税前利润,I 为负债利息,T 为所得税税率,K_B 为税前债券资金成本,K_S 为权益资本成本,K_V 为综合资金成本。

综合资金成本(K_V)最低的资金结构就是最优的资金结构。

第六章 融资方式及融资成本

案例·知识
合肥第二发电厂项目融资

项目概况

安徽省合肥第二发电厂一期项目计划总投资为46.3859亿元。为了建设、运营合肥第二发电厂项目,中外双方共同组建了安徽省合肥联合发电有限公司,其中,中方占该有限公司股权的51%,外方占该公司股权的49%,公司注册资本金为10亿元。中方股东及其出资份额为:华东电力集团公司(20%)、安徽省能源投资总公司(16%)、合肥市建设投资公司(7.5%)和安徽省电力公司(7.5%)。外方股东为新加坡联合电力有限公司,该公司是新加坡方面为了投资此项目而专门成立的机构。项目的建设总承包商为ABB公司。

项目融资结构

合肥第二发电厂项目总投资为46.3859亿元。其中,安徽省合肥联合发电有限公司注册资本金为10亿元,采用有限追索项目融资方式的贷款融资36.3859亿元。融资结构如图6-5所示。

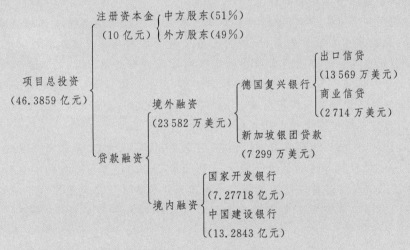

图6-5 项目融资结构

本项目资本金以外的所需资金由各投资方按照注册资本所占比例融资解决。外方融资分为出口信贷和商业贷款。

1. 出口信贷

德国复兴银行提供13 569万美元的出口信贷,德国出口保险公司为其承保15.5年。主要用于支付EPC合同①项下德国出口订单值的85%和施工期内贷款累计利息的85%。

2. 商业信贷

德国复兴银行另外提供2 714万美元的商业贷款,贷款额是以德国出口保险公司承

---

① engineering,procurement and construct,即设计、采购、施工合同,与工程总承包含义相似。

保贷款额的20%为限,为期11.5年。新加坡华侨银行组织银团贷款,该银团由华侨银行、新加坡发展银行和中国银行新加坡分行组成,贷款额8500万美元,期限10年。

3. 国家开发银行贷款

国家开发银行承诺贷款7.27718亿元,期限12年。

4. 建设银行贷款

中国建设银行提供贷款13.2843亿元,期限10年。

该项目采用有限追索项目融资方式,还款来源依靠项目本身的资金和项目营运收入,所以不需要国内金融机构以及其他机构的还款担保,追索对象也仅限于项目本身。为了减少和控制贷款风险,特别设定了较全面的项目保证体系。

合肥第二发电厂项目的借款人:安徽省合肥联合发电有限公司

贷款人:德国复兴银行、新加坡银团、国家开发银行、中国建设银行

境内保证代理行:中国建设银行

境外保证代理行:华侨银行

境外贷款代理人:新加坡发展银行

对于该项目融资结构的简评

与传统的融资方式相比,合肥第二发电厂有限追索项目融资方式不需要第三方的还款担保,风险集中在项目本身,还款的资金来自项目本身及其营运取得的收入,是我国第一个真正意义上的有限追索项目融资。在该项目融资中,国内贷款没有第三方的还款担保,与国外贷款都采用优先追索融资方式;发起人只对第一期还款储备金额给予支持,以后每期还款储备的风险由贷款人自己承担,正符合追索有限的定义。从这两点来讲,该项目融资是完全意义上的有限追索项目融资。

在合肥第二发电厂的项目融资过程中,安徽省政府、电力部、华东电力局等部门、机构在行政、法律、经济等方面的支持极大地降低了项目建设及运营的相关风险,这些风险的分担正是该项目融资成功的基础。中国建设银行的多重角色是该项目融资成功的重要保证。中国建设银行在合肥第二发电厂项目中拥有四种身份,即融资顾问、贷款行、国家开发银行贷款委托代理行、境内保证代理行,它从金融、法律、商务、会计、工程、保险等方面全方位介入、引导了该项目的运作。这不仅为中国的商业银行提供了有限追索项目融资方式的成功经验,同时,作为平等的贷款行,它还帮助外资银行克服了信息上的劣势,增强了外资银行的贷款信心。

作为一种良好的引进外资的方式,有限追索项目融资可以大力推行。与传统的引进外资方式不同,有限追索项目融资不需要国家政府机构或金融机构提供还款担保,不构成国家债务,并且筹资数额巨大,可以有效填补我国基础设施建设资金的巨大缺口。虽然在我国,有限追索项目融资方式的应用仅限于电力行业,但它可顺利地推广到交通、能源、通信等其他行业的大型工程项目。

注:本案例的部分数据与资料参考了安同良、赵巍巍,《有限追索项目融资在中国的实践——合肥二电厂有限追索项目融资实例分析》,载《世界经济与政治论坛》1999年第6期;马秀岩、卢洪升,《项目融资》,东北财经大学出版社2002年版。

本章小结

1. 在工程项目的经济分析中,融资是指为项目投资而进行的资金筹措行为或资金来源方式。一个建设项目所需要的资金,可以从多个渠道获得。筹措资金必须首先考虑资金的来源渠道,资金的来源渠道不同,资金成本也就不同。按照不同的标准,可以对融资渠道进行分类。

2. 融资方式,即取得资金的具体形式。其中,负债融资的融资方式有商业银行贷款、政策性贷款、发行债券、融资租赁;权益融资的融资方式有吸收直接投资、发行普通股、发行优先股。其他融资方式有BOT融资、ABS融资、贸易融资、境外投资基金融资。

3. 资金的机会成本就是在某段时间内,将资金用于一项特定的投资时,投资者所放弃的能够从其他可能的投资机会中获得的最大收益。如果一定量的资金用于项目投资,资金的机会成本可以用资金的最低期望收益率或者折现率来确定。

4. 融资成本主要由资金筹集成本和资金使用成本两部分组成。融资成本可以用绝对数来表示,也可以用相对数来表示。个别资金成本是指各种资金来源的资金成本。不同的融资方式和融资渠道所取得的资金的资金成本有所不同。当把整个项目的所有融资方案当作一个整体来考虑时,就需要计算资金的综合资金成本。资金结构是指融资方案中各种资金的比例关系。从技术上讲,综合资金成本最低,同时企业财务风险最小的资金结构最能实现企业价值最大化,也是最理想的资金结构。企业可以运用资金成本比较法、每股盈余分析法、综合分析法来确定自己的资金结构。

思考练习题

1. 什么是融资?建设项目所需的资金来源由哪几部分组成?
2. 按照不同的融资主体划分,融资渠道有哪几种?
3. 负债融资与权益融资各有什么特点?
4. 简述项目融资和传统融资的主要区别。
5. 发行债券有什么优缺点?
6. 融资租赁有哪几种形式?
7. 发行普通股有什么优缺点?
8. 发行优先股有什么优缺点?
9. 简述BOT融资方式的特点和过程。
10. 试比较资金的机会成本和资金成本。
11. 简述融资成本的定义及构成。
12. 在例题6-4中,如果资金的机会成本为8%,其他条件不变,借款人应该选择哪一个方案?
13. 一个企业获得4年期长期借款2000万元,年利率12%,每年付息一次,到期一次还本,融资费用率为4%,公司所得税税率为25%。问:该长期借款的资金成本是多少?

14. 某企业发行面值为200元的债券,发行价格为95元,票面利率为年利率6%,4年期,到期一次还本付息,发行费率为1.8%,手续费率为0.3%,所得税税率为25%。试计算这笔债券的资金成本。

15. 面值150元的优先股,发行价格为98元,发行成本3%,每年付息一次,固定股息率为8%。试计算该优先股的资金成本。

16. 当前证券市场的无风险报酬率为18%,平均风险股票的必要报酬率是20%。某股份公司普通股的贝塔系数是1.4,那么该普通股的资金成本是多少?

17. 总融资额为4 000万元的普通股,融资费用率为3%,第一年股利率为12%,以后每年增长7%。问:这笔普通股的资金成本是多少?

18. 简述如何运用资金成本比较法来评价融资方案的资金结构。

19. 某公司原有资本700万元,其中债务资本200万元(每年负担利息24万元),普通股股本500万元(发行普通股10万股,每股面值50元)。公司拟追加筹资400万元,其融资方案有以下两种:

(1) 全部发行普通股,增发8万股,每股面值为50元;
(2) 全部筹借长期债务,债务利率为12%,利息48万元。

公司的变动成本率为40%,固定成本为160万元,所得税税率为25%。求每股盈余无差异点。

20. 相对于资金成本比较法和每股权益分析法,综合分析法有什么优点?

21世纪经济与管理规划教材
管理科学与工程系列

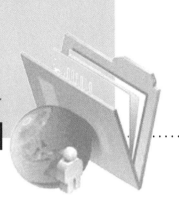

第七章 不确定性分析

本章主要介绍不确定性分析的基本方法。通过学习,要求掌握盈亏平衡分析的概念、计算方法;掌握敏感性分析的目的、基本程序和分析方法;掌握概率分析的概念及分析方法;了解经济风险的来源及主要因素;熟悉风险识别的方法、判别标准及评价方法。

在前面几章中,有关收入、费用等经济要素及参数均假定是确定的。但现实中,由于缺乏足够的信息或测算方法上的误差,使得这些数据存在一定的不确定性。**不确定性分析**就是分析和研究这些不确定因素的变化或者测算数据的误差对方案经济效果的影响及影响的程度。

众所周知,导致预测和估算偏差的原因有很多,归纳起来,不外乎以下几个方面:
(1) 市场竞争变化引起的价格波动;
(2) 技术装备和工艺的变化或突破;
(3) 新产品、替代品的出现;
(4) 经济关系和经济结构的调整和变化;
(5) 统计方法的局限性与统计数据的误差及不足;
(6) 难以预测的经济和政治形势。

上述因素会不同程度地影响方案的经济效果。由于不同因素变化的可能性和影响程度不同,因此,把握那些对方案经济效果影响最大的因素,就能有效地降低项目的不确定性,从而提高投资决策的可靠性以及项目的风险防范能力。

不确定性分析包括盈亏平衡分析、敏感性分析、概率分析和风险分析。

第一节　盈亏平衡分析

一、盈亏平衡点的计算

第五章第二节已对盈亏平衡点的基本原理及假设进行了阐述。由前面的介绍可知,在不考虑各种税收的情况下,盈亏平衡点的产量为:

$$Q^* = \frac{F}{P-v} \tag{7-1}$$

若用销售价格表示盈亏平衡点,则根据公式(7-1)可得到处于盈亏平衡点的销售价格的计算公式为:

$$P^* = \frac{F}{Q} + v \tag{7-2}$$

式中,P^* 为项目盈亏平衡点的销售价格。

[例题 7-1] 某企业生产某产品 1000 件,成本资料如下:原材料 3100 元;燃料和动力 2000 元;生产工人工资 4000 元,其中计件工资 1500 元,计时工资 2500 元;车间经费和企业管理费 10 900 元,其中变动成本部分 3400 元,固定成本部分 7500 元。

(1) 试分析成本与产量的关系,并计算相应的成本值;
(2) 若该产品价格为 30 元/件,试求盈亏平衡点产量;
(3) 计算销售量为 1500 件时的利润。

解:(1) 原材料费、燃料和动力费、计价工资、管理费中的变动成本部分,都与产量有正比关系,属于变动成本。因此,该企业的变动成本 V 为:

$$V = 3100 + 2000 + 1500 + 3400 = 10\,000(元)$$

单位产品的可变成本 v 为:

$$v = \frac{V}{Q} = \frac{10\,000}{1\,000} = 10(元/件)$$

计时工资、管理费中的固定成本部分与产量没有正比关系,属于固定成本。根据给出的条件,所计算出的该企业的固定成本为:

$$F = 2\,500 + 7\,500 = 10\,000(元)$$

(2) 将 V、F、P 代入公式(7-1),可知盈亏平衡点的产量为:

$$Q^* = \frac{F}{P - v} = \frac{2\,500 + 7\,500}{30 - \frac{3\,100 + 2\,000 + 1\,500 + 3\,400}{1\,000}} = 500(件)$$

(3) 销售量为 1 500 件时的利润为:

$$R = PQ - F - vQ = 30 \times 1\,500 - 10\,000 - 10 \times 1\,500 = 20\,000(元)$$

从例题 7-1 可以看出,盈亏平衡点越高,在相同的产量条件下,项目的利润越低。

二、盈亏平衡分析在不确定性分析中的应用

盈亏平衡点产量与项目设计的生产能力之间的差距越小,说明项目的风险越大,项目越容易受生产(销售)水平变化的影响。盈亏平衡点越低,表明项目适应市场变化的能力和抗风险能力越强。

项目抗风险能力的大小可以用经营安全率来反映。

$$经营安全率 = 1 - \text{BEP}_i \qquad (7\text{-}3)$$

式中,BEP_i 为盈亏平衡生产能力利用率,其计算公式为:

$$\text{BEP}_i = \frac{Q^*}{Q_0} \times 100\% = \frac{F}{(P-v)Q_0} \times 100\% \qquad (7\text{-}4)$$

式中,Q_0 为项目的设计生产能力,Q^* 为盈亏平衡点的产量。

如果经营安全率大于 30%,说明项目的经营安全性较好;如果经营安全率小于 30%,说明项目的经营安全性较差。

[例题 7-2] 某项目设计的总生产能力为 5 万件,单位产品售价为 2 000 元,固定成本为 4 000 万元,单位变动成本为 500 元/件,假定产量、成本和利润之间的关系为线性关系。试求项目的盈亏平衡点产量并分析项目承担风险的能力。

解: 根据公式(7-1)得出盈亏平衡点的产量为:

$$Q^* = \frac{F}{P - v} = \frac{4\,000 \times 10^4}{2\,000 - 500} = 26\,667(件)$$

根据公式(7-4)得出盈亏平衡生产能力利用率为:

$$\text{BEP}_i = \frac{Q^*}{Q_0} \times 100\% = \frac{26\,667}{50\,000} \times 100\% = 53.33\%$$

项目的经营安全率为 $1 - \text{BEP}_i = 1 - 53.33\% = 46.67\%$。由于项目的经营安全率为 46.67%,大于 30%,说明项目的经营安全性较好,抗风险能力较强。

[例题 7-3] 某雨伞制造企业设计产量为 4 亿把,成品伞平均售价为 20 元/把,企业生产雨伞的固定成本为 20 亿元,单位变动成本为 13 元/把。试分别用实际生产产量、销售价格、生产能力利用率来计算此产品生产的盈亏平衡点,并评价项目的抗风险能力。

解： 根据公式(7-1)得出用产量表示的盈亏平衡点的产量为：

$$Q^* = \frac{F}{P-v} = \frac{20 \times 10^8}{25-13} = 1.67(亿把)$$

根据公式(7-2)得出用销售价格表示的盈亏平衡点价格为：

$$P^* = \frac{F}{Q} + v = \frac{20 \times 10^8}{4 \times 10^8} + 13 = 18(元/件)$$

由计算结果可知，当销售价格超过 18 元时，企业便能盈利。

根据公式(7-4)得出的生产能力利用率为：

$$BEP_i = \frac{Q^*}{Q_0} \times 100\% = \frac{1.67 \times 10^8}{4 \times 10^8} \times 100\% = 41.75\%$$

由计算结果可知，当实际生产量达到设计生产能力的 41.75% 时，企业不亏不盈。

项目的经营安全率为：

$$经营安全率 = 1 - BEP_i = 1 - 41.75\% = 58.25\%$$

由于项目的经营安全率=58.25%，大于30%，说明项目的经营安全性较好，抗风险能力较强。

三、盈亏平衡分析的局限性

盈亏平衡分析是对拟建项目进行不确定性分析的方法之一。使用盈亏平衡分析法需要对项目的主要参数如产量、售价和成本等进行估计，因此，盈亏平衡分析法只能对项目的抗风险性进行粗略的分析。盈亏平衡分析有助于确定某个项目的合理生产规模，但同时它具有以下的局限性：

（1）盈亏平衡分析建立在生产量等于销售量的基础上，即假设生产的产品全部能销售出去，这显然与实际情况不符；

（2）盈亏平衡分析所使用的数据是在类似项目正常年份的历史数据基础上经过修正以后得出的，数据精度不高。

因此，盈亏平衡分析法适用于对短期的建设项目进行不确定性分析。对于长期的建设项目，这种方法很难得到全面的结论。

第二节 敏感性分析

一、概念

敏感性分析是投资项目经济评价中常用的一种研究不确定性的分析方法。它是在确定性分析的基础上，进一步分析不确定性因素对投资项目的最终经济效果指标（如净现值和内部收益率等）的影响及其影响程度。不确定性因素一般可选择主要参数（如销售收入、经营成本、生产能力、初始投资等）进行分析。如果参数的小幅度变化能导致最终经济效果指标的较大变化，则称此参数为**敏感性因素**；反之，则称为**非敏感性因素**。

二、敏感性分析的步骤

根据因素变动的数量,又把敏感性分析分成单因素敏感性分析和多因素敏感性分析。**单因素敏感性分析**是在其他因素保持不变的情况下,每次只研究一个不确定因素的变化对经济效果指标影响的敏感程度的方法。单因素敏感性分析适合于分析项目方案的最敏感因素,但是现实中各种因素的变动可能存在着相互关联性,一个因素的变动往往引发其他因素的变动,改进的方法就是进行多因素敏感性分析。**多因素敏感性分析**要考虑可能发生的各种因素不同变动幅度的多种组合,计算起来要比单因素敏感性分析复杂得多。在此,我们仅对较简单的单因素敏感性分析的基本步骤进行介绍。

(一)确定分析指标

一般而言,敏感性分析所选用的指标应与经济分析的指标一致,当经济评价指标不止有一个时,应围绕经济指标中最重要的指标进行分析。选定的指标必须与确定性分析中采用的指标一致,以便于两者之间的比较。在实践中,最常用的敏感性分析指标有投资回收期、净现值和内部收益率。

(二)选定待分析的不确定性因素,设定其变化范围

影响项目经济效果的因素很多,不可能逐一进行分析,因而要对不确定性因素进行筛选。筛选的原则有:(1)选择那些对项目经济效果影响较大的因素;(2)选择发生变化的可能性较大的因素。常用的不确定性因素有产品价格、产量、项目投资、项目服务寿命、经营成本、基准折现率等。

最后,确定出不确定性因素的变动范围。通常设定为±5%或±10%,最大到±20%。

(三)计算不确定性因素变动对分析指标的影响程度

假定其他因素不变,分别计算每个不确定性因素每变动一次对分析指标的影响程度,并通过敏感性分析计算表或分析图的形式,将不确定性因素变动与指标变动情况反映出来。

(四)确定敏感因素

如果某因素的微小变化会带来项目经济效果的重大变化,则此因素就是该项目的敏感因素。找出敏感因素是敏感性分析的主要目的。

选定敏感因素有以下两种方式:(1)相对测定法。设定要分析的因素均从基准值开始变动,每次变动幅度(增或减)相同,比较在同一变动幅度下各因素的变动对经济效果的影响,就可以甄别出项目对各因素的敏感程度。(2)绝对测定法。设定待分析因素朝着不利于经济效果的方向变动,并取其有可能发生的"最坏"值,计算下降了的经济指标,看其是否已使项目经济效果达到了无法接受的程度。如果经济效果不能接受,则该因素就是敏感因素。

判断项目经济效果是否可以接受的依据是分析指标的临界值。相对测定法的另一种方式是先设定分析指标为临界值,如设净现值为零,令内部收益率为基准折现率,求待分析因素的最大允许变动幅度,将其与该因素实际可能出现的最大变动幅度进行比较,如果后者超过了前者,则表明该因素是方案的敏感因素。

[**例题 7-4**] 某公司有一个生产电瓶车的投资方案,其估算的现金流量见表 7-1。由于对未来影响经济分析的某些因素把握不大,投资额、经营成本和产品价格均有可能在 $\pm 20\%$ 的范围内变动。设基准折现率为 10%,不考虑企业所得税,请分别就上述三个因素做敏感性分析。

表 7-1 电瓶车项目现金流量表   单位:万元

年份	1	2—10	11
投资	10 000		
销售收入		15 600	15 600
经营成本		12 200	12 200
期末资产残值			1 000
净现金流量	−10 000	3 400	4 400

解:设投资额为 I,年销售收入为 S,年经营成本为 C,期末资产残值为 L。用净现值指标评价本方案的经济效果,计算公式为:

$$\text{NPV} = -I(P/F,10\%,1) + (S-C)(P/A,10\%,10)(P/F,10\%,1) + L(P/F,10\%,11)$$

按照表 7-1 的数据可得:

$$\text{NPV} = -10\,000 \times 0.9091 + 3\,400 \times 6.1446 \times 0.9091 + 1\,000 \times 0.3505$$
$$= 10\,252.09(\text{万元})$$

第一步,对投资额进行敏感性分析。

设投资额变动的百分比为 x,分析投资额变动对方案净现值影响的计算公式为:

$$\text{NPV} = -I(1+x)(P/F,10\%,1) + (S-C)(P/A,10\%,10)(P/F,10\%,1) + L(P/F,10\%,11)$$
$$= 10\,252.09 - 9\,091x$$

当 $\text{NPV}=0$ 时,得出 $x=112.8\%$。

第二步,对经营成本进行敏感性分析。

设经营成本变动的百分比为 y,分析经营成本变动对方案净现值影响的计算公式为:

$$\text{NPV} = -I(P/F,10\%,1) + (S-C(1+y))(P/A,10\%,10)(P/F,10\%,1) + L(P/F,10\%,11)$$
$$= 10\,252.09 - 68\,150y$$

当 $\text{NPV}=0$ 时,得出 $y=15.04\%$。

第三步,对产品价格进行敏感性分析。

设产品价格变动的百分比为 z,在产量不变的情况下,一定比例的价格变动会导致相同比例的销售收入的变动,因此,分析产品价格变动对方案净现值影响的计算公式为:

$$\text{NPV} = -I(P/F,10\%,1) + (S(1+z)-C)(P/A,10\%,10)(P/F,10\%,1) + L(P/F,10\%,11)$$
$$= 10\,252.09 + 87\,142z$$

当 $\text{NPV}=0$ 时,得出 $z=-11.76\%$。

根据以上三个公式,结合表 7-1,分别取不同的 x、y、z 值,计算出各因素在不同变动幅度下方案的净现值。计算结果如表 7-2 所示。

表 7-2 不确定性因素的变动对方案净现值的影响结果　　　　　　　　　单位:万元

不确定性因素 \ 变动率	－20%	－10%	0	＋10%	＋20%
投资额	12 070.29	11 161.19	10 252.09	9 342.99	8 433.89
经营成本	23 882.09	17 067.09	10 252.09	3 437.09	－3 377.91
产品价格	－7 176.31	1 537.89	10 252.09	18 966.29	27 680.49

根据表 7-2 所绘制的敏感性分析图如图 7-1 所示。

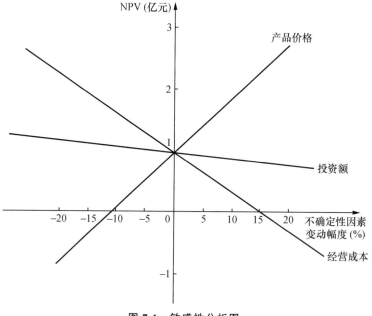

图 7-1　敏感性分析图

从表 7-2 与图 7-1 中可以看出,当投资额与经营成本不变时,产品价格低于预期值 －11.76%,将使得方案的净现值低于 0,即项目处于亏损状态;当投资额与产品价格保持不变时,经营成本比预期值增加 15.04%,将使得方案的净现值低于 0,即项目处于亏损状态;当产品价格与经营成本保持不变时,投资额高于预期值 112.8%,才会导致项目亏损。而且,从图 7-1 中可以看出,产品价格变动幅度这条线最陡,经营成本变动幅度次之,投资额变动幅度最平缓。因此,在同样的变动率下,产品价格的变动对项目净现值的影响最大,经营成本次之,投资额变动带来的影响最小。

根据以上分析,可以看出产品价格与经营成本都是本方案的敏感因素。因此,在选择本方案作为项目决策之前,应对产品价格与经营成本可能变动的范围进行估算。如果产品价格下降幅度超过 11.76%,则本方案不可行;如果经营成本上升幅度超过 15.04%,则本方案不可行。

三、敏感性分析的局限性

敏感性分析能够通过分析和计算,得出因素变动对项目经济效果的影响,找出因素的极限变化范围,从而有助于在众多的不确定性因素中找出敏感因素,以便寻找产生不确定性因素的根源,并及早采取相应的控制措施,制定出管理和应变对策,从而降低项目风险,增加决策可靠性。

但敏感性分析也存在一定的局限性。每个不确定性因素变动的可能性都不相同,敏感性分析只能确定敏感因素,无法明确不确定性因素的变化引起项目经济指标变动的可能性的大小。为了解决此问题,需要进行概率分析。

第三节 概率分析

一、概念

概率分析是一种利用概率值定量研究预测不确定性因素对项目经济指标影响的方法。进行概率分析首先要确定影响项目经济效果的变量及其可能的变动范围,以此确定变量在此范围内的分布概率;其次要计算期望值、标准差和离散系数,进行定量分析。

（一）概率估算方法

根据对数据的取值与概率估算方法的不同,概率分析可以分为主观概率分析和客观概率分析。

主观概率分析是指人们根据长期积累的经验和所掌握的大量信息对某一风险事件发生可能性的主观判断。

客观概率估计是指根据大量的实验数据,用统计的方法所计算出的某一风险事件发生的可能性。

为了准确地判断项目风险事件发生的概率,在项目前期可以采用专家调查的方法,借助于专家的知识、经验和判断能力对事件出现风险的可能性做出主观的估计。

项目评价中的概率是指各种变量（如价格、成本、投资）出现的频率,这些参数的变化规律往往可以用概率分布来描述,因此,项目的经济指标作为这些参数的函数也是一个随机变量。

（二）概率分布

概率分布是指随机变量可能出现的概率取值的分布情况。对于连续型随机变量,通常可以用概率分布函数来表示,而离散型随机变量的概率分布通常是根据个人主观判断,所得到的各种确定的概率值。在项目评估中进行概率分析时,一般只分析和研究离散型随机变量的概率分布情况。

一般情况下,概率分布函数应根据历史资料进行确定。当项目管理人员没有足够的历史资料来确定不确定性因素的概率分布函数时,可以利用理论概率分布进行风险估计,也可以用概率树、蒙特卡罗模拟及 CIM 模型等分析方法确定不确定性因素的概率分布函数。

概率分析就是在对参数分布进行概率估计的基础上,通过计算反映项目经济效果指标的期望值、累积概率、标准差及离差系数等来反映方案的风险程度。

二、投资方案经济效果的概率描述

完整地描述一个随机变量,需要确定其概率分布的类型和参数。常用的概率分布有正态分布和均匀分布。要想反映方案的经济效果,需要计算经济指标的期望值、标准差与离散系数。

(一) 经济效果的期望值

投资方案经济效果的期望值是指在一定的概率分布下,投资效果所能达到的概率平均值。其一般表达式为:

$$E(x) = \sum_{i=1}^{n} x_i p_i \tag{7-5}$$

式中,$E(x)$为变量的期望值,x_i为变量x的第i个值,p_i为变量x_i的取值概率。

[例题 7-5] 某项目投资方案的净现值及概率如表 7-3 所示,试计算该方案净现值的期望值。

表 7-3　方案的净现值及概率

净现值(万元)	32.1	35	39.8	42	46.5	48.2
概率	0.1	0.1	0.3	0.2	0.2	0.1

解:根据公式(7-5),所计算的方案净现值的期望值为:

$$E(\text{NPV}) = 32.1 \times 0.1 + 35 \times 0.1 + 39.8 \times 0.3 + 42 \times 0.2$$
$$+ 46.5 \times 0.2 + 48.2 \times 0.1$$
$$= 41.17 (\text{万元})$$

即该方案净现值的期望值为 41.17 万元。

[例题 7-6] 某项目年产量为 100 万件,项目投资额、产品价格与年经营成本可能的取值与概率如表 7-4 所示。设贴现率为 10%,试求方案净现值的期望值。

表 7-4　方案的基础数据及概率

变量	年份	可能发生的各种情况及概率		
		I	II	III
投资(万元)	1	1 000(0.5)	1 200(0.3)	1 300(0.2)
	2	1 800(0.4)	1 800(0.4)	2 000(0.2)
价格(元/件)	2—10	12(0.4)	13(0.3)	14(0.3)
年经营成本(万元)	2—10	200(0.4)	220(0.3)	230(0.3)

解:由表 7-4 可求出每年净现金流量的期望值 $E(F_t)$:

$$E(F_0) = -(1000 \times 0.5 + 1200 \times 0.3 + 1300 \times 0.2)$$
$$= -1120(\text{万元})$$

$$E(F_1) = -(1\,800 \times 0.4 + 1\,800 \times 0.4 + 2\,000 \times 0.2)$$
$$= -1\,840(万元)$$
$$E(F_{2-10}) = 100 \times (12 \times 0.4 + 13 \times 0.3 + 14 \times 0.3)$$
$$\qquad - (200 \times 0.4 + 220 \times 0.3 + 230 \times 0.3)$$
$$= 1\,075(万元)$$

由此计算项目净现值的期望值为：

$$E(\text{NPV}) = \sum_{t=0}^{10} E(F_t)(P/F, i, t)$$
$$= -1\,120(1+10\%)^{-1} - 1\,840 \times (1+10\%)^{-2}$$
$$\quad + 1\,075 \times \frac{(1+10\%)^9 - 1}{0.1 \times (1+10\%)^9 \times (1+10\%)}$$
$$= 3\,089.39(万元)$$

（二）经济效果的标准差

标准差能够反映一个随机变量实际值与期望值偏离的程度。用在经济效果这一变量上，则反映了投资方案风险的大小。其一般表达式为：

$$\sigma = \sqrt{\sum_{i=1}^{n} p_i [x_i - E(x)]^2} \tag{7-6}$$

式中，σ 为变量 x 的标准差。

[**例题 7-7**] 利用表 7-3 中的数据，计算方案净现值的标准差。

解：根据公式(7-6)，所计算的方案净现值的方差为：

$$\sigma^2 = 0.1 \times (32.1 - 41.17)^2 + 0.1 \times (35 - 41.17)^2$$
$$\quad + 0.3 \times (39.8 - 41.17)^2 + 0.2 \times (42 - 41.17)^2$$
$$\quad + 0.2 \times (46.5 - 41.17)^2 + 0.1 \times (48.2 - 41.17)^2$$
$$= 23.639$$

所以标准差 $\sigma = 4.83$。

（三）经济效果的离散系数

期望值反映了随机变量的概率平均值，标准差反映了随机变量的离散程度，但它们的大小是相关的。一般而言，期望值越大则标准差也越大。因此，标准差无法准确反映不同方案的风险程度的差异。鉴于此，引入离散系数以消除期望值对离散程度的影响。其一般表达式为：

$$C = \frac{\sigma(x)}{E(x)} \tag{7-7}$$

式中，C 为离散系数。

从离散系数的表达式可以看出，离散系数是一个相对量，消除了期望值绝对值的影响，因此能更好地反映投资方案的风险程度。对于期望值相同的方案，标准差较小的方案风险较低；对于期望值不同的方案，离散系数较小的方案风险较低。

三、投资方案概率分析的应用

（一）根据期望值进行风险决策

概率分析的基本方法是计算项目净现值的期望值及净现值大于或等于零时的累积概率。当利用期望值对多个方案进行比选时只需计算净现值的期望值即可。以期望值原则为基础的风险决策方法有矩阵法和决策树法两种。

概率分析的一般步骤如下：

（1）列出各种要考虑的不确定性因素（敏感因素）；

（2）设想各种不确定性因素可能发生的情况，即其数值发生变化的几种情况；

（3）分别确定各种情况出现的可能性（概率），注意每种不确定性因素可能发生情况的概率之和必须等于1；

（4）分别求出各种可能发生事件的净现值、加权净现值，然后求出净现值的期望值；

（5）计算净现值大于或等于零的累积概率。

根据计算出的累积概率，就可得出项目风险大小的结论。

[例题7-8] 某小型改建项目需投资100万元，如当年就能投产，投产后的年净收益为45万元、38万元、33万元的概率分别为0.2、0.5和0.3；在每一收入水平下的生产期为3年和4年的概率分别为0.4和0.6。设折现率为10%，试求项目净现值的期望值和大于等于零的累积概率。

解：根据以上数据所画出的决策树如图7-2所示。

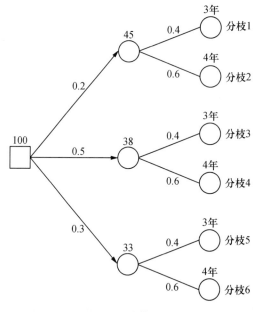

图7-2 决策树图

注：□ 表示决策点，从它引出的分枝称为方案分枝，分枝数表示备选的方案数；○ 表示状态点，从它引出的分枝称为概率分枝，表示可能发生的状态，分枝上标明这种状态出现的概率，分枝数表示可能出现的状态数。

根据图 7-2 可以算出每一分枝发生的概率和净现值。

分枝 1:年净收益 45 万元,生产期为 3 年

其可能发生的概率为:$0.2 \times 0.4 = 0.08$

净现值为:$-100(P/F,10\%,1)+45(P/A,10\%,3) = 21.00$(万元)

加权净现值为:$21.00 \times 0.08 = 1.68$(万元)

分枝 2:年净收益 45 万元,生产期为 4 年

其可能发生的概率为:$0.2 \times 0.6 = 0.12$

净现值为:$-100(P/F,10\%,1)+45(P/A,10\%,4) = 51.74$(万元)

加权净现值为:$51.74 \times 0.12 = 6.21$(万元)

分枝 3:年净收益 38 万元,生产期为 3 年

其可能发生的概率为:$0.5 \times 0.4 = 0.20$

净现值为:$-100(P/F,10\%,1)+38(P/A,10\%,3) = 3.59$(万元)

加权净现值为:$3.59 \times 0.20 = 0.72$(万元)

分枝 4:年净收益 38 万元,生产期为 4 年

其可能发生的概率为:$0.5 \times 0.6 = 0.30$

净现值为:$-100(P/F,10\%,1)+38(P/A,10\%,4) = 29.55$(万元)

加权净现值为:$29.55 \times 0.30 = 8.87$(万元)

分枝 5:年净收益 33 万元,生产期为 3 年

其可能发生的概率为:$0.3 \times 0.4 = 0.12$

净现值为:$-100(P/F,10\%,1)+33(P/A,10\%,3) = -8.84$(万元)

加权净现值为:$-8.84 \times 0.12 = -1.06$(万元)

分枝 6:年净收益 33 万元,生产期为 4 年

其可能发生的概率为:$0.3 \times 0.6 = 0.18$

净现值为:$-100(P/F,10\%,1)+33(P/A,10\%,4) = 13.70$(万元)

加权净现值为:$13.70 \times 0.18 = 2.47$(万元)

以上计算结果按加权净现值由小到大排列,如表 7-5 所示。

表 7-5　净现值累积概率表

净现值 (万元)	生产期 (年)	加权净现值 (万元)	综合概率	累积概率
33	3	-1.06	0.12	0.12
38	3	0.72	0.20	0.32
33	4	2.47	0.18	0.50
45	3	1.68	0.08	0.58
45	4	6.21	0.12	0.70
38	4	8.87	0.30	1.00

根据表 7-5 可知,净现值的期望值为:

$$E(\text{NPV}) = -1.06 + 0.72 + 2.47 + 1.68 + 6.21 + 8.87$$
$$= 18.89(\text{万元})$$

净现值大于等于零的累积概率为：
$$P(\text{NPV} \geq 0) = 1 - P(\text{NPV} < 0) = 1 - 0.12 = 0.88$$

（二）根据方差与离散系数进行风险决策

当两个方案的某一指标的期望值相等时，则需要根据标准差进行决策。当期望值不等时，还需要计算离散系数进行决策。

[例题 7-9] 某企业要从三个备选产品中选择一个进行投资。各产品的净现值及其概率情况如表 7-6 所示。请根据以下数据选择最优的投资产品。

表 7-6　A、B、C 三种产品的净现值及其概率

销售情况	概率	产品净现值（万元）		
		A	B	C
畅销	0.3	1 000	700	800
一般	0.4	650	630	655
滞销	0.3	200	527	470

解： 根据表 7-6 中的数据可计算出各产品所能带来的净现值的期望值和标准差。

$$E(\text{NPV}_A) = 1\,000 \times 0.3 + 650 \times 0.4 + 200 \times 0.3 = 620(\text{万元})$$

$$\sigma(\text{NPV}_A) = \sqrt{0.3 \times (1\,000-620)^2 + 0.4 \times (650-620)^2 + 0.3 \times (200-620)^2}$$
$$= 310.8(\text{万元})$$

$$E(\text{NPV}_B) = 700 \times 0.3 + 630 \times 0.4 + 527 \times 0.3 = 620(\text{万元})$$

$$\sigma(\text{NPV}_B) = \sqrt{0.3 \times (700-620)^2 + 0.4 \times (630-620)^2 + 0.3 \times (527-620)^2}$$
$$= 67.5(\text{万元})$$

$$E(\text{NPV}_C) = 800 \times 0.3 + 655 \times 0.4 + 470 \times 0.3 = 643(\text{万元})$$

$$\sigma(\text{NPV}_C) = \sqrt{0.3 \times (800-643)^2 + 0.4 \times (655-643)^2 + 0.3 \times (470-643)^2}$$
$$= 128.2(\text{万元})$$

根据以上结果可以看出，产品 A 与产品 B 相比，所能带来的净现值的期望值相等，都是 620 万元，但产品 A 所带来的净现值的标准差较大，为 310.8 万元；产品 B 所带来的净现值的标准差较小，为 67.5 万元。因此，产品 A 与产品 B 相比，应保留产品 B。

产品 B 与产品 C 相比，它们所能带来的净现值的期望值不同，虽然产品 C 带来的净现值略高于产品 B，但产品 C 带来的净现值的标准差较大，因而需要计算两个产品所带来的净现值的离散系数来进行决策。

产品 B 所带来的净现值的离散系数为：

$$C_B = \frac{67.5}{620} = 0.11$$

产品 C 所带来的净现值的离散系数为：

$$C_C = \frac{128.2}{643} = 0.20$$

因为 $C_B < C_C$，即产品 B 带来的风险比较小，所以应选择投资产品 B。

第四节 风险分析

一、风险分析的概念

风险分析是指识别和估计风险，并对风险的结果进行评价，为风险管理计划的制订和实施提供依据。风险分析的目的是查明项目在哪些方面、哪些地方、什么时候会出现问题，哪些地方潜藏着风险。在查明风险的基础上提出降低风险的各种行动路线和方案。因此，风险分析不仅仅是简单的风险识别、估计与评价，而是一个复杂的风险管理过程。

二、风险分析的内容

风险分析的主要内容如图 7-3 所示。

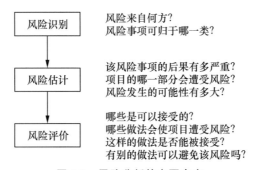

图 7-3 风险分析的主要内容

（一）风险识别

风险识别是风险分析的基础，其目的是通过系统、全面的分析与考察，发现引发项目风险的风险源，找出潜在的各种风险因素，判断其发生的可能性及对项目的影响程度。

1. 经济风险的来源

建设项目的经济风险主要来自法律法规及宏观政策、市场供需的变化、资源开发与利用的成本、数量及品质的变化、技术的可靠性、工程地质和水文地质条件的变化、融资方案、组织设计与管理、公共配套设施及社会其他方面。

2. 经济风险的因素

根据上述经济风险的来源，建设项目在经济评价阶段需要考虑的财务及经济风险因素主要包括以下六个方面：

（1）项目收益风险，如产出品的数量（或服务量）与预测价格；

（2）建设风险，如建筑安装工程量、设备选型与数量、土地征用和拆迁安置费、人工费、材料价格、机械使用费等；

（3）融资风险，如资金来源、供应量、供应成本等；

(4) 建设期风险,如工期延长、投资超支等;

(5) 运营成本费用风险,如投入的各种原材料、劳动力工资、各种管理费等;

(6) 法律法规及政策风险,如税率、利率、汇率、通货膨胀、管制政策等。

3. 风险识别的方法

风险识别的方法有问卷调查、专家调查和情境分析等。

(二) 风险估计

风险估计又称为风险估算,是在风险识别之后,通过定量分析的方法测算风险事件发生的可能性及其对项目的影响程度的一项工作。通常需要经过风险事件的概率估计和概率分布两个步骤。

(三) 风险评价

风险评价是对项目经济风险进行综合分析,是依据风险对项目经济目标的影响程度进行风险分级排序的过程。它是在风险识别和估计的基础上,通过建立风险系统评价模型,确定可能导致的损失大小,从而找到项目的关键风险,确定项目的整体风险水平。通过风险评价,有助于确定哪些风险和机会需要应对、哪些风险和机会可以接受、哪些风险和机会可以忽略,从而为应对项目风险提供科学的依据。

风险评价的判别标准是经济指标的累积概率和标准差。通常情况下,财务(经济)内部收益率大于等于基准收益率或者财务(经济)净现值大于等于零的累积概率值越大,风险越小;标准差越小,风险越小。

三、风险评价的方法

风险评价的方法很多,在此仅介绍两种常用的方法。

(一) 专家调查法

专家调查法是凭借专家(包括可行性研究人员和决策者等)的经验、判断能力对项目各类风险因素及其风险程度做出定性估计的一种方法。专家调查法简单,易操作。专家调查法主要包括集思广益法和德尔菲法(Delphi)(两种方法的具体分析步骤请参考有关书籍)。另外,专家调查法是获得主观概率的基本方法。

(二) 层次分析法

层次分析法(简称 AHP 法),是一种多准则决策分析方法,在风险分析中它有两种用途:一是逐层分解识别风险因素(见图 7-4),直至最基本的风险因素,也称正向分解;二是两两比较同一层次风险因素的重要程度,列出该层风险因素的判断矩阵(判断矩阵可由专家调查法得出),判断矩阵的特征根就是该层次各个风险因素的权重,利用权重与同层次风险因素概率分布的组合,求得上一层风险的概率分布,直至求出总目标的概率分布,也称反向合成。

运用层次分析法解决实际问题一般包括以下五个步骤:

(1) 建立所研究问题的递阶层次结构;

(2) 构造两两比较判断矩阵;

(3) 由判断矩阵计算被比较元素的相对权重;

(4) 计算各层元素的组合权重;

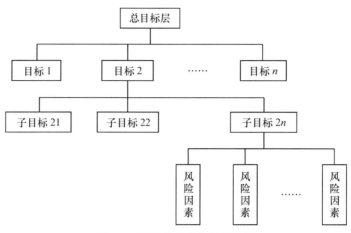

图 7-4 风险分析的递阶层次图

(5) 将各子项的权重与子项的风险概率分布加权叠加,即得出项目的经济风险概率分布。

[例题 7-10] 某公司承建我国对非洲某国家的援建项目。该项目具有以下特点:
(1) 施工地域特殊,材料采购、运输及管理难度大;
(2) 对施工地国家的法律、法规、技术规范不熟悉;
(3) 施工场地地形复杂,施工难度大;
(4) 工程设计与施工由多家企业参与,施工过程的组织管理难度大。

要求:识别并确定该项目的风险。

解:(1) 首先对项目进行风险识别。

进行项目风险管理的第一步是进行风险识别。本例采用专家调查法,让专家对该项目可能存在的风险源及风险因素充分发表意见,并两两比较风险事件发生的可能性。根据专家讨论结果,得出该项目风险的层次模型,如图 7-5 所示。

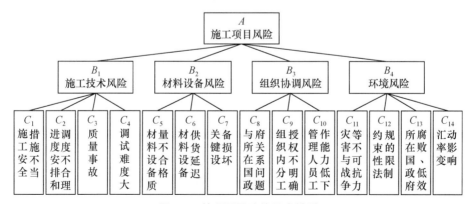

图 7-5 某项目风险的层次模型

(2) 构造两两比较判断矩阵,并进行一致性检验。

风险分析层次模型确定后,采用专家打分法对众多风险因素进行两两比较评分,从而判断确定下层元素就上层某元素而言的相对重要性。判断准则可按表 7-7 进行。

表 7-7　评判准则表

分值	定义
1	i 因素与 j 因素同样重要
3	i 因素比 j 因素略重要
5	i 因素比 j 因素稍重要
7	i 因素比 j 因素重要得多
9	i 因素比 j 因素重要很多
2,4,6,8	i 与 j 两因素重要性比较结果处于以上结果的中间
倒数	j 与 i 两因素重要性比较结果是 i 与 j 两因素重要性比较结果的倒数

根据表 7-7，运用评分法得到两两比较判断矩阵，并对矩阵进行单层次排序及一致性检验。所得结果如表 7-8 至表 7-13 所示。

表 7-8　RI 取值表

阶数	1	2	3	4	5	6	7	8	9
RI	0.00	0.00	0.58	0.90	1.12	1.24	1.32	1.41	1.45

表 7-9　判断矩阵 $A—B$

A	B_1	B_2	B_3	B_4
B_1	1	2	3	2
B_2	1/2	1	2	1
B_3	1/3	1/2	1	1/2
B_4	1/2	1	2	1

由此矩阵求得：$w=(0.42,0.23,0.12,0.23)$，$\lambda_{\max}=4.012$，随机一致性比 CI/RI=0.004<0.1，满足一致性要求。

表 7-10　判断矩阵 $B—C$

B_1	C_1	C_2	C_3	C_4
C_1	1	2	1	3
C_2	1/2	1	1/2	2
C_3	1	2	1	2
C_4	1/3	1/2	1/2	1

由此矩阵求得：$w=(0.36,0.19,0.32,0.13)$，$\lambda_{\max}=4.050$，随机一致性比 CI/RI=0.019<0.1，满足一致性要求。

表 7-11　判断矩阵 $B—C$

B_2	C_5	C_6	C_7
C_5	1	2	1/2
C_6	1/2	1	1/2
C_7	2	2	1

由此矩阵求得：$w=(0.31,0.20,0.49)$，$\lambda_{max}=3.060$，随机一致性比 CI/RI$=0.052<0.1$，满足一致性要求。

表 7-12　判断矩阵 **B—C**

B_3	C_8	C_9	C_{10}
C_8	1	2	3
C_9	1/2	1	2
C_{10}	1/3	1/2	1

由此矩阵求得：$w=(0.54,0.30,0.16)$，$\lambda_{max}=3.011$，随机一致性比 CI/RI$=0.010<0.1$，满足一致性要求。

表 7-13　判断矩阵 **B—C**

B_4	C_{11}	C_{12}	C_{13}	C_{14}
C_{11}	1	7	5	3
C_{12}	1/7	1	1/2	1/3
C_{13}	1/5	2	1	1/2
C_{14}	1/3	3	2	1

由此矩阵求得：$w=(0.59,0.07,0.12,0.22)$，$\lambda_{max}=4.028$，随机一致性比 CI/RI$=0.010<0.1$，满足一致性要求。

（3）汇总计算结果，得出各评价指标的权重。

汇总以上结果，所得各风险评价指标的权重如表 7-14 所示。

表 7-14　项目建设风险评价指标汇总表

层次	B_1 0.42	B_2 0.23	B_3 0.12	B_4 0.23	权重
C_1	0.36				0.1512
C_2	0.19				0.0798
C_3	0.32				0.1344
C_4	0.13				0.0546
C_5		0.31			0.0713
C_6		0.20			0.0460
C_7		0.49			0.1127
C_8			0.54		0.0648
C_9			0.30		0.0360
C_{10}			0.16		0.0192
C_{11}				0.59	0.1357
C_{12}				0.07	0.0161
C_{13}				0.12	0.0276
C_{14}				0.22	0.0506

按权重对表 7-14 进行排序,得到表 7-15。

表 7-15 项目建设风险评价指标权重排序表

层次	权重	累计权重	分类
C_1	0.1512	0.1512	A
C_{11}	0.1357	0.2869	A
C_3	0.1344	0.4213	A
C_7	0.1127	0.5340	A
C_2	0.0798	0.6138	A
C_5	0.0713	0.6851	A
C_8	0.0648	0.7499	A
C_4	0.0546	0.8045	B
C_{14}	0.0506	0.8551	B
C_6	0.0460	0.9011	B
C_9	0.0360	0.9371	B
C_{13}	0.0276	0.9647	C
C_{10}	0.0192	0.9839	C
C_{12}	0.0161	1	C

将累计权重小于 0.8 的因素归为重要因素,通过以上分析可知,项目的主要风险因素依次为:施工安全措施不当、灾害与战争等不可抗力、质量事故、关键设备损坏、进度安排和调度不合理、材料设备质量不合格、与所在国政府关系问题。

本章小结

1. 不确定性分析是工程经济分析中不容忽视的重要内容。不确定性分析就是要识别、找出并估计不确定因素对项目收益的影响程度。由于不同因素变化的可能性和影响程度不同,因此把握那些对方案经济效果影响最大的因素,就能有效地减少项目的不确定性,从而提高投资决策的可靠性以及项目的风险防范能力。

2. 在不确定性分析中,盈亏平衡分析需要对项目的主要参数如产量、售价和成本等进行估计,找出项目盈利和亏损在产量、单价、成本等方面的临界点,据此判断投资项目风险的大小和对风险的承受能力,为投资决策提供依据。但用盈亏平衡分析方法只能粗略地分析项目的抗风险性。

3. 敏感性分析是指分析、预测各种不确定性因素变化一定幅度时,对项目经济效果的影响程度。不确定性因素中对方案经济效果影响较大的因素,就是敏感因素。在找出敏感因素后,还要确定其对项目经济效果的影响程度,分析项目所能承受的风险大小,从而为提高项目预测的可靠性和决策的准确性提供依据。但敏感性分析只能确定敏感性因素,无法明确不确定性因素的变化引起项目经济指标变动的可能性的大小。

4. 概率分析是一种利用概率值定量研究预测不确定性因素对项目经济指标影响的方法。进行概率分析首先要确定影响项目经济效果的变量及其可能的变动范围,以此确定变量在此范围内的分布概率。在此基础上,计算反映项目经济效果指标的期望值、累积概率、标准差及离差系数等来反映方案的风险程度。

5. 建设项目的经济风险主要来源于法律法规及宏观政策、市场供需的变化、资源开发与利用的成本、数量及品质的变化、技术的可靠性、工程地质和水文地质条件的变化、融资方案、组织设计与管理、公共配套设施及社会其他方面。风险分析的目的是查明项目在哪些方面、哪些地方、什么时候会出现问题,哪些地方潜藏着风险。在查明风险的基础上,提出降低风险的各种行动路线和方案。风险分析包括风险识别、估计与评价三个步骤。

思考练习题

1. 为什么在工程经济分析中要考虑不确定性因素的影响?
2. 不确定性因素的来源是什么?
3. 进行不确定性分析有哪几种方法?
4. 可以用哪些参数来描述盈亏平衡点?
5. 试述盈亏平衡分析在项目经济风险中应用的局限性。
6. 为什么要进行敏感性分析?
7. 敏感性分析的基本步骤是什么?
8. 风险分析与敏感性分析各自的作用是什么?
9. 简述概率分析的决策方法。
10. 简述风险分析的目的和主要步骤。
11. 项目的经济风险来源有哪些?
12. 简述层次分析法的步骤。
13. 徐同学买了一台数码相机,打算通过出租相机来勤工俭学。该相机的购置成本为1500元,出租一台相机所用的联络费用为1元,相机出租一天的收入为10元。请问:徐同学要出租相机多少天才能收回成本?
14. 假设徐同学的相机天天都可以租出去,如果他想在150天内收回成本,则至少要租多少钱一天?
15. 某产品计划产量为每年5 000件,销售单价为205元,每年固定成本为100 000元,单位产品可变成本为125元。

试计算:

(1) 盈亏平衡点产量。

(2) 若年固定成本、计划产量和单位产品可变成本不变,销售单价定为多少时才不亏损?

(3) 若产品销售单价、计划产量和年固定成本不变,单位产品可变成本为多少时才不亏损?

(4) 若企业所得税税率为25%,企业每年的净利润为多少?

16. 某企业生产某产品的固定成本为 500 万元，变动成本为 15 元/件。设产品价格为 50 元/件，目标利润为 3000 万元，求实现该目标的产销量，同时找出生产该产品的盈亏平衡点。

17. 参看例题 7-4，如果投资额、经营成本和产品价格均有可能在 ±30% 的范围内变动，请重新分析上述三个因素的敏感性。

18. 张同学要从三个备选基金中选择一个进行 1 万元的投资。各基金的净现值及其概率情况如练表 7-1 所示。请根据练表 7-1 中的数据选择最优的投资产品。

练表 7-1　A、B、C 产品的净现值及其概率

股市	概率	产品净现值（万元）		
		A	B	C
牛市	0.3	1400	1200	1300
一般	0.5	1150	1030	1100
熊市	0.2	900	727	870

21世纪经济与管理规划教材
管理科学与工程系列

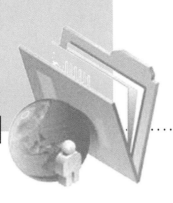

第八章 财务评价

本章主要阐述财务评价的基本内容、主要指标、基本报表和基本程序。通过学习,要求熟悉财务评价的基本内容、财务评价指标、基本财务报表和基本程序;熟练掌握财务评价的主要指标的计算、全部投资现金流量表的编制;熟知财务报表之间的关系;了解财务评价指标与财务报表之间的关系。

第一节　财务评价的基本内容

一、财务评价的目的

(一) 财务评价的含义

财务评价是在国家现行财税制度和价格体系下,从项目的角度出发,计算项目范围内的财务效益和费用,分析项目的盈利能力和偿债能力,据此评价和判断项目财务可行性的一种经济评价方法。

(二) 财务评价的主要内容

财务评价主要是考察项目的盈利能力、偿债能力和财务生存能力。

(1) **盈利能力**。盈利能力是指项目建成投产后所产生的利润和税金等。

(2) **偿债能力**。偿债能力是指项目偿还建设投资借款和清偿债务的能力。

(3) **财务生存能力**。财务生存能力是指项目计算期内净现金流量用以维持正常运营,实现财务可持续性的能力。

(三) 财务评价的目的

财务评价是从投资项目或企业角度对项目进行的经济分析。其主要目的是:

(1) 分析投资效果,判明企业投资所获得的实际利益。

(2) 为企业制订资金规划。

(3) 为协调企业利益和国家利益提供依据。财务评价可以通过考察有关经济参数(如价格、税收、利率、补贴等)变动对分析结果的影响,寻找经济调节的方式和幅度,使企业利益和国家利益趋于一致。

二、财务评价的主要内容

财务评价的内容应与项目性质和项目目标相联系。

(一) 项目性质

1. 营利性项目

对于营利性项目,财务评价的主要内容为项目的盈利能力、偿债能力和财务生存能力。通过编制财务报表,计算财务指标,分析项目的盈利能力、偿债能力和财务生存能力,判断项目的财务可接受性,明确项目对财务主体及投资者的价值贡献,为投资决策和融资决策提供依据。

2. 非营利性项目

对于为社会提供公共产品(服务),或以保护环境为目标的非营利性项目,财务评价重在分析项目的财务生存能力。

(二) 项目目标

当投资者判别投资活动的盈利能力、考查项目方案设计的合理性时,需要进行融资前分析;当投资者进行融资方案决策时,需要进行融资后分析。

通常情况下,财务评价应先进行融资前分析,在融资前分析结论满足要求的情况下,初步设定融资方案,再进行融资后分析。

1. 融资前分析

融资前分析应以动态分析(折现现金流量分析)为主,静态分析为辅。

(1) 动态分析。融资前动态分析应以营业收入、建设投资、经营成本和流动资金的估算为基础,考察整个计算期内现金流入和现金流出,编制项目投资财务现金流量表,计算项目投资财务内部收益率、项目投资财务净现值等指标。

融资前折现现金流量分析排除了融资方案的影响,从项目投资获利能力的角度,考察项目方案设计的合理性。融资前分析计算的相关指标,应作为初步投资决策与融资方案研究的基础。

(2) 静态分析。融资前分析也可以计算静态投资回收期指标,用以反映项目收回初始投资所需的时间。

根据分析角度的不同,融资前分析可选择计算所得税前指标和(或)所得税后指标。

2. 融资后分析

融资后分析应以融资前分析和初步的融资方案为基础,考察项目在特定融资方案下的盈利能力、偿债能力和财务生存能力,判断项目方案在融资条件下的可行性。

融资后的财务盈利能力分析,包括动态分析(折现现金流量分析)和静态分析两种。

(1) 动态分析。

动态分析包括下列两个层次:① 项目资本金财务现金流量分析。在拟订的融资方案下,从项目资本金投入者整体的角度,确定其现金流入和现金流出,编制项目资本金财务现金流量表,计算项目资本金财务内部收益率指标,考察项目资本金可获得的收益水平。② 投资各方财务现金流量分析。从投资各方实际收入和支出的角度,确定其现金流入和现金流出,分别编制投资各方财务现金流量表,计算投资各方的财务内部收益率指标,考察投资各方可能获得的收益水平。当投资各方不按股本比例进行分配或有其他不对等的收益时,可选择进行投资各方财务现金流量分析。

(2) 静态分析。

静态分析主要依据利润与利润分配表,计算项目资本金净利润率和总投资收益率指标。

静态盈利能力分析可以根据项目的具体情况进行选择。

第二节 财务评价的主要指标

根据财务评价主要内容的需要,财务评价指标主要包括三类,即盈利能力、偿债能力和生存能力指标。

一、盈利能力分析

盈利能力分析的主要指标有项目投资财务内部收益率、项目投资财务净现值、项目资本金财务内部收益率等动态指标和投资回收期、总投资收益率、项目资本金净利润率等静态指标。在进行项目的财务评价时,可根据项目的特点及财务分析的目的、要求等进行选用。

1. 财务内部收益率

财务内部收益率（FIRR）是指使项目计算期内净现金流量现值累计等于零时的折现率。

根据分析视角的不同，财务内部收益率主要包括三个指标。

（1）项目投资财务内部收益率。项目投资财务内部收益率体现了项目全部投资的盈利能力。该指标可用于对项目本身设计合理性进行评价。

当计算的项目投资财务内部收益率大于或等于行业规定的基准收益率（i_c）时，说明项目投资获利水平达到了规定的要求（行业的平均水平），即项目投资是合理的。

（2）项目资本金内部收益率。项目资本金内部收益率指标体现了在一定的融资方案下，投资者整体所能获得的权益性收益水平。该指标可用来对融资方案进行比较和取舍。

当计算的项目资本金内部收益率大于或等于项目投资者整体对投资获利的最低期望值（即最低可接受收益率）时，说明投资获利水平超过或达到了要求，项目是可以接受的。

最低可接受收益率的确定主要取决于当时的资本收益水平以及投资者对权益资本收益的要求。它与资金机会成本和投资者对风险的态度有关。

（3）投资各方内部收益率。投资各方内部收益率体现了投资各方的收益水平。

2. 财务净现值

财务净现值（FNPV）是指按设定的折现率（一般采用基准收益率 i_c）计算的项目计算期内净现金流量的现值之和。

一般情况下，财务盈利能力分析只计算项目投资财务净现值，可根据需要选择计算所得税前净现值或所得税后净现值。

若在设定的折现率下计算的财务净现值大于等于零，项目方案在财务上可考虑接受。

3. 项目投资回收期

项目投资回收期（P_t）是指以项目的净收益回收项目投资所需要的时间，一般以年为单位。项目投资回收期宜从项目建设开始年算起，若从项目投产开始年计算，应予以特别注明。对于一般项目，若投资回收期短，表明项目的盈利能力强，投资回收快，抗风险能力强。

4. 总投资收益率

总投资收益率（ROI）表示总投资的盈利水平，是指项目达到设计能力后正常年份的年息税前利润或运营期内年平均息税前利润（EBIT）与项目总投资（TI）的比率。

总投资收益率的计算公式为：

$$\text{ROI} = \frac{\text{EBIT}}{\text{TI}} \times 100\% \qquad (8-1)$$

式中，TI 为项目总投资，EBIT 为项目正常年份的年息税前利润或运营期内年平均息税前利润。

总投资收益率高于同行业的收益率参考值，表明用总投资收益率表示的盈利能力满足要求。

5. 项目资本金净利润率

项目资本金净利润率(ROE)表示项目资本金的盈利水平，是指项目达到设计能力后正常年份的年净利润或运营期内年平均净利润(NP)与项目资本金(EC)的比率。

项目资本金净利润率的计算公式为：

$$\text{ROE} = \frac{\text{NP}}{\text{EC}} \times 100\% \tag{8-2}$$

式中，NP 为项目正常年份的年净利润或运营期内年平均净利润，EC 为项目资本金。

项目资本金净利润率高于同行业的净利润率参考值，表明用项目资本金净利润率表示的盈利能力满足要求。

二、偿债能力分析

偿债能力分析指标包括利息备付率(ICR)、偿债备付率(DSCR)和资产负债率(LOAR)。

1. 利息备付率

利息备付率是指在借款偿还期内的息税前利润与应付利息(PI)的比值，它从付息资金来源的充裕性角度反映项目偿付债务利息的保障程度和支付能力。其计算公式为：

$$\text{ICR} = \frac{\text{EBIT}}{\text{PI}} \tag{8-3}$$

式中，EBIT 为息税前利润，PI 为计入总成本费用的全部利息。

利息备付率可以分年计算，也可按整个借款偿还期综合计算。分年计算的利息备付率更能反映项目的偿债能力。

利息备付率高，表明利息偿付的保障程度高，风险小。利息备付率应大于1，并可根据债权人的要求判定。

2. 偿债备付率

偿债备付率是指在借款偿还期内，可用于还本付息的资金(EBITDA $-T_{\text{AX}}-$IC)与应还本付息金额(PD)的比值。其计算公式为：

$$\text{DSCR} = \frac{\text{EBITDA} - T_{\text{AX}} - \text{IC}}{\text{PD}} \tag{8-4}$$

式中，EBITDA 为息税前利润加折旧和摊销；T_{AX} 为所得税；IC 为运营期维护运营的投资；PD 为应还本付息金额，包括还本金额、计入总成本费用的全部利息。融资租赁费用支出可视同借款本金偿还。运营期内的短期借款本息也应纳入计算。

偿债备付率可按年计算，也可按整个借款偿还期综合计算。分年计算的偿债备付率更能反映偿债能力。

偿债备付率表示可用于还本付息的资金偿还借款本息的保障率。偿债备付率应大于1，并可根据债权人的要求确定。

3. 资产负债率

资产负债率是指年末负债总额(TL)同资产总额(TA)的比率。其计算公式为：

$$\text{LOAR} = \frac{\text{TL}}{\text{TA}} \times 100\% \tag{8-5}$$

式中，TL 为年末负债总额，TA 为年末资产总额。

资产负债率低，表明企业和债权人的风险较小，也表明企业经营安全、稳健，具有较强的筹资能力。对该指标的分析，应结合国家宏观经济状况、行业发展趋势、企业所处竞争环境等具体条件判定。在项目经济评价中，在长期债务还清后的年份可不计算资产负债率。

项目可用于还款的资金来源主要包括息税前利润、折旧费和摊销费。当还款资金不足时，可通过短期融资或从原有企业取得可供还款的资金，以满足资金需求。

三、财务生存能力分析

财务生存能力分析应在财务分析辅助表和利润与利润分配表的基础上编制财务计划现金流量表，通过合并项目计算期内的投资、融资和经营活动所产生的各项现金流入和流出，计算净现金流量和累计盈余资金，分析项目是否有足够的净现金流量维持正常运营，以实现财务可持续性。

财务可持续性首先体现在有足够大的经营活动净现金流量，其次体现在各年累计盈余资金不应出现负值。若出现负值，应进行短期借款，同时分析短期借款的年份长短和数额大小，判断财务可持续性是否受到影响。短期借款应体现在财务计划现金流量表中，其利息需计入财务费用。

第三节　财务评价的基本报表

一、财务评价的基本报表

财务评价报表主要包括各类财务现金流量表、利润与利润分配表、财务计划现金流量表、资产负债表和借款还本付息计划表。

（一）财务现金流量表

财务现金流量表是用来反映计算期内的现金流入和流出，用于计算财务内部收益率及财务净现值等指标的一张报表。财务现金流量表可分为三种。

1. 项目投资财务现金流量表

项目投资财务现金流量表主要用于融资前项目投资现金流量分析，是从项目投资总获利能力角度，通过计算项目投资财务内部收益率及净现值等财务分析指标，考察项目全部投资的盈利能力和项目设计合理性的一张报表。

根据需要，可从所得税前和所得税后两个角度，选择计算所得税前和所得税后的指标。

融资前财务分析的现金流量与融资方案无关。从该原则出发，融资前项目投资现金流量包括营业收入、建设投资、流动资金、经营成本、营业税金及附加和所得税。

所得税前财务分析的现金流入主要是营业收入，还有可能包括补贴收入，在计算期的最后一年，还包括回收固定资产余值和回收流动资金。

现金流出量主要包括建设投资、流动资金、经营成本、营业税金及附加。另外,运营期内发生的设备或设施的更新费用以及矿山、石油开采项目的拓展费用等(记作维持运营投资),也应作为现金流出。

所得税前指标不受融资方案和所得税政策变化的影响,仅仅体现项目方案本身的合理性,因此,可以作为初步投资决策的主要指标,用于考察项目是否可行、是否值得融资。项目投资现金流量表的具体结构如表 8-1 所示。

2. 项目资本金现金流量表

项目资本金现金流量表是从项目权益投资者整体的角度,考察项目给项目权益投资者(项目发起人)带来收益水平的一张报表。它是在拟订的融资方案基础上进行的息税后分析。该表主要用于计算项目资本金财务内部收益率。

项目资本金现金流量表将各年投入项目的项目资本金作为现金流出,各年交付的所得税和还本付息也作为现金流出,因此其净现金流量可以表示为缴税和还本付息之后的剩余,即项目(或企业)增加的净收益,也是投资者的权益性收益。

表 8-1 项目投资现金流量表　　　　　　　　单位:万元

序号	项目	合计	计算期				
1	现金流入						
1.1	营业收入						
1.2	补贴收入						
1.3	回收固定资产余值						
1.4	回收流动资金						
2	现金流出						
2.1	建设投资						
2.2	流动资金						
2.3	经营成本						
2.4	营业税金及附加						
2.5	维护运营投资						
3	所得税前净现金流量(1−2)						
4	累计所得税前净现金流量						
5	调整所得税						
6	所得税后净现金流量(3−5)						
7	累计所得税后净现金流量						

计算指标:
　　项目投资财务内部收益率(%)(所得税前)
　　项目投资财务内部收益率(%)(所得税后)
　　项目投资财务净现值(所得税前)($i_c=$ %)
　　项目投资财务净现值(所得税后)($i_c=$ %)
　　项目投资回收期(年)(所得税前)
　　项目投资回收期(年)(所得税后)

注:调整所得税是指以息税前利润为基数计算的所得税。

项目资本金现金流量表的具体结构如表 8-2 所示。

表 8-2 项目资本金现金流量表　　　　　　　　单位：万元

序号	项目	合计	计算期				
1	现金流入						
1.1	营业收入						
1.2	补贴收入						
1.3	回收固定资产余值						
1.4	回收流动资金						
2	现金流出						
2.1	项目资本金						
2.2	借款本金偿还						
2.3	借款利息支付						
2.4	经营成本						
2.5	营业税金及附加						
2.6	所得税						
2.7	维护运营投资						
3	净现金流量（1－2）						

计算指标：
　　资本金财务内部收益率（%）

注：项目资本金包括用于建设投资、建设期利息和流动资金的资金；对外商投资项目，现金流出中应增加职工奖励及福利基金科目；本表用于新设法人项目与既有法人项目"有项目"的现金流量分析。

3. 投资各方财务现金流量表

投资各方财务现金流量表用于计算投资各方财务内部收益率。

（二）利润与利润分配表

利润与利润分配表是反映项目计算期内各年营业收入、总成本费用、利润总额等情况，以及所得税后利润的分配，用于计算总投资收益率、项目资本金净利润率等指标的一张报表。

利润与利润分配表的具体结构如表 8-3 所示。

（三）财务计划现金流量表

财务计划现金流量表是反映项目计算期内各年的投资、融资及经营活动的现金流入和流出，用于计算净现金流量和累计盈余资金，分析项目是否有足够的净现金流量维持正常运营，实现财务可持续性的一张报表。财务计划现金流量表的基本结构如表 8-4 所示。

表 8-3 利润与利润分配表　　　　　　　　人民币单位：万元

序号	项目	合计	计算期			
1	营业收入					
2	营业税金及附加					

(续表)

序号	项目	合计	计算期				
3	总成本费用						
4	补贴收入						
5	利润总额(1-2-3+4)						
6	弥补以前年度亏损						
7	应纳税所得额(5-6)						
8	所得税(25%)						
9	净利润						
10	期初未分配利润						
11	可供分配利润(9+10)						
12	提取法定盈余公积金						
13	可供投资者分配的利润(11-12)						
14	应付优先股股利						
15	提取任意盈余公积金						
16	应付普通股股利(13-14-15)						
17	各投资方利润分配						
	其中:甲方股利						
	乙方股利						
18	未分配利润(13-14-15-17)						
19	息税前利润 (利润总额+利息支出)						
20	息税折旧摊销前利润 (息税前利润+折旧+摊销)						

注:① 对于外商投资项目,由第11项减去储备基金、职工奖励与福利基金和企业发展基金(外商独资项目可不列入企业发展基金)后,得出可供投资者分配的利润;
② 法定盈余公积金按净利润计提。

表 8-4 财务计划现金流量表　　　　　　　　　　　　单位:万元

序号	项目	合计	计算期				
1	经营活动净现金流量(1.1-1.2)						
1.1	现金流入						
1.1.1	营业收入						
1.1.2	增值税销项税额						
1.1.3	补贴收入						
1.1.4	其他流入						
1.2	现金流出						
1.2.1	经营成本						

(续表)

序号	项目	合计	计算期					
1.2.2	增值税进项税额							
1.2.3	营业税金及附加							
1.2.4	增值税							
1.2.5	所得税							
1.2.6	其他流出							
2	投资活动净现金流量(2.1－2.2)							
2.1	现金流入							
2.2	现金流出							
2.2.1	建设投资							
2.2.2	维护运营投资							
2.2.3	流动资金							
2.2.4	其他流出							
3	筹资活动净现金流量(3.1－3.2)							
3.1	现金流入							
3.1.1	项目资本金投入							
3.1.2	建设投资借款							
3.1.3	流动资金借款							
3.1.4	债券							
3.1.5	短期借款							
3.1.6	其他流入							
3.2	现金流出							
3.2.1	各种利息支出							
3.2.2	偿还债务本金							
3.2.3	应付利润(股利分配)							
3.2.4	其他流出							
4	净现金流量(1＋2＋3)							
5	累计盈余资金							

注:对于新设法人项目,本表投资活动的现金流入为零;对于既有法人项目,可适当增加科目;必要时,现金流出中可增加应付优先股股利科目;对于外商投资项目,应将职工奖励与福利基金作为经营活动现金流出。

(四)资产负债表

资产负债表用于计算资产负债率,综合反映项目计算期内各年年末资产、负债和所有者权益的增减变化及对应关系。资产负债表的基本结构如表 8-5 所示。

表 8-5　资产负债表　　　　　　　　　　　　　　　　　　　　单位：万元

序号	项目	合计	计算期					
1	资产							
1.1	流动资产总额							
1.1.1	货币资金							
1.1.2	应收账款							
1.1.3	预付账款							
1.1.4	存货							
1.1.5	其他							
1.2	在建工程							
1.3	固定资产净值							
1.4	无形及其他资产净值							
2	负债及所有者权益(2.4+2.5)							
2.1	流动负债总额							
2.1.1	短期借款							
2.1.2	应付账款							
2.1.3	预收账款							
2.1.4	其他							
2.2	长期借款							
2.3	流动资金借款							
2.4	负债小计(2.1+2.2+2.3)							
2.5	所有者权益							
2.5.1	资本金							
2.5.2	资本公积							
2.5.3	累计盈余公积金							
2.5.4	累计未分配利润							

计算指标：
资产负债率(%)
流动比率(%)

（五）借款还本付息计划表

借款还本付息计划表反映项目计算期内各年借款本金偿还和利息支付情况,用于计算偿债备付率和利息备付率指标。借款还本付息计划表的基本结构如表 8-6 所示。

表 8-6 借款还本付息计划表　　　　　　　　　　　　单位：万元

序号	项目	合计	计算期				
1	借款1						
1.1	期初借款余额						
1.2	当期还本付息						
	其中:还本						
	付息						
1.3	期末借款余额						
2	借款2						
2.1	期初借款余额						
2.2	当期还本付息						
	其中:还本						
	付息						
2.3	期末借款余额						
3	债券						
3.1	期初债务余额						
3.2	当期还本付息						
	其中:还本						
	付息						
3.3	期末债务余额						
4	借款和债券合计						
4.1	期初余额						
4.2	当期还本付息						
	其中:还本						
	付息						
4.3	期末余额						
计算指标	偿债备付率						
	利息备付率						

二、基本财务报表与评价指标的对应关系

通过第八章第二节、第三节的介绍可以发现,在对项目进行财务评价的过程中,评价项目的类型、评价目标、评价视角决定了所采用的基本报表和财务评价指标。它们之间的对应关系如表8-7所示。

表 8-7 项目经济评价指标和基本报表

评价内容	基本报表	财务评价指标		融资前	融资后
		静态	动态		
盈利能力分析	项目投资财务现金流量表	投资回收期	财务内部收益率、财务净现值	√	
	项目资本金现金流量表		财务内部收益率		√
	投资各方财务现金流量表		投资各方财务内部收益率		√
	利润与利润分配表	总投资收益率			√
生存能力分析	财务计划现金流量表	净现金流量、累计盈余资金			√
偿债能力分析	资产负债表	资产负债率			√
	借款还本付息计划表	利息备付率、偿债备付率			√

第四节 财务评价的基本程序

为了科学、准确地完成符合国家发改委及行业审批要求的财务评价报告,财务评价应按照如下程序进行:

(1) 分析和估算项目的财务数据。在对投资项目的总体进行了解和对市场、环境、技术方案充分调查和掌握的基础上,收集预测财务评价的基础数据,如投资、收入、成本、税金和利润等。

(2) 编制财务评价的基本报表。根据项目财务评价的基本要求、内容,在基础财务报表编制的基础上,完成盈利能力分析、偿债能力分析及生存能力分析所需要的相关财务报表。

(3) 计算和分析财务效果。根据相关的财务报表,计算相应的评价指标。

(4) 提出财务评价的分析结论。

(5) 进行不确定性分析。根据财务评价的基本结论,利用盈亏平衡分析、敏感性分析和概率分析等方法,对项目适应市场变化的能力和抗风险能力进行分析。

财务评价的基本分析程序如图 8-1 所示。

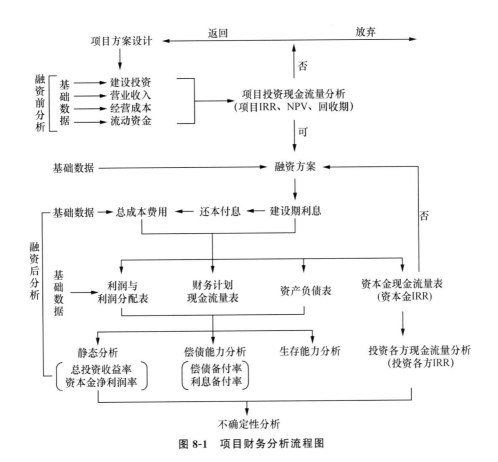

图 8-1 项目财务分析流程图

第五节 案 例

西安三优齿轮有限公司是李先生和他的同学合伙出资成立的有限责任公司。根据市场调研,李先生准备投资 70 万元进行优质齿轮的生产和经营活动。据测算,项目需要固定资产投资 50 万元,其中资本金为 30 万元(李先生出资 20 万元,他的同学出资 10 万元,李先生和他的同学希望得到的收益率为 30%)、贷款为 20 万元、利率为 10%。项目于当年建成投产。投产时需流动资金 20 万元(全部为贷款,利率为 10%),生产期为 4 年。4 年后固定资产残值为 11 万元。

据预测,项目每年的生产量为 1 000 件,每件产品的售价为 727 元(不含税)。

项目每年的成本如下:

直接材料费(外购不含税)21.4 万元,直接人工费 8 万元,制造费(不含折旧)4 万元,销售费用 3 万元,管理费用 10 万元。

根据有关规定,公司须向国家缴纳相应的税金。教育费附加税为 3%,城市维护建设税为 5%,所得税为 25%。

请问:西安三优齿轮有限公司的投资活动是否合理?盈利性如何?项目风险大小如何?贷款偿还能力如何?李先生和他的合伙投资人的投资活动是否科学?

为了回答上述问题，必须进行财务评价。根据题目可知，项目的方案为年产1 000件优质齿轮。

由于该项目是盈利项目，同时也是新建项目。根据国家发改委的有关规定，只需要对项目的盈利能力、偿债能力和财务生存能力进行分析与评价。

1. 财务预测和基础财务报表编制

根据项目预测的数据，首先可以编制投资计划及资金筹措表，如表8-8所示。

表 8-8　投资计划及资金筹措表　　　　　　　　　　　　　　　单位：万元

序号	项目	年 1	2	合计
1	总投资	51	20	71
1.1	固定资产投资	50	0	50
1.2	固定资产调节税	按0税率	0	0
1.3	建设期利息	1*	0	1
1.4	流动资金	0	20	20
2	资金筹措	51	20	71
2.1	自有资金	30	0	30
2.2	借款	21	20	41
2.2.1	长期借款	21	0	21
2.2.2	流动资金借款	0	20	20
2.2.3	其他短期借款	0	0	0
2.3	其他	0	0	0

注：* 国家目前已取消固定资产投资方向调节税，故本案例中按0税率计。

在向银行申请贷款时，银行要求李先生按照等额归还本金及相应利息的方式归还贷款，贷款期限为2年。根据与银行签订的贷款协议，本项目做出如下还款计划：生产的第1年归还本金10.5万元，利息2.1万元；第2年归还本金10.5万元，利息1.05万元（为计算方便起见，四舍五入为1.1万元）。

根据还款计划及有关成本的估算结果编制成本表，如表8-9所示。

表 8-9　成本表　　　　　　　　　　　　　　　　　　　　　单位：万元

序号	项目　年份	2	3	4	5
1	直接材料费	21.4	21.4	21.4	21.4
2	直接人工费	8	8	8	8
3	折旧	10	10	10	10
4	制造费用(不含折旧)	4	4	4	4
5	销售费用	3	3	3	3
6	管理费用	10	10	10	10
7	财务费用	4.1	3.1	2	2
8	总成本费用	60.5	59.5	58.4	58.4
9	经营成本	46.4	46.4	46.4	46.4

根据表 8-9 及市场调查所得到的收入的基本信息编制利润与利润分配表,如表 8-10 所示。

表 8-10 利润与利润分配表　　　　　　　　　　　　　　　　　　　　单位:万元

序号	项目	合计	计算期			
			2	3	4	5
1	营业收入		72.7	72.7	72.7	72.7
2	营业税金及附加		0.7	0.7	0.7	0.7
3	总成本费用		60.5	59.5	58.4	58.4
4	补贴收入					
5	利润总额(1−2−3+4)		11.5	12.5	13.6	13.6
6	弥补以前年度亏损					
7	应纳税所得额(5−6)		11.5	12.5	13.6	13.6
8	所得税(25%)		2.875	3.125	3.4	3.4
9	净利润		8.625	9.375	10.2	10.2
10	期初未分配利润					
11	可供分配利润(9+10)		8.625	9.375	10.2	10.2
12	提取法定盈余公积金		0.862	0.937	1.02	1.02
13	可供投资者分配的利润(11−12)		7.763	8.438	9.18	9.18
14	应付优先股股利					
15	提取任意盈余公积金					
16	应付普通股股利(13−14−15)					
17	各投资方利润分配		4.313	4.688	5.1	5.1
	其中:甲方股利(李先生)		2.875	3.125	3.4	3.4
	乙方股利(他同学)		1.438	1.563	1.7	1.7
18	未分配利润(13−14−15−17)		3.45	3.75	4.08	4.08
19	息税前利润 (利润总额+利息支出)		15.6	15.6	15.6	15.6
20	息税折旧摊销前利润 息税前利润+折旧+摊销)		25.6	25.6	25.6	25.6

注:(1) 项目的营业税金及附加的计算过程如下:
增值税=(72.7−21.4)×17%=8.721(万元)
教育费附加税=8.721×3%=0.26163(万元)
城市维护建设税=8.721×5%=0.43605(万元)
营业税金及附加=教育费附加税+城乡维护建设税=0.7(万元)
(2) 序号 17"各投资方利润分配"的数值应由股东代表大会确定,在向各方具体进行分配时,可按照出资额的比例进行。在案例中考虑了企业的发展等情况,各投资方利润分配按照 13"可供投资者分配的时间"的 55.56 计算得出。

2. 项目的盈利能力分析
(1) 项目盈利能力分析。
根据项目投资计划及资金筹措表、成本表、利润与利润分配表中的相关信息编制项目投资现金流量,如表 8-11 所示。

表 8-11 项目投资现金流量表　　　　　　　　　　单位:万元

序号	项目	合计	计算期 1	2	3	4	5
1	现金流入			72.7	72.7	72.7	103.7
1.1	营业收入			72.7	72.7	72.7	72.7
1.2	补贴收入						
1.3	回收固定资产余值						11
1.4	回收流动资金						20
2	现金流出		50	67.1	47.1	47.1	47.1
2.1	建设投资		50				
2.2	流动资金			20			
2.3	经营成本			46.4	46.4	46.4	46.4
2.4	营业税金及附加			0.7	0.7	0.7	0.7
2.5	维护运营投资						
3	所得税前净现金流量(1−2)		−50	5.6	25.6	25.6	56.6
4	累计所得税前净现金流量		−50	−44.4	−18.8	6.8	63.4
5	调整所得税			2.875	3.125	3.4	3.4
6	所得税后净现金流量(3−5)		−50	2.725	22.475	22.2	53.2
7	累计所得税后净现金流量		−50	−47.275	−24.8	−2.6	50.6

计算指标:
　　项目投资财务内部收益率(所得税前)=30.82%
　　项目投资财务内部收益率(所得税后)=24.77%
　　项目投资财务净现值(所得税前)(i_c=12%)=29.6(万元)
　　项目投资财务净现值(所得税后)(i_c=12%)=19.96(万元)
　　项目投资回收期(所得税前)=$4-1+\frac{|-18.8|}{25.6}$=3.7(年)
　　项目投资回收期(所得税后)=$5-1+\frac{|-2.6|}{53.2}$=4.0(年)

从表 8-11 的计算结果可以看出,该项目的财务内部收益率为 30.82%(税前)和 24.77%(税后),均大于行业规定的基准收益率(12%);财务净现值为 29.6 万元(税前)和 19.96 万元(税后),均大于零,说明项目投资获利水平达到了机械行业规定的要求(行业的平均水平),项目投资是合理的。同时,也表明该项目全部投资在财务上具有较强的盈利能力,项目本身的设计具有合理性。

(2)项目资本金盈利能力分析。

为了体现固定资产投资在 30 万元资本金和 20 万元银行贷款融资方案下,李先生和他同学所能获得的权益性收益水平,必须进行项目资本金现金流量分析,测算资本金财务内部收益率。

根据项目基础财务报表的相关信息编制项目资本金现金流量表,如表 8-12 所示。

表 8-12　项目资本金现金流量表　　　　　　　　　　　　　单位:万元

序号	项目	合计	计算期 1	2	3	4	5
1	现金流入			72.7	72.7	72.7	103.7
1.1	营业收入			72.7	72.7	72.7	72.7
1.2	补贴收入						
1.3	回收固定资产余值						11
1.4	回收流动资金						20
2	现金流出		30	64.575	63.825	52.5	52.5
2.1	项目资本金		30				
2.2	借款本金偿还			10.5	10.5		
2.3	借款利息支付			4.1	3.1	2	2
2.4	经营成本			46.4	46.4	46.4	46.4
2.5	营业税金及附加			0.7	0.7	0.7	0.7
2.6	所得税			2.875	3.125	3.4	3.4
2.7	维护运营投资						
3	净现金流量(1－2)		－30	8.125	8.875	20.2	51.2

计算指标:
资本金财务内部收益率＝42%

由表 8-12 可知,项目资本金内部收益率为 42%,大于李先生和他同学对投资获利的最低期望值(即最低可接受收益率 30%),说明投资获利水平大于或达到了要求,项目是可以接受的。

3. 项目财务生存能力分析

为了反映项目财务生存能力,根据表 8-8、表 8-9、表 8-10、表 8-11、表 8-12 编制财务计划现金流量表,财务计划现金流量如表 8-13 所示。

表 8-13　财务计划现金流量表　　　　　　　　　　　　　单位:万元

序号	项目	合计	计算期 1	2	3	4	5
1	经营活动净现金流量(1.1－1.2)			22.725	22.475	22.2	53.2
1.1	现金流入			72.7	72.7	72.7	103.7
1.1.1	营业收入			72.7	72.7	72.7	72.7
1.1.2	增值税销项税额			0	0	0	0
1.1.3	补贴收入			0	0	0	0
1.1.4	其他流入						31
1.2	现金流出			49.975	50.225	50.5	50.5
1.2.1	经营成本			46.4	46.4	46.4	46.4
1.2.2	增值税进项税额			0	0	0	0

（续表）

序号	项目	合计	计算期				
			1	2	3	4	5
1.2.3	营业税金及附加			0.7	0.7	0.7	0.7
1.2.4	增值税			0	0	0	0
1.2.5	所得税			2.875	3.125	3.4	3.4
1.2.6	其他流出						
2	投资活动净现金流量(2.1−2.2)		−51	−20			
2.1	现金流入						
2.2	现金流出		51	20			
2.2.1	建设投资		51				
2.2.2	维护运营投资						
2.2.3	流动资金			20			
2.2.4	其他流出						
3	筹资活动净现金流量(3.1−3.2)		51	1.087	−18.288	−7.1	−27.1
3.1	现金流入		51	20			
3.1.1	项目资本金投入		30				
3.1.2	建设投资借款		21				
3.1.3	流动资金借款			20			
3.1.4	债券						
3.1.5	短期借款						
3.1.6	其他流入						
3.2	现金流出			18.913	18.288	7.1	27.1
3.2.1	各种利息支出			4.1	3.1	2	2
3.2.2	偿还债务本金			10.5	10.5		20
3.2.3	应付利润(股利分配)			4.313	4.688	5.1	5.1
3.2.4	其他流出						
4	净现金流量(1+2+3)		0	3.812	4.187	15.1	26.1
5	累计盈余资金		0	3.812	7.999	23.099	49.199

从表 8-13 中可以看出，该项目每年的净现金流量均大于 0，累计净现金流量也大于 0，说明该项目具有较好的财务盈利能力，有足够的净现金流量维持正常运营，能够实现财务可持续性。

4. 项目偿还能力分析

根据基础财务报表和项目投资现金流量表编制借款还本付息计划表，如表 8-14 所示。

表 8-14 借款还本付息计划表 单位:万元

序号	项目	合计	计算期 1	2	3	4	5
1	借款1(长期)						
1.1	期初借款余额		20	21	10.5		
1.2	当期还本付息			12.6	11.6		
	其中:还本			10.5	10.5		
	付息		1	2.1	1.1		
1.3	期末借款余额		21	10.5	0		
2	借款2(流动资金)						
2.1	期初借款余额			20	20	20	20
2.2	当期还本付息			2	2	2	22
	其中:还本						20
	付息			2	2	2	2
2.3	期末借款余额			20	20	20	0
3	债券						
3.1	期初债务余额						
3.2	当期还本付息						
	其中:还本						
	付息						
3.3	期末债务余额						
4	借款和债券合计						
4.1	期初余额		20	41	30.5	20	20
4.2	当期还本付息		1	14.6	13.6	2	22
	其中:还本			10.5	10.5		20
	付息		1	4.1	3.1	2	2
4.3	期末余额		21	30.5	20	20	0
计算指标	偿债备付率			1.557	1.653	11.1	1.009
	利息备付率			3.805	5.032	7.8	7.8

从表 8-14 可以看出,每年的偿债备付率和利息备付率指标均大于 1,表明该项目具有较强的本息偿还能力。

5. 不确定性分析

(1) 盈亏平衡点分析。

根据表 8-9 的基本数据,可以计算正常生产年份的固定成本、可变成本,即:

固定成本 = 折旧 + 制造费用 + 销售费用 + 管理费用 + 财务费用
= 10 + 4 + 3 + 10 + 2 = 29(万元)

可变成本 = 直接材料费 + 直接人工费 = 21.4 + 8 = 29.4(万元)

项目盈亏平衡点的产量为:

$$Q^* = 29 \times 10\,000 \div (727 - 294) = 670(\text{件})$$

根据计算结果绘制盈亏平衡分析图,如图 8-2 所示。

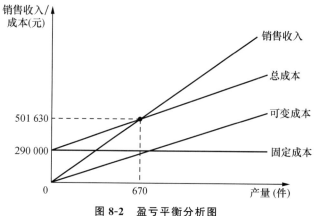

图 8-2 盈亏平衡分析图

为了判断项目的抗风险能力,按照公式(7-3)计算出的安全经营率为:

$$\text{安全经营率} = 1 - \frac{670}{1\,000} \times 100\% = 33\%$$

由于经营安全率=33%>30%,说明项目的经营安全性较好。

当产品价格降低 10% 时,即由 727 元变为 654.3 元时,盈亏平衡点的产量为:

$$Q^* = 29 \times 10\,000 \div (654.3 - 294) = 805(\text{件})$$

由此可知,该项目具有较好的盈利性和抗风险能力。

(2) 敏感性分析。

本项目选取的不确定性因素包括产品销售价格、经营成本和总投资。考察不确定性因素在±5%和±10%的范围内变动时,对项目财务净现值产生的影响。

正常情况下(各因素均不发生变动),项目的财务净现值(所得税后)为 19.96 万元。

当产品销售价格、经营成本和总投资分别上下波动 5%和 10%时,项目财务净现值的变化如表 8-15 所示。

表 8-15 敏感性分析表

变动因素 \ 波动幅度	+10%	+5%	+1%	-1%	-5%	-10%	敏感程度
销售价格	36.60	28.28	21.62	18.30	11.64	3.32	最敏感
经营成本	5.87	12.91	18.55	21.37	27.01	34.05	很敏感
总投资	18.39	19.17	19.8	20.11	20.74	21.52	较敏感

从表 8-15 中可以看出,销售价格为最敏感的因素。

6. 财务评价结论

(1) 项目在财务盈利能力上是可行的。

该项目投资财务内部收益率所得税前为 30.82%,所得税后为 24.77%,均大于机械行业的基准收益率 12%。因此,该项目在财务盈利能力上是可以考虑的。

项目投资财务净现值所得税前($i_c=12\%$)为 29.6 万元,所得税后($i_c=12\%$)为 19.96 万元,项目的财务净现值(所得税前和所得税后)大于零,说明项目获利能力不仅能达到国家规定的基准收益率水平,而且还有剩余的盈利。

该项目投资回收期所得税前为 3.7 年,所得税后为 4.0 年,低于国家规定的基准投资回收期 5 年。因此,该项目在财务上的盈利能在规定时间内回收所有的投资。

(2) 项目具有很强的偿债能力。

该项目每年的偿债备付率、利息备付率指标均大于 1,因此,具有较高的资金偿还借款本息的能力。

(3) 项目具有较强的财务生存能力。

该项目每年的净现金流量均大于 0,累计净现金流量也大于 0。因此,该项目具有较好的财务盈利能力,有足够的净现金流量维持正常运营,能够实现财务可持续性。

(4) 该项目具有较强的抗风险能力。

盈亏平衡分析表明,当项目的生产能力达到设计能力的 67% 时即可保本。因此,该项目具有一定的承担风险的能力。

敏感性分析表明,产品销售价格平均上升 1%,会使项目净现值提高 8.3%;经营成本平均上升 1%,会使项目净现值下降 7.06%;总投资平均上升 1%,会使项目净现值下降 0.60%。可见,净现值对销售价格的变化最为敏感,对经营成本的变化也很敏感,对总投资的变化敏感程度较差,但是也较为敏感。

因此,产品价格和经营成本的波动对投资项目的影响是值得注意的。

(5) 结论。

该项目在财务上具有可行性。

本章小结

1. 财务评价是在国家现行财税制度和价格体系下,从项目的角度出发,计算项目范围内的财务效益和费用,分析项目的盈利能力和偿债能力,据此评价和判断项目财务可行性的一种经济评价方法。财务评价主要是考察项目的盈利能力、偿债能力和财务生存能力。

2. 财务评价是从投资项目或企业角度对项目进行的经济分析。其主要目的是:(1) 分析投资效果,判明企业投资所获得的实际利益;(2) 为企业制定资金规划;(3) 为协调企业利益和国家利益提供依据。

3. 财务评价的内容应与项目性质相联系。对于营利性项目,财务评价的主要内容为项目的盈利能力、偿债能力和财务生存能力。通过分析,判断项目的财务可接受性,明确项目对财务主体及投资者的价值贡献,为投资决策和融资决策提供依据。对于为社会提供公共产品(服务),或以保护环境为目标的非营利性项目,财务评价重在分析项目的财务生存能力。

4. 项目目标不同,财务评价的内容不同。通常情况下,财务评价应先进行融资前分析,在融资前分析结论满足要求的情况下,初步设定融资方案,再进行融资后分析。融资前动态分析应以营业收入、建设投资、经营成本和流动资金的估算为基础,考察整个计算期内现金流入和现金流出,编制项目投资财务现金流量表,计算项目投资财务内部收益率、项目投资财务净现值等指标。融资后分析应以融资前分析和初步的融资方案为基础,考察项目的盈利能力、偿债能力和财务生存能力,判断项目方案在融资条件下的可行性。融资后分析用于比选融资方案,进行融资决策。

5. 盈利能力分析的主要指标为项目投资财务内部收益率、项目投资财务净现值、项目资本金财务内部收益率等动态指标和投资回收期、总投资收益率、项目资本金净利润率等静态指标。在进行项目的财务评价时,可根据项目的特点及财务分析的目的、要求等进行选用。

6. 偿债能力主要用来分析项目的盈利能力和贷款偿还风险的大小。通常采用的分析指标包括利息备付率、偿债备付率和资产负债率。

7. 生存能力分析是利用财务计划现金流量表,通过合并项目计算期内的投资、融资和经营活动所产生的各项现金流入和流出,计算净现金流量和累计盈余资金,对项目是否有足够的净现金流量维持正常运营,能否实现财务可持续性进行判断。

8. 财务评价报表主要包括各类财务现金流量表、利润与利润分配表、财务计划现金流量表、资产负债表和借款还本付息计划表。

9. 财务评价的程序包括五个步骤:分析和估算项目的财务数据、编制财务评价的基本报表、计算和分析财务效果、提出财务评价的分析结论和进行不确定性分析。

思考练习题

1. 什么是财务评价?财务评价的主要目的是什么?
2. 对于营利性项目,财务评价的主要内容有哪些?
3. 对于非营利性项目,财务评价的重点是什么?
4. 什么是项目资本金净利润率?
5. 什么是利息备付率?
6. 什么是偿债备付率?
7. 偿债能力分析主要包括哪三个指标?
8. 财务分析报表主要包括哪几类?
9. 项目投资财务现金流量表中的现金流出量包括哪些?
10. 项目投资财务现金流量表中的现金流入量包括哪些?
11. 为什么项目投资财务现金流量表中的现金流出量是经营成本而不是总成本?
12. 项目投资财务现金流量表的主要作用是什么?
13. 项目资本金现金流量表的主要作用是什么?
14. 财务计划现金流量表的主要作用是什么?
15. 投资现金流量表与资本金现金流量表的主要区别是什么?
16. 财务评价的基本程序包括哪些步骤?

17. 某公司借款投资某项目,借款总额为 5 000 万元,年利率为 10%,项目建设期为 3 年,第一年借款为借款总额的 30%,第二年为 40%,第三年为 30%,试求建设期利息。

18. 某工程项目各年的净现金流量如练表 8-1 所示,在期望收益率为 20% 的条件下,试求财务净现值。

练表 8-1 净现金流量表

年份	1	2	3	4—8	9
净现金流量(万元)	−150	−100	75	120	160

19. 某公司想要投资建设一个新的工厂。该工程项目的基础数据如下:

(1) 项目投资。项目投资估算总额为 5 000 万元,其中,预计形成固定资产 4 400 万元(含建设期贷款利息 160 万元),无形资产 600 万元。固定资产余值在项目运营期末收回,净残值估计为 400 万元,固定资产采用直线折旧的方法。无形资产在运营期中,均匀摊入成本。本工程项目计算期为 10 年,其中建设期为 2 年。

(2) 资金来源。项目建设投资的债务资金为 2 000 万元,分两次投入,每年各投入 1 000 万元。长期借款利率按照国家规定为 7.83%。流动资金为 500 万元,全部为贷款,在第三年初一次性投入,并在项目寿命期末收回。短期贷款利率按照国家最新规定为 7.47%。

(3) 收入预测。项目的设计生产能力为年产量 400 万件,产品的售价为 10 元/件(不含税),第三年达到设计生产能力的 80%,第四年达到设计生产能力的 100%。

(4) 费用估算。在正常生产年份下,原材料、辅助材料费用为 300 万元/年(外购不含税),燃料动力费用为 150 万元/年(外购不含税),工资及福利费用为 500 万元/年,修理费用按固定资产投资的 3% 计提,其他费用约为 128 万元。

营业税金及附加的税率为 5%,所得税税率为 25%,行业的基准收益率为 15%,项目的还款方式按照实际偿还能力测算。

要求:

(1) 编制项目的总成本费用估算表、借款还本付息计划表、项目投资现金流量表、项目资本金现金流量表和利润与利润分配表。

(2) 计算项目的各项财务指标,并对项目进行财务评价。

21世纪经济与管理规划教材
管理科学与工程系列

第九章 设备修理与更新的经济分析

本章主要阐述设备磨损、设备大修及设备更新的经济分析方法。通过学习,要求掌握设备磨损的类型、设备磨损的补偿方式;熟练掌握设备经济寿命的计算方法;掌握设备更新的决策原则和决策方法。

第一节　设备磨损及其补偿方式

一、设备磨损的概念及分类

（一）设备磨损的概念

设备磨损是指设备在使用或闲置过程中由于物理作用（如摩擦、冲击、振动、弯曲等）、化学作用（如腐蚀、氧化等）或技术进步而发生的实物形态变化和技术性能的低劣化。

（二）设备磨损的分类

设备磨损分为有形磨损和无形磨损两大类。

1. 设备的有形磨损

（1）有形磨损的概念。机器设备在使用或闲置过程中所发生的实体磨损称为**有形磨损**，也叫**物质磨损**。有形磨损按其成因不同可分为第Ⅰ种有形磨损和第Ⅱ种有形磨损。

在运转过程中，由于各零部件发生摩擦、振动、疲劳等现象而导致机器设备在实体上产生的磨损称为第Ⅰ种有形磨损，其与机器设备的使用时间和使用强度有关。

机器设备在闲置过程中由于金属零部件生锈或腐蚀、橡胶和塑胶部件老化等原因造成的磨损称为第Ⅱ种有形磨损。第Ⅱ种有形磨损与机器设备的闲置时间和闲置期间的维护状况有关，但与生产过程中的使用无关，甚至与使用程度成反比。

（2）有形磨损的度量。

设备整机的平均磨损程度 α_p 是在综合单个零件磨损程度的基础上确定的，即：

$$\alpha_p = \frac{\sum_{i=1}^{n} \alpha_i k_i}{\sum_{i=1}^{n} k_i} \tag{9-1}$$

式中，α_p 为设备的有形磨损程度，α_i 为零件 i 的实体磨损程度，k_i 为零件 i 的价值，n 为零件总数。

设备的有形磨损程度也可用公式（9-2）表示：

$$\alpha_p = \frac{R}{K_1} \tag{9-2}$$

式中，R 为修复全部磨损零件所用的修理费用，K_1 为在确定磨损时该种设备的再生产价值。

2. 设备的无形磨损

（1）无形磨损的概念。由于技术进步而引起的设备贬值称为**无形磨损**，也叫**经济磨损**。无形磨损不是由于生产过程中的使用或自然力的作用而造成的，所以它不表现为设备实体的变化，而表现为设备的贬值。无形磨损也可分为第Ⅰ种无形磨损和第Ⅱ种无形磨损。

由于生产相同结构设备所需要的社会必要劳动时间减少而导致的原有设备贬值称为第Ⅰ种无形磨损。该种磨损主要来自设备制造商生产工艺的改进和劳动生产率的提高。第Ⅰ种无形磨损虽然是现有设备贬值，但是设备本身的技术性能并未受到影响，其使用价值也没有降低，所以不会影响到现有设备的正常使用。但是，如果设备贬值的速度太快，有可能在尚未达到设备耐用年限之前,其修理费用就高于设备本身的再生产价值,此时使用原设备是不经济的,应及时更新。

由于技术进步和创新,市场上出现性能更好、效率更高的设备而使得原有设备在技术上显得陈旧、落后和经济效益相对降低而发生的贬值称为第Ⅱ种无形磨损。当发生第Ⅱ种无形磨损时,虽然原有设备仍能正常使用,但是其生产的产品在质量、性能等方面均不如新型设备,所耗费的原材料、燃料等均比新型设备高,导致产品成本高于社会平均成本,降低了经济效果,削弱了产品在市场上的竞争力,进而影响到企业的发展。第Ⅱ种无形磨损实际上反映了原有设备使用价值的部分或全部丧失,必须考虑是否提前淘汰。是否淘汰取决于原有设备的贬值程度和在生产中继续使用原有设备而导致的经济效果下降的幅度。

(2) 无形磨损的度量。

设备的无形磨损程度可用公式(9-3)来度量:

$$\alpha_j = \frac{K_0 - K_1}{K_0} \tag{9-3}$$

式中,α_j 为设备的无形磨损程度,K_0 为设备的原始价值,K_1 为在确定磨损时该种设备的再生产价值。

在计算无形磨损时,K_1 必须在两个方面反映技术进步:一是相同设备再生产价值的降低;二是具有较好功能和更高效率的新设备的出现对原有设备的影响。K_1 可用公式(9-4)表示:

$$K_1 = K_n \left(\frac{q_0}{q_n}\right)^\phi \left(\frac{c_n}{c_0}\right)^\varphi \quad (0 < \phi < 1, 0 < \varphi < 1) \tag{9-4}$$

式中,K_n 为新设备的价值;q_0、q_n 为使用旧设备和使用新设备对应的生产率;c_0、c_n 为使用旧设备和使用新设备对应的单位产品耗费;ϕ、φ 为设备生产率提高系数和成本降低系数,其值可根据具体设备的实际数据确定。

对于公式(9-4),可能出现以下四种情况:

① 当 $q_0 = q_n, c_n = c_0$ 时,$K_1 = K_n$,表示新旧设备的劳动生产率和产品生产成本相等,只发生了第Ⅰ种无形磨损;

② 当 $q_0 < q_n, c_n = c_0$ 时,$K_1 = K_n \left(\frac{q_0}{q_n}\right)^\phi$;

③ 当 $q_0 = q_n, c_n < c_0$ 时,$K_1 = K_n \left(\frac{c_n}{c_0}\right)^\varphi$;

④ 当 $q_0 < q_n, c_n < c_0$ 时,$K_1 = K_n \left(\frac{q_0}{q_n}\right)^\phi \left(\frac{c_n}{c_0}\right)^\varphi$。

第②、③、④种情况均表示同时发生了第Ⅰ种无形磨损和第Ⅱ种无形磨损。

3. 设备的综合磨损

设备在购置安装后,不论其使用与否都同时存在有形磨损和无形磨损,这两种磨损同时作用于现有机器设备上而使其发生的实体磨损和贬值称为综合磨损。

综合磨损并非有形磨损和无形磨损的简单相加,若 α_p 表示设备的有形磨损程度,α_j 表示设备的无形磨损程度,则设备的综合磨损程度为:

$$\alpha = 1 - (1 - \alpha_p)(1 - \alpha_j) \tag{9-5}$$

二、设备磨损的补偿方式

(一) 设备磨损的补偿方式

为了恢复已磨损设备的生产能力,保证企业生产经营的正常进行,必须对设备磨损进行补偿。对于不同形式和不同程度的磨损,应采取不同的补偿方式,除遭受第Ⅰ种无形磨损的设备仍可继续使用、无须进行补偿外,其他形式的磨损均需进行补偿。

设备磨损的补偿方式有现代化改装、修理和更新三种形式。

1. 现代化改装

现代化改装是指利用现代的科技成果改装现有的旧设备,对设备的组成部分进行改进和技术上的革新(如增加或更换新的零部件),以提升设备的生产功能和生产效率。

2. 修理

修理是指维护和更换已磨损的零部件,以恢复设备的生产功能和效率。修理可分为日常维护、小修、中修和大修。

3. 更新

更新是指以相同设备或技术上更先进、效率更高、原材料消耗更少的新型设备去替换原有的旧设备。当以相同设备替换原有旧设备时,称为原型更新;当以新型设备替换原有旧设备时,称为技术更新。

(二) 设备磨损与补偿方式的对应关系

对设备磨损进行补偿是为了恢复或提高设备组成单元和设备整体的功能。由于设备各零部件耗损不均,必须将各组成单元区别对待,针对不同形式和不同程度的磨损采取不同的补偿对策。对于可消除的有形磨损,应采取修理方式以恢复其功能;对于不可消除的有形磨损,必须对原有设备进行更新;对于第Ⅱ种无形磨损,由于是技术进步所产生的相同功能的新型设备所致,要全部或部分补偿这种差距,只有对原有设备进行现代化改装或技术更新。

在以上三种补偿设备磨损的方式中,现代化改装和修理属于局部补偿,更新属于完全补偿。其对应关系如图 9-1 所示。

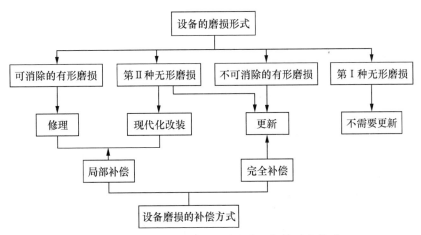

图 9-1 设备磨损形式与补偿方式之间的对应关系

第二节　设备的经济寿命

对于企业来说,更新设备的目的是获取较好的经济效益,所以在进行设备更新时不仅要考虑更新的方式,同时也要考虑更新的时机。设备更新的时机一般取决于设备的寿命。

一、设备寿命的类型

设备磨损导致设备的使用价值和经济价值都逐渐降低,使设备具有一定的寿命。但是由于研究角度的不同,设备寿命的含义也不一样。工程项目中设备的寿命一般分为四种,即自然寿命、技术寿命、折旧寿命和经济寿命。

(1) 设备的**自然寿命**也称为设备的物理寿命,是指从设备以全新状态投入使用开始,经过有形磨损,直至在技术性能上不能按原有用途继续使用为止所经历的时间。设备的自然寿命取决于设备的有形磨损。

(2) 设备的**技术寿命**是从技术角度考虑的设备最合理的使用期限,即从设备开始使用到因技术落后被淘汰所经历的时间。设备的技术寿命主要取决于科学技术进步的速度,而与有形磨损无关。

(3) 设备的**折旧寿命**是指根据规定的折旧方法和原则,从设备开始使用时将设备的原值通过折旧的形式转入产品成本直至其账面价值接近于零所经历的时间。设备的折旧寿命主要取决于计提折旧的方法。

(4) 设备的**经济寿命**是从经济角度出发考虑的设备最合理的使用期限。根据设备使用成本最低的原则,设备的经济寿命是指从设备开始使用到其年平均使用成本最低的年份所经历的时间。

设备更新的时机一般取决于设备的经济寿命。

二、设备经济寿命的计算

计算设备的经济寿命应从设备运行过程中发生的成本入手,分析其变化规律,找出年均使用成本最低的年数,即设备的经济寿命。

设备的年使用成本由以下两部分组成:

(1) 分摊到每年的设备购置费,随着设备使用年限的延长而逐年减少,如图 9-2 所示。

(2) 设备的年运行费用,包括维修保养费、材料费、操作费、动力费等,这部分费用随着设备使用年限的延长而逐年增加,如图 9-2 所示。

设备年使用成本随着时间的变化而变化,其一般规律为:第一年高,之后逐渐降低,当达到最低值后又逐年增加(具体见图 9-2)。同理,设备年均使用成本也会随着使用时间的延长出现一个最小值。设备年均使用成本达到最小值的年份数就是设备的经济寿命。

如果不考虑资金的时间价值,则设备年均使用成本为:

$$AC = S_p + M_p = \frac{1}{n}\Big(\sum_{t=1}^{n} M_t + K_0 - L_n\Big) \tag{9-6}$$

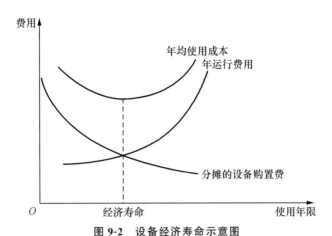

图 9-2 设备经济寿命示意图

如果考虑资金的时间价值,则设备年均使用成本为:

$$AC^* = \Big(\sum_{t=1}^{n} M_t(P/F,i,n)\Big)(A/P,i,n) + K_0(A/P,i,n) - L_n(A/F,i,n) \tag{9-7}$$

式中,K_0 为设备的初始价值,L_n 为设备在第 n 年末的残值,M_t 为设备在第 t 年的运行费用,n 为设备的使用年限,S_p 为分摊到每年的设备购置费用,M_p 为设备的年运行费用。

不论是否考虑资金的时间价值,只要设备年均使用成本达到最小值,即可确定设备的经济寿命。

[例题 9-1] 购置某机器设备花费 30 000 元,估计寿命为 10 年,各年的使用费用和残值如表 9-1 所示,试分别求解不考虑资金时间价值和考虑资金时间价值(年利率为 15%)情况下该设备的经济寿命。

表 9-1 设备各年的使用费用和残值 单位:元

年份(t)	1	2	3	4	5	6	7	8	9	10
年运行费用(M_t)	800	1 000	1 300	1 700	2 200	3 000	4 000	5 200	6 600	8 200
设备残值(L_t)	24 545	19 636	15 272	11 454	8 181	5 454	3 272	1 636	545	0

解:(1)不考虑资金时间价值。

根据公式(9-6)计算得到的设备年均使用成本如表 9-2 所示。

表 9-2 不考虑资金时间价值时的设备年均使用成本计算表 单位:元

年份(t)	年运行费用	累计运行费用	分摊的设备购置费用	累计分摊的设备购置费用	年均使用成本
1	800	800	5 455	5 455	6 255
2	1 000	1 800	4 909	10 364	6 082
3	1 300	3 100	4 364	14 728	5 943
4	1 700	4 800	3 818	18 546	5 837

(续表)

年份(t)	年运行费用	累计运行费用	分摊的设备购置费用	累计分摊的设备购置费用	年均使用成本
5	2 200	7 000	3 273	21 819	5 764
6	3 000	10 000	2 727	24 546	5 758
7	4 000	14 000	2 182	26 728	5 818
8	5 200	19 200	1 636	28 364	5 946
9	6 600	25 800	1 091	29 455	6 139
10	8 200	34 000	545	30 000	6 400

从表 9-2 可以看出,当该设备的使用年限为 6 年时,其年均使用成本最低,为 5 758 元/年,故在不考虑资金时间价值的情况下,该设备的经济寿命为 6 年。

(2) 考虑资金时间价值。

根据公式(9-7)计算得到的设备年均使用成本如表 9-3 所示。

表 9-3 考虑资金时间价值时的设备年均使用成本计算表

年份 (t)	年运行费用 ①	年运行费用现值 ②	累计年运行费用现值 ③	设备残值 ④	年均使用成本 ⑤＝(③＋30 000) ×(A/P,15%,t) －④×(A/F,15%,t)
1	800	696	696	24 545	10 755
2	1 000	756	1 452	19 636	10 214
3	1 300	855	2 307	15 272	9 751
4	1 700	972	3 279	11 454	9 362
5	2 200	1 094	4 372	8 181	9 041
6	3 000	1 297	5 669	5 454	8 802
7	4 000	1 504	7 173	3 272	8 639
8	5 200	1 700	8 873	1 636	8 544
9	6 600	1 876	10 749	545	8 509
10	8 200	2 027	12 776	0	8 525

从表 9-3 可以看出,当该设备的使用年限为 9 年时,其年均使用成本最低,为 8 509 元/年,故在考虑资金时间价值的情况下,该设备的经济寿命为 9 年。

第三节 设备大修的经济分析

一、设备大修概述

设备是由许多不同材质的零部件组成的,这些零部件在设备中各自承担不同的功能,其工作条件也各不相同,在使用过程中它们遭受的有形磨损是非均匀的。所以,为了保证设备在其平均寿命期内能够正常工作,就必须对损坏的零部件进行局部的更换或修复,这就是修理。修理按其内容和工作量可分为日常维护、小修、中修和大修。其中,设备大修是设备修理中规模最大、费用最高、用时最长的一种计划修理,是对设备在原有实物形态上的一种局部更新。它通过恢复所有不符合要求的零部件,尽可能地全面排除缺陷,使设备在生产率、精确度、速度等性能指标方面达到或基本达到原设备出厂时的标准。因此,对维修经济性的研究,主要是针对大修而言的。

设备大修可以利用保留下来的零部件,节省大量的原材料和加工工时,所以相对于设备更新来说,设备大修花费较少的资金和时间。设备在使用过程中,由于零部件磨损、疲劳或环境造成的变形、腐蚀、老化等原因,原有性能会逐渐降低,这就是设备性能劣化。虽然大修能够使设备各项性能指标在一定时间内得到显著提高,但是相对于大修前而言,大修后的设备性能会加速劣化,设备效率、精确度等各项性能指标均会降低,直至设备报废。设备大修性能劣化的过程如图 9-3 所示。

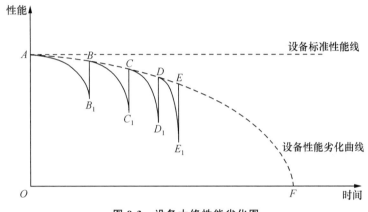

图 9-3 设备大修性能劣化图

在图 9-3 中,OA 表示设备的标准性能。在使用过程中,设备性能随 AB_1 下降,如果不进行修理则寿命很短;但是在 B_1 进行修理之后,设备性能恢复到 B 点。如此反复,直到 F 点,设备性能完全消失,其物理寿命宣告结束。图中 A、B、C、D、E、F 各点相连而成的曲线就构成了设备的性能劣化曲线。

从图 9-3 中可以看出,每次大修过后,虽然设备性能有所提高,但是总不能到达上次大修之后的性能最优点;随着大修次数的增加,每两次大修之间的时间间隔越来越小,即大修周期越来越短。

由此可见,设备大修是有限度的,修理过后的设备无论从速度、精确度、生产率等方面,还是从技术故障时间、有效运行时间等方面来说,都比同种新型设备逊色不少,同时长期的设备大修会导致设备性能劣化程度的加深。

同时,从经济角度来讲,设备不能进行无休止的大修,因为随着大修次数的增加,设备大修费用和运行费用都会不断增加。

图 9-4 描述了设备大修间隔期、大修次数和运行费用之间的关系。

从图 9-4 中可以看出,随着设备使用年限的增加,两次大修间的间隔越来越短,大修次数越来越多,运行费用随之上升。随着设备使用年限的增加,设备运行费用越来越高,在大修前达到极大值;大修后,设备运行费用显著降低,进入下一个大修间隔期;随着设备

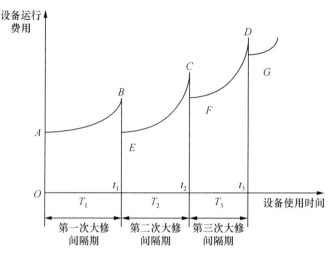

图 9-4 设备大修间隔期与运动费用之间的关系

的使用,运行费用逐渐增加;经过大修后又显著降低,如此循环,直至设备的经济寿命结束。

二、设备大修的经济判断依据

设备进行大修理,一般应满足以下两个条件:

第一个条件是大修理费用与旧设备的残值之和应小于新设备的价值,即满足:

$$R + L_0 < K \tag{9-8}$$

式中,R 为大修理费用,L_0 为旧设备的残值,K 为新设备的价值。

第二个条件是大修理后的单位产品成本小于新设备的单位产品成本,即满足:

$$C_0 < C_1 \tag{9-9}$$

式中,C_0 为旧设备修理后的单位产品成本,C_1 为新设备的单位产品成本。

至少满足上述两个条件中的一个,大修理才有其合理性。

值得注意的是,第一个条件成立的前提是设备大修理之后在生产技术特性上与同种新设备基本无差别。但实际上,大修后的机器设备的综合性能都会下降,可能导致单位产品的生产成本比同种新设备的要高,因此在判断设备大修是否在经济上合理时必须结合第二个条件。

[**例题 9-2**] 某工厂一台装置已使用 5 年,拟进行一次大修,预计费用为 10 000 元,大修前的价值为 5 000 元,大修后设备增值为 12 000 元。大修后年产 20 000 件产品,年运行成本为 64 000 元,3 年后残值为 2 000 元。新设备价值 56 000 元,预计 6 年后进行一次大修,大修时的残值为 8 000 元,期间年产 25 000 件产品,年运行费用为 50 000 元。假设基准收益率为 15%,请问:大修是否合理?

解:大修前旧设备价值 5 000 元,大修费用 10 000 元,所以大修后设备的初始费用为 15 000 元,小于更换新设备的投资 56 000 元,满足设备大修的第一个条件。

下一步比较单位成本,旧设备大修后的单位产品成本为:

$$C_0 = \frac{(12\,000 - 2\,000(P/F,15\%,3))(A/P,15\%,3) + 64\,000}{20\,000}$$

$$= 3.43(元/件)$$

新设备的单位产品成本为：

$$C_1 = \frac{(56\,000 - 8\,000(P/F,15\%,6))(A/P,15\%,6) + 50\,000}{25\,000}$$

$$= 2.56(元/件)$$

由于 $C_0 > C_1$，不满足设备大修的第二个条件，所以应当马上更新设备。

第四节　设备更新的经济分析

一、设备更新的决策原则和方法

（一）设备更新的决策原则

以经济寿命为依据的更新决策，必须满足设备使用到最有利的年限的条件。因此，在比较分析时应遵循以下两个原则：

第一，不计沉没成本，即在进行方案比较时，原设备按其重置价值计算，不考虑设备原值和目前的净残值（设备原值减去累计折旧）；

第二，现金流的客观原则，即分析者应以客观的身份进行新旧设备的现金流比较分析，而不应站在原有状态上进行主观分析。

[例题 9-3] 某设备在 5 年前以 10 000 元的价格购置，现今账面价值 5 000 元，估计还可以继续使用 5 年，年运行费用大约 3 000 元，预计 5 年后残值 500 元，目前此设备的市场售价为 4 000 元。目前市场上出现此类设备的改进型号，售价为 12 000 元，预计可以使用 12 年，12 年后残值为 600 元，年运行费用大约 1 500 元。现有两个方案：一是继续使用旧设备；二是将旧设备出售并购买新设备。假设基准收益率为 15%，请问：应该选择哪个方案？

解：（1）错误解法（直接从旧设备所有者的角度出发，按两个方案的现金流进行比较分析）

从旧设备所有者的角度出发，对两个方案的现金流进行分析，得到的两个方案的现金流如图 9-5 所示。

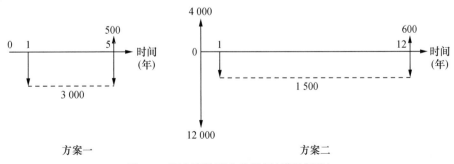

图 9-5　两方案的现金流量图（错误解法）

此时,方案一的年使用成本为:
$$AC_{方案一} = 3\,000 - 500(A/F,15\%,5) = 2\,925.85(元)$$
方案二的年使用成本为:
$$\begin{aligned}AC_{方案二} &= (12\,000 - 4\,000)(A/P,15\%,12) \\ &\quad - 600(A/F,15\%,12) + 1\,500 \\ &= 2\,955.31(元)\end{aligned}$$

因为 $AC_{方案一} < AC_{方案二}$,所以应该选择第一套方案,继续使用旧设备。

实际上这种解法是错误的,违反了现金流量的客观原则,具体体现在:将旧设备的重置价值作为新设备的收入是不恰当的,因为这笔收入并不是由于使用新设备所带来的;在计算旧设备的年使用成本的时候不计旧设备的重置价值也是不妥的,因为对于企业来说,4 000 元是使用旧设备所付出的代价,所以 4 000 元应该是使用旧设备的现金流出。

(2) 正确解法(客观分析两方案的现金流量)。

在分析过程中,正确的解法是:① 原设备的期初投资按重置价值 4 000 元计算,既不是原始价值 10 000 元,也不是账面价值 5 000 元;② 站在客观立场上分析每个方案的现金流,不能站在原有方案的基础上分析每个方案的现金流量。这样,4 000 元是使用旧设备的现金流出,而不是使用新设备的现金流入。

由此得出的两个方案的现金流量如图 9-6 所示。

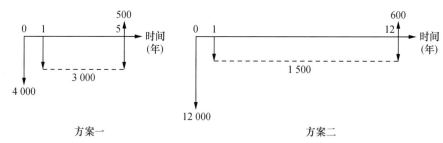

图 9-6 两方案的现金流量图(正确解法)

此时,方案一的年使用成本为:
$$\begin{aligned}AC_{方案一} &= 4\,000(A/P,15\%,5) + 3\,000 - 500(A/F,15\%,5) \\ &= 4\,119.05(元)\end{aligned}$$
方案二的年使用成本为:
$$\begin{aligned}AC_{方案二} &= 12\,000(A/P,15\%,12) - 600(A/F,15\%,12) + 1\,500 \\ &= 3\,693.31(元)\end{aligned}$$

因为 $AC_{方案一} > AC_{方案二}$,所以应该选择方案二,用新设备替代旧设备。

(二) 设备更新的决策方法

1. 用相同的资产更新(原型更新)

合理更新期的确定方法有很多,最常见的方法有两种:低劣化数值法和最小年费用法。

(1) 低劣化数值法——假定设备经过使用之后残值为零,并以 K_0 代表设备的原始价值,T 代表已使用的年数,则每年的设备费为 K_0/T。随着 T 的增加,按年平均分摊的设备费将不断减少。但设备使用时间增加,其有形磨损和无形磨损会加剧,设备的维护修理费用及燃料、动力消耗会增加,这叫作设备的低劣化。如果这种低劣化每年以 λ 的数值增加,则第 T 年的低劣化数值为 λT,每年的平均低劣化数值为:

$$\frac{\lambda + 2\lambda + \cdots + T\lambda}{T} = \left(\frac{T+1}{2}\right)\lambda$$

故逐年平均总费用 Y 为:

$$Y = \left(\frac{T+1}{2}\right)\lambda + \frac{K_0}{T}$$

要使设备费用最小,可令 $\frac{\mathrm{d}Y}{\mathrm{d}T} = 0$,则有:

$$T = \sqrt{\frac{2K_0}{\lambda}} \tag{9-10}$$

[**例题 9-4**] 某设施的原始价格为 7 200 元,每年低劣化增加值为 400 元,问:设施的最优更换期为几年?

解:根据公式(9-10)可知,设施的最佳更换期为:

$$T = \sqrt{\frac{2K_0}{\lambda}} = \sqrt{\frac{2 \times 7\,200}{400}} = 6(年)$$

即设施的最佳更换期为 6 年。

(2) **最小年费用法**——若机器设备的低劣化值每年不是以等值增加,而是变化的,各年均不相等,则应采用最小年费用法来计算设备的合理更新期。

为了找出设备的最优使用期,需要计算在整个使用期内各年消耗的平均费用。从中选出平均费用最低的一年,就是设备的最优使用年限。

[**例题 9-5**] 对于例题 9-4,用最小年费用进行分析,该设施的最优更换期为几年?

解:(1) 在不考虑资金时间价值的情况下,所计算出的设施更新的最佳时期如表 9-4 所示。

表 9-4 设施更新的最佳时期计算表(未考虑资金的时间价值)　　　　　　　单位:元

使用年限	年平均设备费用	年平均低劣化值	年平均总费用
1	8 000	320	8 320
2	4 000	480	4 480
3	2 667	640	3 307
4	2 000	800	2 800
5	1 600	900	2 560
6	1 333	1 120	2 453
7	1 143	1 280	2 423
8	1 000	1 440	2 440
9	889	1 600	2 489

由表 9-4 可知,不考虑资金的时间价值,设施的最佳更新期为第 7 年,与低劣化数值法计算出的结果是一致的。

(3) 若考虑设施更新时期的资金时间价值,其计算结果如表 9-5 所示。

表 9-5　设施更新的最佳时期计算表(考虑资金的时间价值,$i=15\%$)　　　　单位:元

使用年限	当年低劣化值 ①	现值系数 ②	低劣化现值 ③=①×②	累计低劣化现值 ④	资本回收系数 ⑤	年平均低劣化值 ⑥=④×⑤	年平均设备费用 ⑦=8 000×⑤	年平均总费用 ⑧=⑥+⑦
1	320	0.8696	278.27	278.27	1.15000	320.01	9 200	9 520.01
2	640	0.7561	483.90	762.17	0.61512	468.83	4 920.96	5 389.79
3	960	0.6575	631.20	1 393.37	0.43798	610.27	3 503.84	4 114.11
4	1 280	0.5718	731.90	2 125.27	0.35027	744.42	2 802.16	3 546.58
5	1 600	0.4972	795.52	2 920.79	0.29832	871.33	2 386.56	3 257.89
6	1 920	0.4323	830.02	3 750.81	0.26424	991.11	2 113.92	3 105.03
7	2 240	0.3759	842.02	4 592.83	0.24036	1 103.93	1 922.88	3 026.81
8	2 560	0.3369	836.86	5 429.69	0.22285	1 210.01	1 782.80	2 992.81
9	2 880	0.2843	818.78	6 248.47	0.20957	1 309.49	1 676.56	2 986.05
10	3 200	0.2472	791.04	7 039.51	0.19925	1 402.62	1 594	2 996.62

由表 9-5 可知,若考虑资金的时间价值,设施的最佳更新期为第 9 年。

2. 用不同的资产更新(技术更新)

如果替代设施和使用的设施不同,通常采用更新收益率法来决定是立即更新,还是延期更新,甚至是继续按原设施的经济寿命更新。

更新收益率法必须考虑技术进步的影响,因此,在评价时应以新增投资收益率的高低作为设施更新的依据。

当我们站在企业的立场进行更新分析时,需要考虑税收对设备更新的影响,此时的计算公式为:

$$i_g = \frac{\Delta R - I}{\Delta K} \tag{9-11}$$

式中,i_g 为更新收益率;ΔR 为新增收益;I 为第 2 年年初的税金及应付利息,其中 $I=(R_{nc}+R_0-A)b$;ΔK 为新增投资;R_{nc} 为替代设施相对于原设施在第 1 年末收益的增加额和费用的减少额的合计;R_0 为原设施再使用 1 年的设施总消耗;A 为替代设施的年折旧额及应付利息;b 为企业新增加收入部分的税率。

当计算出的 $i_g \geqslant i_c$(行业基准收益率)时,表明设备技术更新的经济效果是好的,应该进行更新。

由于这种方法给出的是投资收益率,因此可以用来确定各种设备更新的优先顺序。

在设备更新问题的分析中,还必须考虑所得税、风险及通货膨胀等因素的影响。

无论是继续使用旧设备,还是原型更新或技术更新,我们一般都是计算各方案的年使用成本,选取年使用成本最低的方案。

[例题 9-6]　某企业 5 年前花 25 000 元购买了一台设备,目前重估价值为 5 000 元,还可使用 3 年。如今,市场上出现一种改良的新型号,售价为 20 000 元,寿命为 8 年。新

旧设备的年运行费用和残值见表 9-6,基准收益率为 15%。

表 9-6 新旧设备的年运行费用和残值　　　　　　　　　　单位:元

年份(t)	旧设备		新设备	
	运行费用	残值	运行费用	残值
1	3 500	2 500	800	15 000
2	4 500	1 200	1 300	13 500
3	5 500	600	1 800	12 000
4			2 300	10 500
5			2 800	9 000
6			3 300	7 500
7			4 100	6 000
8			4 900	4 000

请问:(1) 若企业只需使用该设备 3 年,是否需要更新,何时更新?

(2) 若企业必须在较长时间内使用该设备,是否需要更新,何时更新?

解:(1) 若企业只需使用该设备 3 年,只需分别比较马上更新、1 年后更新、2 年后更新和不更新四种情况。设 $AC_t(t=0,1,2,3)$ 表示在第 t 年后进行更新时的年均使用成本,则有:

$AC_0 = [20\ 000 + 800(P/F,15\%,1) + 1\ 300(P/F,15\%,2)$
$\quad\quad + (1\ 800 - 12\ 000)(P/F,15\%,3)] \times (A/P,15\%,3)$
$\quad = 6\ 558(元)$

$AC_1 = [5\ 000 + (3\ 500 - 2\ 500)(P/F,15\%,1) + 20\ 000(P/F,15\%,1)$
$\quad\quad + 800(P/F,15\%,2) + (1\ 300 - 13\ 500)(P/F,15\%,3)] \times (A/P,15\%,3)$
$\quad = 6\ 940(元)$

$AC_2 = [5\ 000 + 3\ 500(P/F,15\%,1) + (4\ 500 - 1\ 200)(P/F,15\%,2)$
$\quad\quad + 20\ 000(P/F,15\%,2) + (800 - 15\ 000)(P/F,15\%,3)] \times (A/P,15\%,3)$
$\quad = 7\ 150(元)$

$AC_3 = [5\ 000 + 3\ 500(P/F,15\%,1) + 4\ 500(P/F,15\%,2)$
$\quad\quad + (5\ 500 - 600)(P/F,15\%,3)] \times (A/P,15\%,3)$
$\quad = 6\ 424(元)$

比较 AC_0、AC_1、AC_2、AC_3 的计算结果可以看出,AC_3 最小,所以当企业只需使用该设备 3 年时,不需要更换新设备,继续使用旧设备即可。

(2) 若企业必须在较长时间内使用该设备,应首先计算新设备的经济寿命,得出在新设备经济寿命期内的年均使用成本,然后计算旧设备寿命期内分别使用 1 年、2 年和 3 年时的年均使用成本并进行比较,选取较为经济的方案。

首先,根据新设备的相关数据计算其经济寿命,如表 9-7 所示。

表 9-7　新设备经济寿命计算表　　　　　　　　　　　　　单位:元

年份(t)	年运行费用 ①	年运行费用现值 ②	累计年运行费用现值 ③	设备残值 ④	年均使用成本 ⑤=(③+20 000)×$(A/P,15\%,t)$ $-$④×$(A/F,15\%,t)$
1	800	696	696	15 000	8 800
2	1 300	983	1 679	13 500	7 056
3	1 800	1 184	2 862	12 000	6 557
4	2 300	1 315	4 177	10 500	6 365
5	2 800	1 380	5 557	9 000	6 293
6	3 300	1 427	6 983	7 500	6 277
7	4 100	1 541	8 525	6 000	6 317
8	4 900	1 602	10 126	4 000	6 425

从表 9-7 可以看出,新设备使用 6 年时年均使用成本最小,为 6 277 元,因此,其经济寿命为 6 年。

然后计算旧设备在其寿命期内分别使用 1、2、3 年的年均使用成本 ACO_1、ACO_2、ACO_3。

$$ACO_1 = [5\,000 + (3\,500 - 2\,500)(P/F,15\%,1)] \times (A/P,15\%,1)$$
$$= 6\,750(元)$$
$$ACO_2 = [5\,000 + 3\,500(P/F,15\%,1) + (4\,500 - 1\,200)$$
$$(P/F,15\%,2)] \times (A/P,15\%,2)$$
$$= 6\,482(元)$$
$$ACO_3 = AC_3 = 6\,424(元)$$

可见,$ACO_t(t=1,2,3)$ 都大于新设备经济寿命期的年均使用成本 6 277 元,所以当企业在较长时间内需要使用该设备时应立即更换旧设备,使用新设备。

二、设备大修与设备更新的简单比较分析

设备大修和设备更新都是应用相当广泛的针对设备磨损的补偿方式,在考虑设备补偿方式时,应对继续使用旧设备、设备大修、原型更新、技术更新等几种补偿方式进行经济分析,决策指标就是各方案的总费用现值,以总费用现值最小作为方案选择的判别标准。

在进行方案比较选择时,各方案的计算公式如下:

1. 继续使用旧设备

$$PC_o = \frac{1}{\beta_o}\left[K_o - J_{on}(P/F,i,n) + \sum_{t=1}^{n} C_{ot}(P/F,i,t)\right] \quad (9\text{-}12)$$

2. 设备大修

$$PC_r = \frac{1}{\beta_r}\left[K_r - J_{rn}(P/F,i,n) + \sum_{t=1}^{n} C_{rt}(P/F,i,t)\right] \quad (9\text{-}13)$$

3. 采用新设备

$$PC_n = \frac{1}{\beta_n}\left[K_n - J_{nn}(P/F,i,n) + \sum_{t=1}^{n} C_{nt}(P/F,i,t)\right] \quad (9\text{-}14)$$

式中,PC_o、PC_r、PC_n 为继续使用旧设备、设备大修和采用新设备的总费用现值;K_o 为旧设备当前的重置价值;K_r、K_n 为设备大修和采用新设备的期初投资;J_{on}、J_{rn}、J_{nn} 为继续使用旧设备、设备大修和采用新设备对应的 n 年后的设备残值;C_{ot}、C_{rt}、C_{nt} 为继续使用旧设备、设备大修和采用新设备第 t 年的运行费用;β_o、β_r、β_n 为继续使用旧设备、设备大修和采用新设备的生产率系数。

[例题 9-7] 某企业 6 年前以 22 000 元购买了一台设备,还可以继续使用 3 年,若现行处理可得 5 000 元。现考虑对其进行大修或者购买新设备等几种方案,具体数据如表 9-8 所示。假设基准收益率为 15%,请问:如果设备的服务年限在 1 年到 10 年时,企业应该选择哪种方案?

表 9-8 四种方案的运行费用及残值表   单位:元

方案	继续使用旧设备		设备大修		原型更新		技术更新	
投资	0		12 000		20 000		28 000	
生产效率系数	0.75		0.95		1		1.5	
年份(t)使用年限(n)	运行费用	残值	运行费用	残值	运行费用	残值	运行费用	残值
1	3 600	3 000	1 300	12 000	800	11 000	500	14 000
2	4 800	1 500	1 700	10 500	1 100	9 500	700	12 000
3	6 400	500	2 200	9 000	1 500	8 000	1 000	10 500
4			2 800	7 500	2 000	7 000	1 400	9 000
5			3 400	6 000	2 600	6 000	1 900	7 500
6			4 400	4 500	3 300	5 000	2 500	6 500
7			5 600	3 500	4 100	4 000	3 200	5 500
8			7 000	2 500	5 000	3 000	4 000	4 500
9					6 000	2 000	4 900	3 500
10					7 100	1 000	5 900	2 500

解:首先计算各方案的总费用现值。

继续使用旧设备的总费用现值如表 9-9 所示。

表 9-9 继续使用旧设备的总费用现值计算表   单位:元

年份(t)	年运行费用 ①	年末残值 ②	生产效率系数 ③	$(P/F,15\%,t)$ ④	总费用现值 ⑤=[5 000×$(P/F,15\%,1)$+①现值累加−②×④]/③
1	3 600	3 000	0.75	0.8696	6 493.01
2	4 800	1 500	0.75	0.7561	13 298.25
3	6 400	500	0.75	0.6575	19 982.79

进行设备大修的总费用现值如表 9-10 所示。

表 9-10　设备大修的总费用现值计算表　　　　　　　　　单位：元

年份 (t)	年运行费用 ①	年末残值 ②	生产效率系数 ③	$(P/F, 15\%, t)$ ④	总费用现值 ⑤＝[(5 000＋12 000)×$(P/F, 15\%, 1)$＋①现值累加－②×④]/③
1	1 300	12 000	0.95	0.8696	5 766.82
2	1 700	10 500	0.95	0.7561	9 747.37
3	2 200	9 000	0.95	0.6575	13 397.95
4	2 800	7 500	0.95	0.5718	16 797.99
5	3 400	6 000	0.95	0.4927	19 951.44
6	4 400	4 500	0.95	0.4323	23 046.15
7	5 600	3 500	0.95	0.3759	25 924.82
8	7 000	2 500	0.95	0.3269	28 858.19

原型更新的总费用现值如表 9-11 所示。

表 9-11　原型更新的总费用现值计算表　　　　　　　　　单位：元

年份 (t)	年运行费用 ①	年末残值 ②	生产效率系数 ③	$(P/F, 15\%, t)$ ④	总费用现值 ⑤＝[20 000×$(P/F, 15\%, 1)$＋①现值累加－②×④]/③
1	800	11 000	1	0.8696	8 522.08
2	1 100	9 500	1	0.7561	11 736.44
3	1 500	8 000	1	0.6575	14 645.64
4	2 000	7 000	1	0.5718	17 046.64
5	2 600	6 000	1	0.4927	19 358.76
6	3 300	5 000	1	0.4323	21 607.05
7	4 100	4 000	1	0.3759	23 806.14
8	5 000	3 000	1	0.3269	25 963.54
9	6 000	2 000	1	0.2843	28 081.44
10	7 100	1 000	1	0.2472	30 157.96

技术更新的总费用现值如表 9-12 所示。

表 9-12　技术更新的总费用现值计算表　　　　　　　　　单位：元

年份 (t)	年运行费用 ①	年末残值 ②	生产效率系数 ③	$(P/F, 15\%, t)$ ④	总费用现值 ⑤＝[28 000×$(P/F, 15\%, 1)$＋①现值累加－②×④]/③
1	500	14 000	1.5	0.8696	8 406.13
2	700	12 000	1.5	0.7561	10 826.45
3	1 000	10 500	1.5	0.6575	12 711.08

(续表)

年份 (t)	年运行 费用 ①	年末 残值 ②	生产效率 系数 ③	$(P/F,15\%,t)$ ④	总费用现值 ⑤＝[28 000×$(P/F,15\%,1)$ ＋①现值累加－②×④]/③
4	1 400	9 000	1.5	0.5718	14 416.46
5	1 900	7 500	1.5	0.4927	15 991.05
6	2 500	6 500	1.5	0.4323	17 324.25
7	3 200	5 500	1.5	0.3759	18 621.17
8	4 000	4 500	1.5	0.3269	19 890.50
9	4 900	3 500	1.5	0.2843	21 136.55
10	5 900	2 500	1.5	0.2472	22 360.23

各种方案每年的总费用现值如表 9-13 所示。

表 9-13　各种方案每年的总费用现值比较分析表　　　　　　　单位：元

年份	继续使用旧设备	设备大修	原型更新	技术更新
1	6 493.01	5 766.82	8 522.08	8 406.13
2	13 298.25	9 747.37	11 736.44	10 826.45
3	19 982.79	13 397.95	14 645.64	12 711.08
4		16 797.99	17 046.64	14 416.46
5		19 951.44	19 358.76	15 991.05
6		23 046.15	21 607.05	17 324.25
7		25 924.82	23 806.14	18 621.17
8		28 858.19	25 963.54	19 890.50
9			28 081.44	21 136.55
10			30 157.96	22 360.23

从表 9-13 可以看出，如果企业仅仅再使用该设备一年，那么设备大修为最优方案，总费用现值为 5 766.82 元；如果企业在未来两年内都要使用该设备，那么进行设备大修仍为最优方案，总费用现值为 9 747.37 元；如果企业在今后三年或三年以上的时间内使用该设备，那么最优方案就是进行技术更新，总费用现值为表 9-13 最后一列对应的数字。

本章小结

1. 设备磨损是指设备在使用或闲置过程中由于物理作用(如摩擦、冲击、振动、弯曲等)、化学作用(如腐蚀、氧化等)或技术进步而发生的实物形态变化和技术性能的低劣化。设备磨损包括有形磨损和无形磨损，前者是指机器设备在使用或闲置过程中所发生的实体磨损，后者是指由于技术进步而引起的设备贬值，这两种磨损同时作用于机器设备所引起的磨损称为综合磨损。有形磨损包括第Ⅰ种有形磨损和第Ⅱ种有形磨损，无形磨损包括第Ⅰ种无形磨损和第Ⅱ种无形磨损。本章给出了有形磨损和无形磨损的计算公式。

2. 为了恢复已磨损设备的生产能力和保证企业生产经营的正常进行,必须对设备磨损进行补偿。对于不同形式和不同程度的磨损,应采取不同的补偿方式。补偿方式包括现代化改装、修理和更新三种形式,其中更新包括原型更新和技术更新。

3. 工程项目中设备的寿命一般分为四种,即自然寿命、技术寿命、折旧寿命和经济寿命,本章涉及的设备寿命主要是经济寿命,同时给出了设备经济寿命的计算方法。

4. 修理按其内容和工作量可分为日常维护、小修、中修和大修。其中,设备大修是设备修理中规模最大、费用最高、用时最长的一种计划修理,是对设备在原有实物形态上的一种局部更新。本章给出了设备大修间隔期、大修次数、运行费用之间的关系和设备大修的经济判据。

5. 本章给出了设备更新的决策原则和决策方法。原型更新决策方法包括低劣化数值法和最小年费用法;技术更新决策方法包括更新收益率法和年使用成本最小法。

6. 对设备大修和设备更新进行了比较分析。

思考练习题

1. 简述有形磨损、无形磨损的概念并举例说明。
2. 设备磨损的补偿方式都有哪些?
3. 什么是设备的经济寿命?
4. 设备大修必须满足哪两个经济条件?
5. 什么是设备更新?有哪几种方式?
6. 某设备的原始价值为 20 000 元,可以使用 8 年,其年运行费用和年末残值如练表 9-1 所示。若基准收益率为 15%,试计算此设备在不考虑时间价值和考虑时间价值两种情况下的经济寿命。

练表 9-1 设备年运行费用和年末残值表 单位:元

年份	1	2	3	4	5	6	7	8
年运行费用	1 200	1 600	2 100	2 700	3 400	4 200	5 100	6 100
年末残值	16 000	13 000	11 000	9 000	7 000	5 000	3 000	1 000

7. 某设施的原始价格为 20 000 元,每年低劣化增加值为 800 元。问:设施的最优更换期为几年?

8. 某设施的原始价格为 20 000 元,每年低劣化增加值为 800 元,设备残值为 0。若基准收益率为 15%,试采用最小年费用法计算设备的最优更换期。

9. 某工厂一台装置已使用 5 年,拟进行一次大修,预计费用为 20 000 元,大修前的价值为 8 000 元,大修后设备的价值为 22 000 元。大修后年产 30 000 件产品,年运行成本 50 000 元,3 年后残值 2 000 元。新设备价值 80 000 元,预计 5 年后进行一次大修,大修时的残值为 15 000 元,期间年产 50 000 件产品,年运行费用为 75 000 元。若基准收益率为 15%,问:大修是否合理?

10. 某企业在5年前以20 000元的价格购置了一台设备,现今账面价值10 000元,估计还可以继续使用5年,年运行费用大约7 000元,预计5年后残值800元,目前此设备的市场售价为8 000元。目前市场上出现此类设备的改进型号,售价25 000元,预计可以使用12年,12年后残值1 200元,年运行费用大约2 800元。现有两个方案,一是继续使用旧设备,二是将旧设备出售并购买新设备。若基准收益率为15%,问:哪个方案最优?

11. 某设备目前价值18 000元,如继续使用,还可使用3年。如果对该设备进行一次大修,则还可使用6年,大修费用为20 000元。不进行大修并继续使用和进行大修后继续使用的年运行费用如练表9-2所示。不计残值,基准折现率为15%,请问:是否应该对该设备进行大修?

练表9-2 不进行大修并继续使用和进行大修后继续使用的年运行费用表　　单位:元

年份(t)	1	2	3	4	5	6
不进行大修时的年运行费用	5 000	8 000	12 000			
进行大修后的年运行费用	2 000	4 000	6 000	8 000	11 000	14 000

12. 某企业5年前花50 000元购买了一台设备,目前重估价值为12 000元,还可使用3年。如今市场上出现一种改良的新型号,售价40 000元,寿命为8年。新旧设备的年运行费用和残值见练表9-3,基准收益率为15%。

请问:(1) 若企业只需使用该设备3年,是否需要更新,何时更新?

(2) 若企业将在较长时间内使用该设备,是否需要更新,何时更新?

练表9-3 新旧设备的年运行费用和残值　　单位:元

年份(t)	旧设备		新设备	
	运行费用	残值	运行费用	残值
1	7 000	7 000	1 500	32 000
2	8 500	3 000	1 700	28 000
3	11 000	1 000	1 900	24 000
4			2 500	20 000
5			3 100	16 000
6			3 700	12 000
7			4 500	7 000
8			5 500	2 000

13. 某企业6年前以48 000元购买了一台设备,现行处理可得9 000元,还可以继续使用3年。现考虑对其进行大修或者购买新设备等几种方案,具体数据如练表9-4所示。若基准收益率为15%,请问:如果设备的服务年限介于1年到10年间,企业应该选择哪种方案?

练表 9-4 三种方案的运行费用和残值　　　　　　　　　　单位:元

方案	继续使用旧设备		设备大修		原型更新		技术更新	
投资	0		20 000		36 000		43 000	
生产效率系数	0.78		1		0.92		1.3	
年份(t)使用年限(n)	运行费用	残值	运行费用	残值	运行费用	残值	运行费用	残值
1	5 500	7 000	2 500	18 000	2 000	28 000	1 600	36 000
2	8 000	4 000	3 300	16 000	2 600	25 000	2 100	33 000
3	11 000	500	4 100	14 000	3 200	22 000	2 600	29 000
4			4 900	12 000	3 800	19 000	3 200	27 000
5			5 900	10 000	4 400	16 000	3 800	23 000
6			6 900	7 000	5 200	13 000	4 400	19 000
7			7 900	4 000	6 000	10 000	5 200	15 000
8			8 900	1 000	6 800	7 000	6 000	11 000
9					7 600	4 000	6 800	6 500
10					8 400	1 000	7 600	2 000

21世纪经济与管理规划教材

管理科学与工程系列

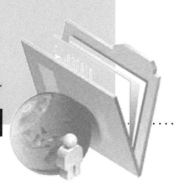

第十章 可行性研究

本章主要阐述可行性研究的基本内容及可行性研究报告的章节安排。通过学习,要求掌握可行性研究的内涵、作用及阶段划分;熟悉可行性研究的主要内容;了解市场分析、技术分析和经济分析的方法;了解可行性研究报告的章节安排。

第一节　可行性研究的作用

一、可行性研究的定义

可行性研究（又称为可行性分析）是 20 世纪 30 年代美国开发田纳西河流域时首先提出的，目前已被许多国家广泛用于研究工程建设项目的技术先进性、经济合理性和建设可能性。

对于可行性研究的内涵，通常有以下三种不同的定义：

(1) 从本身的词性进行定义。可行性（feasibility），英文原意是"做到或实现的可能性，成功的可能"，并且与"可能性"同义。

(2) 从研究内容进行定义。可行性研究是对一项投资或研究计划进行全面的调查研究，对拟建项目的必要性、可实现性及对经济和社会的有利性等方面所做的全面而系统的综合研究。

(3) 从可行性研究的作用进行定义。认为可行性研究是用于"判断是放弃这个项目还是在下一阶段继续进行工作或支付费用"的研究。

工程项目的可行性研究，就是对新建或改扩建项目的一些主要问题，如市场需求、资源条件、建设条件、资金来源、设备选型、环境影响等因素，从技术和经济两个方面进行详尽的调查研究、分析计算和方案比较，并对该项目建成后可能取得的技术经济效果和社会影响进行预测，从而提出该项目是否值得投资和怎样投资的建议，为投资决策提供可靠的依据。实践表明，开展可行性研究工作，可以避免盲目上马所造成的巨大浪费和损失，提高固定资产的投资效益，使有限的资金创造出最大的经济效益和社会效益。

可行性研究主要回答以下四个方面的问题：

(1) 项目是否必要？
(2) 项目能否实现？
(3) 实现后的效果如何？
(4) 项目的风险大小如何？

二、可行性研究的阶段划分

（一）项目周期

根据工程项目的工作重点的不同，项目周期通常可分为三个时期、十个阶段。具体构成如图 10-1 所示。

1. 建设前时期

建设前时期（即投资前期）主要通过项目的规划设想、产品及技术方案的初步选择、生产规模及厂址的选择、资金规划、经济评价等方面的研究，论证各投资方案的可行性，进行方案优选，提出推荐方案，完成对工程项目的投资决策。因此，建设前时期的主要工作是进行可行性研究。

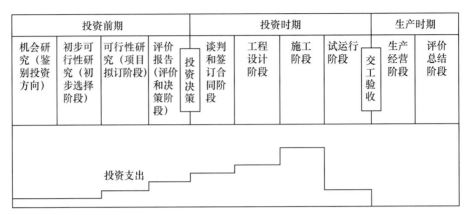

图 10-1　项目周期的工作重点及投资支出情况

尽管建设前时期所需要的资金数量较少，但是，它是决定项目投资命运的关键时期。实践表明，一项投资活动的成败主要取决于投资前的研究和分析是否适当。

2. 投资时期

投资时期（即建设时期）的主要工作包括谈判及签订合同、工程项目设计、施工安装、职工培训和试运行投产。这个时期工作的重点是进行有效的项目管理，以保证项目按时、按质、按照预算费用完工，提早发挥投资效果。

3. 生产时期

生产时期的重点工作是生产经营活动，通过生产管理、技术管理、营销管理、人力资源管理等保证企业在整个寿命期内获得预期的经济效益和社会效果。这个时期不仅反映了建设前时期可行性研究的工作质量和建设时期的工作质量，而且也会影响项目的经济效益。

（二）可行性研究的阶段划分

可行性研究的主要目的是为企业投资决策提供支持。根据可行性研究目的、要求和内容的不同，可行性研究可划分为以下三个阶段：

1. 机会研究

机会研究的主要任务是为工程项目投资方向提出建议，即在一个确定的地区或部门内，以自然资源和资金为基础，寻找最有利的投资方向和投资机会。

在机会研究阶段，考虑一个项目的投资机会，主要分析和研究自然资源条件、工业布局、进口替代、资金条件、政府的有关政策法令等因素。

机会研究阶段主要依靠估计和经验判断对投资和成本进行估算，因而精确程度较差。一般允许的误差为 $\pm 30\%$，所需费用约占投资总额的 0.2%—1.0%。

2. 初步可行性研究

初步可行性研究是在机会研究的基础上，对项目是否可行所做的较为详细的分析论证。它主要解决以下两个问题：

（1）投资机会是否有希望。就收集的有关资料进行详细的分析、研究，以便做出是否值得进一步深入研究的决策。

（2）有哪些关键性问题需要进行辅助研究，如市场考察、实验室试验、中间工厂试验、厂址选择、生产规模研究、设备选择方案等。

这一阶段对投资和成本估算允许的误差为±20%，所需费用占总投资的0.25%—1.5%。

3. 可行性研究

可行性研究又称为详细可行性研究，是整个项目可行性研究最为关键的阶段。这一阶段主要解决有关产品的市场定位、生产能力、生产技术方案、原料投入、投资费用和生产成本的估算、投资收益、贷款偿还能力等问题。该阶段的研究结论是工程项目在技术、经济和商业上进行投资决策的基础。

可行性研究阶段项目投资估算允许误差为±10%，所需费用占总投资的比例，小型项目为1.0%—3.0%，大型复杂工程为0.2%—1.0%。

可行性研究所需要的时间长短，应视项目投资规模、建设内容的多少而定。一般情况下，小型项目需要半年至一年时间，大中型项目需要一年以上的时间。对于特大工程项目，需要花费很长的时间，并且需要反复论证才能完成可行性研究，做出投资决策。例如，三峡工程项目从开始提出到做出投资决策，历经了几十年的时间。

三、可行性研究的作用

可行性研究作为投资前期的重要工作，在投资决策中具有重要的地位和作用，主要体现在以下四个方面：

（1）作为项目决策的依据；

（2）作为项目融资的依据；

（3）作为编制设计方案和施工图的依据；

（4）作为向当地政府或环境保护当局申请建设执照的依据。

四、可行性研究的依据

根据可行性研究阶段的不同，完成可行性研究报告的依据也不尽相同。

在机会研究阶段，为了判别投资机会、做好投资方向的选择，通常需要：

（1）了解国家或地区、行业的发展规划和计划；

（2）熟知国家在产业发展方面的政策、法规；

（3）掌握经国家批准的有关资源报告。

在项目可行性研究阶段，研究的主要依据有：

（1）项目建议书、委托单位其他文字材料；

（2）自然、地理、地质、经济、社会等基础资料；

（3）水、电、气、交通、原材料、燃料等外部资源；

（4）有关的技术标准、规范；

（5）国家颁布的有关项目评价的方法与参数。

第二节 可行性研究的基本内容

根据联合国工业发展组织(UNIDO)编写的《工业项目可行性研究手册》，结合我国国情，一般项目的可行性研究通常由三项关键内容、十项具体内容构成，如图10-2所示。

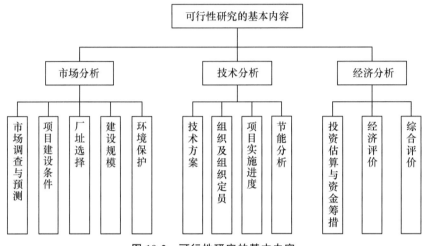

图10-2 可行性研究的基本内容

一、市场分析

市场分析是指通过市场调查和供求分析，根据项目产品的市场环境、竞争能力和竞争者状况，分析、判断项目投产后所生产的产品在限定时间内是否有市场，以及采取怎样的营销战略来实现销售目标。

市场分析的主要目的是：搞清楚项目产品的市场状况(产品市场容量、市场特征、需求量变化趋势以及竞争程度等)，初步确定生产规模，初步测算项目的经济效益。

(1) 根据市场发展变化情况确定项目产品的目标市场；

(2) 进行市场现状分析及发展趋势预测；

(3) 明确目标市场的特征；

(4) 预测项目产品的销售量，确定销售策略。

通过上述研究，为项目提供生产什么产品、为谁生产、生产多少、价格是多少等信息。

(一) 市场调查与预测

1. 市场调查

(1) 市场调查的基本内容。

在工程项目可行性研究过程中，市场调查的主要内容包括：① 拟建项目产出物用途调查；② 产品现有生产能力调查；③ 产品产量及销售量调查；④ 替代产品调查；⑤ 产品价格调查；⑥ 国外市场调查。

(2) 市场调查的基本方法。

在开展市场调查时，有以下三种基本方法可供选择：① 询问调查法，即调查者通过直接或间接的方式,以询问问题的方式从被调查者那里收集资料,通常在调查前预先准备好许多问题,并设计调查表,以便询问。根据获得信息媒介的不同,询问调查法又可分为个人调查法、电话调查法、会议调查法和填表调查法四种。② 观察调查法,即调查人员直接到现场进行观察或利用某种仪器进行拍摄,以此来收集所需的资料。③ 实验调查法,即通过小规模的销售实验或模拟实验来对各种市场营销因素进行测定和了解。

2. 市场预测

市场预测是市场调查在时间和空间上的延续,是利用市场调查所获得的信息资料,对项目产品未来的市场需求量及相关因素进行的定量(或定性)的判断和分析。在可行性研究工作中,市场预测的结论是制订产品方案、确定项目建设规模所必需的依据。

市场预测主要从以下几个方面展开:

(1) 国内市场需求预测;

(2) 产品出口或进口替代分析;

(3) 价格预测;

(4) 产品销售收入预测。

(二) 项目建设条件

1. 资源条件

资源是指项目需要利用的自然资源,如矿产、森林、生物、土壤、地面或地下水资源等。项目所需资源的来源、数量、运输方式、供应条件以及今后发展和开发的趋势等,均是项目建设的前提条件。在可行性研究报告中,对项目在有效期内所需资源及其来源的可靠性,应进行深入调查和科学论证。

评价自然资源条件时应抓住以下三个方面:

(1) 技术的可能性。技术的可能性是指对项目所需的自然资源进行的技术研究,如生产技术是否成熟等。

(2) 获得的可能性。获得的可能性是指项目所需的资源能否获得可靠的供应。例如,矿产资源的储量、可能供应的数量和质量、开采方法、开采价值、开采年限及接替问题;对于农产品资源,要研究建厂地区能否就地取材,是否有种植面积降低的危险;对于需要进口的资源,要慎重研究供应的可能性、可靠性、合理性,以及国家的关税政策,并充分阐明这种进口对企业生产和国家的影响。此外,目前水资源普遍紧张,即使在江南和沿海地区,一些大的工程项目也会遇到水资源短缺的问题。特别需要指出的是,对于大型发电厂等项目一定要考察水资源情况,并分析其取水方案与当地人民生活用水及农业用水是否发生冲突。

(3) 运输的可能性。运输的可能性也是落实资源的重点内容之一,不但要分析资源的运输条件、运输方式和运输费用,还要分析资源运输过程中可能存在的薄弱环节及其相应的对策。

2. 原材料及主要辅助材料条件

(1) 原材料、主要辅助材料的需用量及供应。在进行可行性研究的过程中,应按照项目的生产要求,分别分析、研究所需的原材料及主要辅助材料的名称、品种、规格、成分、质量,以及年需用量(包括年耗用量、储运损耗量)。

在对原材料及主要辅助材料的供应进行分析时,重点应从以下四个方面展开研究:① 原材料质量研究;② 原材料可供应量研究;③ 原材料价格研究;④ 原材料运输研究。

(2) 燃料、动力及其他公用设施的供应。燃料、动力及其他公用设施是指生产所需的煤、电、水、汽、气、油等。在可行性研究过程中,对燃料、动力及其他公用设施供应的研究主要包括以下内容:① 生产所需燃料、动力及公用设施的来源及供应条件;② 燃料、动力及公用设施获得的可能性;③ 燃料、动力及公用设施获得的成本等。

(三) 厂址选择

1. 建厂地区选择的基本原则

选择建厂地区,除必须符合行业布局、国土开发规划外,还应考虑资源、区域地质条件、交通运输和环境保护等因素。其原则是:

(1) 自然条件满足项目的特定生产需要和排放要求;

(2) 靠近原料产地和市场;

(3) 具有良好的投资环境和公共政策;

(4) 运输条件优越;

(5) 有可供利用的社会基础设施和协作条件;

(6) 土地使用有优惠条件,可不占或少占良田,地质条件符合要求。

在进行方案比选时,应重点论证所选地区在行业政策上的正确性、技术上的可行性和经济上的合理性。

2. 建厂地点选择的基本原则

在对项目厂址进行研究时,一般可按下列内容进行:

(1) 地形、地貌、地质的比较。① 工厂交通、供电、取水、排污等与外界发生直接关系的方位、地形;② 平整土地、防水、防洪、废渣堆放等。

(2) 占用土地情况的比较。比较占用耕地、林地、荒地、山坡等面积的比例,以尽可能少占耕地、林地为原则,做出占地用地情况的评价。

(3) 拆迁情况的比较。包括原有地面建筑物需拆除的数量、原有居民需迁移的人数及拆迁安排等条件和难度的比较。

(4) 各项费用的比较。由于各个可供选择地段条件不同,在费用上会产生较大差别,需进行多方案比较。① 土地费用。如土地购置、拆迁、场地整治、青苗赔偿以及土方处理等费用比较。② 交通运输整治费。如需要建设或整治的运输线路、转运场站等费用比较。③ 基础处理费。如不同工程地质需用不同地基和基础处理的费用比较。④ 取水、防洪、排污设施所需费用比较。⑤ 抗震所需费用比较。⑥ 环境保护、生活设施等费用比较。

在实际工作中,具体厂址的选择不一定要与建设地区的选择分开,往往是厂址选择与建厂地区的选择合并进行。两者通常相辅相成地交叉进行。

建设地区选定以后,通常可以在这个地区内选择若干可供建厂的地段,因此,需要利用方案对比分析法、综合评价法对具体方案进行比较,最后从中选取一个比较理想的厂址。

(四) 建设规模

1. 影响建设规模的因素

建设规模又叫设计生产能力,是指项目生产一定质量标准的产品的最大能力。一般用实物单位或标准实物单位来计量。它主要受到市场因素、技术因素和环境因素(政策因素、燃料动力供应、协作及土地条件、运输及通信条件)的影响。

对于工业项目,决定项目规模的主要因素有:① 项目产品在未来的销售量;② 资本金与融资能力;③ 项目所用技术及工艺路线;④ 各种生产投入物及能源的供应量和可靠性;⑤ 经济规模;⑥ 风险及项目主体的风险承受能力。

2. 建设规模的确定方法[①]

为了确定所建项目的经济规模,必须首先确定项目的起始规模。

(1) 项目起始规模的确定方法。所谓**项目起始规模**,是指在经济合理条件下项目的最小生产规模,是确定项目经济规模的基础。

项目起始规模确定的基本程序为:① 选定适合生产该产品采用的先进技术与工艺过程;② 根据加工产品零件的工艺过程确定劳动定额,进而确定所需要的生产设备构成和数量;③ 计算使全部机器设备充分负荷(100%)时的产量。在确定设备负荷时,应使大部分设备和重要设备在两班制条件下达到接近 100% 的负荷,次要设备不低于一个班的负荷,全部设备的总负荷按两班制计算应达到 80%—85%,并经总体调整平衡,这样计算得出的最小规模就是起始规模。

起始规模是确定项目经济规模的基础。确定项目起始规模,是为了说明市场对某种产品的需求量低于最小规模的产量时,不宜单独建厂;而市场对某种产品的需求量大于最小规模的产量时,就要依据建厂的其他条件,确定项目的经济规模,并进而选择最优建设方案。

(2) 项目经济规模的确定方法。所谓**经济规模**,是指在一定的生产技术装备条件下,能够充分发挥企业各种资源的效能,取得最大利润的生产规模。不同的工业部门有不同的经济规模,即使在同一工业部门,行业不同、技术装备不同,其经济规模也不尽相同。

确定项目经济规模常用的方法是经济规模分析图法。该方法将总成本、固定成本、变动成本、销售收入等指标与产品产量的关系用图来表示并加以研究(见图 10-3)。

图 10-3 中 C 点即为经济规模。在这一点上,项目所获得的利润最高,因此,拟建项目的生产规模应据此而定。但是,实际上,由于一些具体条件的限制或影响,项目生产规模不能达到 C 点所示规模,而是在 B、D 之间波动。因此,B—D 区域也构成了项目经济规模的优选区域。

在确定项目生产规模时,还必须考虑其他一些重要因素,如市场需求量、建设资金的数量、原材料、能源、土地的来源、交通条件、环境保护、协作条件、公共设施等。

[①] 刘新梅:《工程经济分析》,西安交通大学出版社 2002 年版。

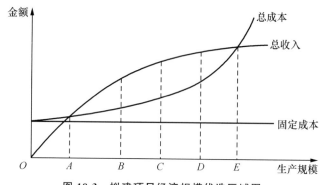

图 10-3 拟建项目经济规模优选区域图

（五）环境保护

根据国家发改委的有关规定，项目可行性研究必须对环境保护内容进行研究。研究的主要内容为：

(1) 建设地区的环境状况；
(2) 主要的污染源和污染物；
(3) 资源开发可能引起的生态变化情况；
(4) 项目实施的环境保护措施及标准；
(5) 环境保护投资情况；
(6) 环境影响评价的结论；
(7) 存在的问题及建议。

案例：最佳厂址的确定

青铜峡铝业电厂厂址的影响因素分析[①]

一、电厂选址应遵循的基本原则

火力发电厂的厂址选择与政治、经济、经济、技术和文化等方面息息相关，必须要从全局着手，综合考虑各个方面，是一项关系十分重大的工程。首先，它必须受国家有关法律法规的约束，受国家政策的指导，必须认真执行党的指导思想，全面贯彻各项方针和政策。其次，厂址选择应符合国民经济建设计划、工业布局的要求、燃料基地分布情况、电力系统规划、运煤或输电条件，并结合地区建设计划、负荷的发展和自然条件等因素来综合考虑。最后，国家对环境保护的要求也越来越高，发电厂在为推动经济做贡献的同时，也要尽可能地减少对环境的破坏，维持生态平衡，寻找可持续发展。总的来说，火电厂建设选址问题要符合以下几个原则：

(1) 符合工业布局和城市规划的一般原则。根据国家政策，厂址选择必须要从全局出发，统筹兼顾，综合考虑全国工业布局或区域性总体规划的要求和各工业部门布局

---

① 焦旭光：《青铜峡铝业自备电厂选址研究》，西安交通大学硕士论文，2010。

的特点,满足工业布局和城市规划的要求。在利用现在城市公用设施、节约投资的同时,又要符合城市的整体规划要求,寻求总体效益最大化。

(2) 合理利用土地资源。由于我国人均土地资源缺乏,经济合理地利用土地资源是厂址选择的基本原则。在满足生产工艺的前提条件下,要合理布局,充分利用土地资源,少占或不占农田,充分利用劣地和荒地,符合可持续发展的要求。因此,厂址选择贯彻执行"十分珍惜和合理利用每寸土地,切实保护耕地"的基本国策。

(3) 原料、燃料等资源充足落实。厂址选择要考虑原料、燃料的运输问题,一般选择靠近原料、燃料的来源地,节约运输成本,保证资源的充足供应。

(4) 交通运输便利。无论是原材料的来源,还是销售最终产品,都不得不考虑运输成本的问题。便利的交通运输条件是企业正常生产所必需的。一般对于对运量大、运输频繁的企业选址都会考虑靠近铁路、公路枢纽以及港口、码头。

(5) 有利于环境保护。从长期发展只有保持环境生态的平衡才能实现长期发展,因此必须做好环境保护工作,对于可能对环境造成污染的企业的选址不应靠近和影响风景游览区和自然资源保护区,应位于城镇和居住区全年最小频率风向的上风侧和饮用水源的下游,且不应位于窝风地带。另外,厂址要有利于企业三废的综合治理,防止环境被污染,维持生态平衡。

(6) 灰场空间足够大。灰场的选择是火电厂这种特殊企业要重视的一个因素。在发电燃烧煤的过程中,会产生大量的灰渣,贮灰场对于燃煤电厂必不可少;贮灰场可以保证电厂正常生产,也可以治理灰渣污染。厂址选择与工程设计、施工、投产要综合考虑,保证生产的顺利进行。

(7) 出线顺利。发电厂发出的电在输送给用户的过程中,必须要做好规划,包括电厂规划容量、各级电压出线回路数等要与出线走廊相适应,尽量避免迂回浪费。而且考虑到高压输电,厂址距离用户不宜太远。

(8) 方便企业协作。厂址选择是考虑到与周围的企事业单位共用一些基础设施,相互依托,协作生产,以节约企业投资,用最小的投资获得最大的效用。

二、电厂选址的影响因素分析

有关电厂选址的影响因素,众多学者从不同的角度进行了深入的研究,取得了丰富的研究成果。有学者认为,火力发电厂具有特殊属性,影响因素除了满足一些电力系统要求之外,还必须考虑到取排水条件、灰场、厂址区域的稳定性等;电厂选址主要应考虑建设投资、运行及扩建条件、施工条件、燃料及运输、水源及供水、地质、土石方量、除灰、电气出线、环境保护、生活条件、拆迁及占地;应从政治、经济、社会、环境、地理、技术六个方面进行了探讨。

结合青铜峡铝业公司自备电厂建设的需要,青铜峡铝业自备电厂选址应考虑以下5个方面的因素,具体因素如表10-1所示。

表 10-1 青铜峡铝业电厂选址的影响因素及评价指标

	一级因素	二级因素
青铜峡铝业电厂选址	B1:地理因素	C1:厂址地理位置条件
		C2:地质地貌条件
		C3:水文气象条件
		C4:防洪防涝条件
	B2:技术因素	C5:交通运输条件
		C6:燃料供应
		C7:水源条件
		C8:灰场条件
		C9:出线条件
	B3:环境因素	C10:大气环境影响
		C11:水环境影响
		C12:噪声环境影响
		C13:废渣污染
		C14:占用农田影响
		C15:动植物生态影响
	B4:经济因素	C16:建设总投资
		C17:投资回收期
		C18:投资利润率
		C19:年运行费用
		C20:建设用地面积
	B5:社会因素	C21:当地政府意见
		C22:对当地经济的影响
		C23:对当地居民生活的影响
		C24:电厂职工生活条件

二、技术分析

（一）技术方案

技术方案是可行性研究的重要组成部分。在技术方案的研究中,主要研究项目应采用的生产方法、工艺和工艺流程、重要设备及其相应的总平面布置、主要车间组成及建筑物结构等。在此基础上,估算土建工程量和其他工程量。在这一部分,除文字叙述外,还应列表说明一些重要数据和指标,并绘制总平面布置图、工艺流程示意图等。

在选择技术方案时必须考虑以下因素：

（1）技术是否先进成熟；

（2）是否适合所用的原料特性；

（3）是否符合产品所定的质量标准；

(4) 能否适应拟建地区现有工业水平；

(5) 在维修、操作、人员培训等方面是否有不能克服的障碍；

(6) 所需投入物的规格和质量能否满足生产要求，并与地区的技术吸收能力、劳动力来源相适应等。

（二）组织及组织定员

在可行性研究报告中，根据项目规模、项目组成和工艺流程，研究提出相应的企业组织结构、劳动定员总数、劳动力来源及相应的人员培训计划。

企业组织结构包括生产系统、管理系统和生活服务系统，其设置主要取决于项目设计方案和企业生产规模。

对于一般的工程项目，最常用的组织结构是直线职能式组织结构。具体形式如图10-4 所示。

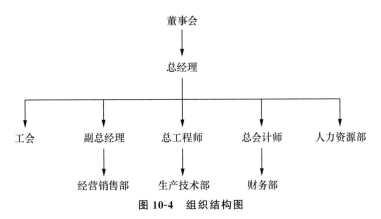

图 10-4　组织结构图

组织定员取决于项目规模、技术方案和企业的组织结构，同时与组织的经营管理水平、职员的技能水平有关。

（三）项目实施进度

项目实施时期的进度安排也是可行性研究报告的一个重要组成部分。

项目实施时期包括项目实施准备、资金筹集安排、勘察设计和设备订货、施工准备、施工和生产准备、试运行直到竣工验收和交付使用等各个工作阶段。这些阶段的各项投资活动和各个工作环节，有些是相互影响、前后紧密衔接的，也有些是同时开展、相互交叉进行的。因此，在可行性研究阶段，需要对项目实施时期的各个工作环节进行统一规划、综合平衡，做出合理而又切实可行的安排。项目实施进度安排有甘特图（横道图）和网络图两种表示方法。

表 10-2 给出了某项目的甘特图。

表 10-2 某项目的甘特图

序号	项目	前期				建设期																		投产运行					
	日期	1	2	3	4	5	6	7	8	9	10	11	12	13	14	15	16	17	18	19	20	21	22	23	24	25	26	27	28
1	可行性研究及分析	■																											
2	技术交流		■																										
3	合同签约			■																									
4	设备考察				■																								
5	第一次设计联络					■																							
6	施工图设计						■	■	■	■	■	■	■	■															
7	第二次设计联络									■																			
8	场地准备					■	■																						
9	设备订货								■	■	■	■	■	■	■														
10	土建施工									■	■	■	■	■	■	■	■	■	■	■	■	■							
11	设备到货															■	■	■											
12	第三次设计联络													■	■														
13	设备及管道安装																■	■	■	■	■	■	■	■					
14	人员培训																			■	■	■	■						
15	设备调试、空运转																								■	■			
16	设备验收、投料、试生产																										■	■	

（四）节能分析

节能分析也是所有可行性研究及研究报告中不可缺少的一项内容。在**节能分析**中，重点分析项目在实施过程中的资源利用、所采用的节能措施、节能标准和效果、能耗指标估算及结论以及节能工作的组织保障情况。

三、经济分析

（一）投资估算与资金筹措

建设项目的投资估算和资金筹措分析，是项目可行性研究的重要组成部分。在这个部分需要计算项目的投资总额，分析投资的筹措方式，并制订用款计划。

1. 投资估算

建设项目的投资估算主要包括建设投资估算和流动资金估算。

（1）建设投资估算。**建设投资估算**应在给定的建设规模、产品方案和工程技术方案的基础上，估算项目从建设到投入运营前所需的费用。

建设投资可按概算法或形成资产法分类估算。根据项目前期研究各阶段对投资估算精度的要求、行业特点和相关规定，可选用相应的投资估算方法。投资估算的内容与深度应满足项目投资决策各阶段的要求，并为融资决策提供基础。

建设投资分期使用计划应根据项目进度计划进行安排，并且需要明确各期投资额以及其中的外汇和人民币额度。

（2）流动资金估算。**流动资金**是指运营期内长期占用并周转使用的营运资金，不包括运营中临时性需要的营运资金。流动资金的估算基础是营业收入、经营成本和商业信用等。

流动资金可按行业或前期研究的不同阶段选用扩大指标估算法或分项详细估算法。

① 扩大指标估算法是参照同类企业流动资金占营业收入或经营成本的比例，或者单位产量占用营运资金的数额来估算流动资金。在项目初期研究阶段一般可采用扩大指标估算法，某些行业在可行性研究阶段也可采用此方法。

② 分项详细估算法是利用流动资产与流动负债估算项目占用的流动资金。一般先对流动资产和流动负债主要构成要素进行分项估算，进而估算流动资金。一般项目的流动资金宜采用分项详细估算法。

2. 资金筹措

一个建设项目所需要的投资资金，可以从多个渠道获得。在项目可行性研究阶段，资金筹措工作是根据对建设项目固定资产投资估算和流动资金估算的结果，研究落实资金的来源渠道和筹措方式，从中选择条件优惠的资金。

（二）经济评价

经济评价主要包括财务评价和国民经济评价。

1. 财务评价

财务评价是根据国家现行财务和税收制度以及现行价格，分析测算拟建项目未来的效益费用，考察项目建成后的盈利能力、偿债能力及财务生存能力等财务状况，以判断建设项目在财务上的可行性。

2. 国民经济评价

国民经济评价是一种对项目的宏观评价，按照资源合理配置的原则，从国家整体角度考虑项目的效益与费用，用货物的影子价格、影子工资、影子汇率和社会折现率等经济参数，分析、计算项目对国民经济的净贡献，评价项目的经济合理性。国民经济评价追求的目标是项目为国民收入带来的增量最大化。经济评价是决策部门考虑项目取舍的重要依据。

3. 财务评价与国民经济评价的区别

财务评价与国民经济评价的主要区别如表 10-3 所示。

表 10-3 财务评价与国民经济评价的主要区别

序号	比较内容	财务评价	国民经济评价
1	考察范围	企业	国家
2	追求目标	企业盈利最大	资源最优配置
3	效益费用的范围	项目实际收支，只计直接费用和效益	国民经济效益和社会消耗，不仅计入直接费用和效益，还计入外部效果
4	计量尺度	实际成交价	影子价格
5	考察原则	追踪货币流动	追踪资源流动
6	劳动价值	名义工资（工资＋福利基金）	影子工资
7	基准折现率	行业基准收益率	社会折现率
8	汇率	官方汇率	影子汇率
9	项目取舍	√ √ × × × √ √ ×（优惠措施→√）	√ × × √

注："√"表示评价指标通过，"×"表示评价指标没有通过。

（三）综合评价

在可行性研究中，除对以上各项经济指标进行计算、分析外，还应对项目的社会效益和社会影响等方面进行综合评价。

综合评价的主要内容包括：

（1）项目对国家（或地区）政治和社会稳定的影响，包括增加就业机会、减少待业人口带来的社会稳定的效益、改善地区经济结构、提高地区经济发展水平等；

（2）项目对当地科技、文化发展水平的影响；

（3）项目对当地基础设施发展水平的影响；

（4）项目对当地居民的宗教、民族习惯的影响；

（5）项目对合理利用自然资源的影响；

（6）项目的国防效益或影响；

（7）项目对保护环境和生态平衡的影响。

四、结论与建议

根据前面的研究分析结果,对项目在技术上、经济上进行全面的评价,对建设方案进行总结,提出结论性意见和建议。主要内容有:

(1) 对推荐的拟建方案建设条件、产品方案、工艺技术、经济效益、社会效益、环境影响给出结论性意见;

(2) 对主要的对比方案进行说明;

(3) 对可行性研究中尚未解决的主要问题提出解决办法和建议;

(4) 对应修改的主要问题进行说明,提出修改意见;

(5) 对不可行的项目,提出不可行的主要问题及处理意见;

(6) 可行性研究中主要争议问题的结论。

第三节 可行性研究报告

根据联合国工业发展组织编写的《工业项目可行性研究手册》,结合我国的具体实践所设计的《新建工业项目可行性研究报告》的具体内容及目录格式如表 10-4 所示。

表 10-4 可行性研究报告目录格式(新建工业项目)

第一章 项目总论	3.1.5 产品价格调查
1.1 项目背景	3.1.6 国外市场调查
1.2 可行性研究结论	3.2 市场预测
1.3 主要技术经济指标表	3.2.1 国内市场需求预测
1.4 存在问题及建议	3.2.2 产品出口或进口替代分析
第二章 项目背景和发展概况	3.2.3 价格预测
2.1 项目提出的背景	3.3 市场营销战略
2.1.1 国家或行业发展规划	3.3.1 营销方式
2.1.2 项目发起人和发起缘由	3.3.2 营销措施
2.2 项目发展概况	3.3.3 促销价格制度
2.2.1 已进行的调查研究项目及其成果	3.3.4 产品销售费用预测
2.2.2 试验试制工作(项目)情况	3.4 产品方案和建设规模
2.2.3 厂址初勘和初步测量工作情况	3.4.1 产品方案
2.2.4 项目建议书的撰写、提出及审批过程	3.4.2 建设规模
2.3 投资的必要性	3.5 产品销售收入预测
第三章 市场分析与建设规模	第四章 建设条件与厂址选择
3.1 市场调查	4.1 资源和原材料
3.1.1 拟建项目产出物用途调查	4.1.1 资源评述
3.1.2 产品现有生产能力调查	4.1.2 原材料及主要辅助材料供应
3.1.3 产品产量及销售量调查	4.1.3 需要进行生产试验的原料
3.1.4 替代产品调查	4.2 建设地区的选择

（续表）

4.2.1 自然条件	6.8.2 职业安全卫生主要设施
4.2.2 基础设施	6.8.3 劳动安全与职业卫生机构
4.2.3 社会经济条件	第七章 企业组织和劳动定员
4.2.4 其他应考虑的因素	7.1 企业组织
4.3 厂址选择	7.1.1 企业组织形式
4.3.1 厂址多方案比较	7.1.2 企业工作制度
4.3.2 厂址推荐方案	7.2 劳动定员和人员培训
第五章 工厂技术方案	7.2.1 劳动定员
5.1 项目组成	7.2.2 年总工资和职工年平均工资估算
5.2 生产技术方案	7.2.3 人员培训及费用估算
5.2.1 产品标准	第八章 项目实施进度安排
5.2.2 生产方法	8.1 项目实施的各阶段
5.2.3 技术参数和工艺流程	8.1.1 建立项目实施管理机构
5.2.4 主要工艺设备选择	8.1.2 资金筹集安排
5.2.5 主要原材料、燃料、动力消耗指标	8.1.3 技术获得与转让
5.2.6 主要生产车间布置方案	8.1.4 勘察设计和设备订货
5.3 总平面布置和运输	8.1.5 施工准备
5.3.1 总平面布置原则	8.1.6 施工和生产准备
5.3.2 厂内外运输方案	8.1.7 竣工验收
5.3.3 仓储方案	8.2 项目实施进度表
5.3.4 占地面积及分析	8.2.1 甘特图
5.4 土建工程	8.2.2 网络图
5.4.1 主要建筑、构筑物的建筑特征与结构设计	8.3 项目实施费用
	8.3.1 建设单位管理费
5.4.2 特殊基础工程的设计	8.3.2 生产筹备费
5.4.3 建筑材料	8.3.3 生产职工培训费
第六章 环境保护与劳动安全	8.3.4 办公和生活家具购置费
6.1 建设地区的环境现状	8.3.5 勘察设计费
6.2 项目主要污染源和污染物	8.3.6 其他应支付的费用
6.2.1 主要污染源	第九章 投资估算与资金筹措
6.2.2 主要污染物	9.1 项目总投资估算
6.3 项目拟采用的环境保护标准	9.1.1 固定资产投资总额
6.4 治理环境的方案	9.1.2 流动资金估算
6.5 环境监测制度的建议	9.2 资金筹措
6.6 环境保护投资估算	9.2.1 资金来源
6.7 环境影响评价结论	9.2.2 项目筹资方案
6.8 劳动保护与安全卫生	9.3 投资使用计划
6.8.1 生产过程中职业危害因素的分析	9.3.1 投资使用计划

(续表)

9.3.2　借款偿还计划	(5) 贷款意向书
第十章　项目评价与风险分析	(6) 环境影响报告
10.1　生产成本和销售收入估算	(7) 需单独进行可行性研究的单项或配套工程的可行性研究报告
10.1.1　生产总成本估算	
10.1.2　单位成本	(8) 重要的市场调查报告
10.1.3　销售收入估算	(9) 引进技术项目的考察报告
10.2　财务评价	(10) 利用外资的各类协议文件
10.3　国民经济评价	(11) 其他主要对比方案说明
第十一章　可行性研究结论与建议	(12) 其他
11.1　结论与建议	11.3　　附图
11.2　附件	(1) 厂址地形或位置图(没有等高线)
(1) 项目建议书(初步可行性研究报告)	(2) 总平面布置方案图(没有标高)
(2) 项目立项批文	(3) 工艺流程图
(3) 厂址选择报告书	(4) 主要车间布置方案简图
(4) 资源勘探报告	(5) 其他

可行性研究报告的具体内容应视项目的性质、规模和复杂程度,以及研究的深度进行相应的调整。报告的最后,必须明确给出项目是否可行的结论。

可行性研究报告的编制应由技术经济专家,会同经济学家、市场研究专家、专业技术专家、土木专家、财会专家、法律专家和环境专家共同完成。

第四节　创业计划书

一、商业计划书的基本内容和格式

创业计划书主要的作用就是吸引创投公司进行投资,因此,在创业计划的制订及编写过程,必须要将创业的内容、创业的方式,预期的经济效果及面临的风险等问题进行详细的研究,突出创业想法的新颖性、有用性及可行性。

一般情况下,创业计划书应该包括以下几个方面(按章节目录顺序排列):

（一）公司概况

主要介绍公司的基本情况、经营的财务历史、外部公共关系、公司经营战略。

（二）公司介绍

主要介绍公司背景、规模、团队、资本构成。

1. 主要股东

股东名称、出资额、出资形式、股份比例、联系人、联系电话。

2. 团队介绍

对每个核心团队成员在技术、运营或管理方面的经验和成功经历进行介绍。

3. 组织结构
4. 员工情况

（三）经营财务历史

（四）外部公共关系

主要介绍公司创业的战略支持、合作伙伴等。

（五）公司经营战略

公司近期及未来 3—5 年的发展方向、发展战略和要实现的目标。

二、产品及服务

1. 主要的产品、服务介绍
2. 主要产品和服务的核心竞争力或技术优势
3. 主要的产品专利和注册商标

三、行业及市场

（一）行业情况

创业产品和服务的行业发展历史及趋势，进入该行业的技术壁垒、贸易壁垒、政策限制。

（二）市场潜力

对产品和服务的市场容量、市场发展前景、消费者接受程度和消费行为进行分析。

（三）行业竞争分析

主要竞争对手及其优劣势进行对比分析，包括性能、价格、服务等方面。

（四）收入（盈利）模式

主要介绍业务收费、收入模式，从哪些业务环节、哪些客户群体获取收入和利润等内容。

（五）市场规划

公司未来 3—5 年的销售收入预测（融资不成功情况下）。

四、营销策略

（一）创业项目的目标市场分析

（二）创业项目的客户行为分析

（三）创业项目的营销业务计划

1. 建立销售网络、销售渠道、设立代理商、分销商方面的策略
2. 广告、促销方面的策略
3. 产品/服务的定价策略
4. 对销售队伍采取的激励机制

（四）创业项目的服务质量控制

五、财务计划

主要提供以下财务预测，并说明预测依据：

1. 未来 3—5 年创业项目资产负债表
2. 未来 3—5 年创业项目现金流量表
3. 未来 3—5 年损益表

六、融资计划

（一）融资方式

详细说明未来阶段性的发展需要投入多少资金，公司能提供多少，需要投资多少。融资金额、参股比例、融资期限等。

（二）资金用途

（三）退出方式

七、风险控制

说明创业项目实施过程中可能遇到的风险，及其应对措施，包括技术风险、市场风险、管理风险、政策风险等。

第五节　市场分析案例[①]

一、项目背景

陕西华岭房地产有限责任公司是由杨凌控股集团有限公司、西安紫堂置业有限责任公司两家股东共同出资建立的一家房地产开发企业，现有资产总额 1.63 亿元。公司依托自身良好的资源优势，植根于西部地产之林，在战略选择中，制定了以房地产开发为主导产业、适度发展相关产业的经营战略，形成了与企业资源、能力和市场相匹配的产业结构，以实现经济效益、社会效益与环境效益并重为目标。公司管理模式为董事会领导下的总经理负责制，现有职员 22 人，其中具有高级职称的 9 人，占总人数的 41%。为了实现公司的发展战略，陕西华岭房地产有限责任公司拟在西安市建设"蓝乔"房地产项目。

为了准确地进行项目定位，公司对项目进行了市场调查。

二、市场调查的主要内容

（一）西安市社会经济状况调查

西安地处中国中、西两大经济地域结合部，是西北各省份通往西南、中原及华东的门户与交通枢纽，也是第二条亚欧大陆桥（陇海、兰新）线上最大的中心城市，在全国经济总体布局中具有承东启西、东联西进的重要战略地位。优越的地理区位和深厚的历史渊源，使西安成为中国西部最大的商品流通中心与物资集散地。

西安市辖九区四县。2004 年年末，全市户籍总人口 725 万人，其中市区人口 503 万人。人口自然增长率为 3.23‰，人口密度为 704 人/平方公里。

---

① 郎烨：《"蓝乔"房地产项目建设地点的确定》，西安交通大学硕士论文，2006。

自1992年以来,西安市经济继续平稳增长,生产总值增长速度连续保持在13%左右。2004年,生产总值达到1 095.90亿元,按可比价格计算,比上年增长13.5%。其中,第一产业增加值49.2亿元,比上年增长1.3%;第二产业增加值447亿元,比上年增长17.4%;第三产业增加值444.2亿元,比上年增长11.3%。2003年,全市在岗职工平均工资13 504元,比上年增长11.3%,城镇居民人均可支配收入7 748元,农村居民人均纯收入2 838元,分别比上年增长7.9%和7.4%。全社会固定资产投资640.4亿元,财政总收入164.5亿元。

(二)房地产市场现状调查及分析

1. 房地产宏观市场分析

房地产业直接或间接联系着建筑、冶金、建材、装饰、家电、家具、金融等数十个行业,已成为我国国民经济的支柱产业之一。在房地产宏观形势分析中,我们主要从以下三个方面来分析:

(1)相关政策分析。近年来,为防止投资过热,保持房地产行业的持续健康发展,国家和各地方政府从金融信贷和土地储备等方面对房地产市场采取了一系列宏观调控措施。自2004年至今,政府更是加大了宏观调控力度,从加大土地调控力度、实施土地市场清理整顿、紧缩房地产信贷等方面对房地产实行"点刹车"。这一系列政策对市场的健康运行无疑起到了良好的规范作用。随着市场竞争的加剧,一批资金实力雄厚、实战经验丰富的实力型公司将逐步确立竞争优势,行业集中度进一步提升。

(2)市场需求分析。当前住房需求主要来自三个方面:一是居民住房消费的升级换代;二是旧城改造和城镇基础设施建设带来的相当一部分住宅需求;三是外来人员购房(主要指富裕农民以及其他城区人口的购房需求)。近年来国民经济的高速发展、居民收入水平的不断提高以及居民对改善居住条件的巨大潜在需求,在一系列有利于住房消费的税收、金融等政策的共同作用下逐步转化为有效需求,住房已成为居民消费热点。此外,日益增加的城市中产阶层是一个巨大的具有现实购买力的需求群体,中产阶层的形成对房地产市场发展有着极其重要和深远的影响。一方面中产阶层是购买商品房的主力军,这些人中一部分原先的居住条件并不十分理想,但收入的不断增长促使他们对居住品质的要求也不断提升,开始对住宅的位置、环境、档次等方面有了更高的要求,因而不少中产阶层家庭会进行二次甚至多次置业,从而大大增加了住宅市场的需求,而他们所选的住宅多为中高档住宅,对提高我国住宅市场的整体品质也会起到积极的促进作用。另一方面,中产阶层手中有较为充裕的资金,要寻找更为良好的投资渠道,而购买一处或多处升值潜力大的商品房作为投资则不失为一个好的选择,因此中产阶层中房地产的投资者越来越多,这也在很大程度上增加了住宅市场的有效需求。

(3)市场供给分析。2005年我国商品房施工总面积为14亿平方米,其中新开工面积6亿平方米,分别相当于竣工面积(4.1亿平方米)的3.4倍、1.5倍,比2004年(2.7倍、1.3倍)略有提高。目前,在房地产市场上存在着"供过于求"的说法,与1993年下半年国家对房地产的宏观调控不同的是,现在的真实情况是有效供给不足。预计在今后一段时间内商品房供给量仍将保持一定规模的增长,总体上与需求总量相适应。

综上所述,我国房地产市场正在不断地完善与发展,住房市场供求关系的基本态势总体上仍未发生变化,在今后的一段时间内房地产投资和消费仍将保持一定的增长。

2. 西安市房地产市场调查分析

(1) 城市发展带动房地产市场的快速发展。伴随着西安经济的快速发展、城市规划和建设的全面升级,人民生活水平普遍提高,再加上房地产产品的增值与保值特性、银行提供购房按揭支持等的共同作用,形成了房地产市场良好的发展局面。随着城市规模的不断扩大、道路交通建设的迅速发展、郊区的大规模城市化建设,以及城镇配套设施的日渐完善,西安市房地产市场还会不断得到改善,各类房地产产品的空置率将会进一步下降,市场成熟度不断提高,买方和卖方更加理性。因此,可以预计在今后几年里,西安房地产市场将继续保持健康、稳定的发展势头。

(2) 西安市房地产市场日益规范化。西安房地产市场在国家宏观政策调控下正以崭新的面貌面向房地产开发商和消费者。良好的投资环境吸引了大量外来投资进入西安房地产市场。外来资金进入西安,不仅加强了西安房地产企业的竞争意识,同时使西安房地产市场上升到一个新的高度。绿地、中海、融侨、珠江投资等著名开发商的相继进入,为西安的楼市带来了精良的产品,使专业化的操盘理念与市场细分的意识进入了西安房地产市场,促进西安房地产市场的规范化和专业化。

(3) 近期房地产市场总的供销情况分析。随着住宅市场化的日益推进、城市人口的迅速增加,个人购买商品房的比例逐渐增长。城市化进程的加快、城市人口的不断增加、中产阶层的不断扩大都极大地带动了住宅的需求。西安市房地产市场近几年持续健康发展,市场越来越规范化、专业化、透明化,高度的竞争使西安市房地产市场越来越成熟,逐渐与国际先进水平接轨。近几年西安市供销状况如表10-5所示。

表10-5　2003—2005年西安房地产供销状况表　　　　　　　　　单位:平方米

年度	总销售面积	住宅总销售面积	总施工面积	总竣工面积	新开工面积
2003	3 291 582	2 368 137	3 206 010 (2 365 134)	2 866 399 (2 200 711)	3 029 717 (2 403 256)
2004	4 881 562	4 054 494	8 489 557 (4 293 102)	8 023 008 (4 251 664)	5 239 687 (4 462 727)
2005	2 246 429	1 980 934	2 501 952 (2 253 608)	2 371 071 (2 069 326)	2 375 171 (2 122 511)

注:括号内为住宅数据。

从表10-5可以看出,2003年住宅施工面积为2 365 134平方米,竣工面积为2 200 711平方米,而销售面积已达2 368 137平方米;2004年住宅施工面积为4 293 102平方米,竣工面积为4 251 664平方米,销售面积已达4 054 494平方米;2005年住宅施工面积为2 253 608平方米,竣工面积为2 069 326平方米,销售面积已达1 980 934平方米。从三个年度类似的规律中,我们可以看出住宅市场的需求比较大。因此,可以得出这样的结论:西安的住宅类市场发展很稳健,供需两旺。

(4) 购房意愿的市场调查分析。2005年11月针对西安市的住宅市场我们进行了一次深入的市场调查,主要针对有购房意愿者——目标消费群体对于购房区域、户型、房价等方面的要求。本次调查采用问卷调查的方式,共获得调查问卷 613 份,其中有效问卷 560 份。调查的消费者样本年龄分布在 25—50 岁,家庭年平均收入在 7.6 万元以上,有较强的消费能力,并且平均在西安居住 8 年以上,存在首次或二次置业的可能。

Ⅰ. 购房意愿者年龄分析:

购房意愿者年龄的布局和构成如图 10-5 所示。

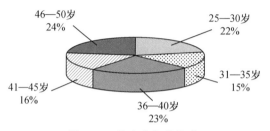

图 10-5　购房者年龄构成

调查结果显示,受访者年龄为 46—50 岁的占 24%,年龄为 41—45 岁的占 16%,年龄为 36—40 岁的占 23%,年龄为 31—35 岁的占 15%,年龄为 25—30 岁的占 22%。其中,63% 的受访者年龄为 36—50 岁,从购房人群年龄分析情况来看,这部分人的经济实力较强。

Ⅱ. 购房意愿者家庭年收入分析:

调查对象的家庭年收入状况如图 10-6 所示。

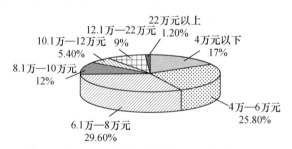

图 10-6　购房者家庭年收入构成

调查结果显示,家庭年收入 4 万元以下者占 17%,4 万—6 万元者占 25.8%,6.1 万—8 万元者占 29.6%,8.1 万—10 万元者占 12%,10.1 万—12 万元者占 5.4%,12.1 万—22 万元者占 9%,22 万元以上占 1.2%。从结果上看,排除家庭年收入在 4 万元以下的人群,家庭年收入 8 万元以上的占 27.6%。随着年收入调查区间的递增,受访者的比例呈递减趋势。根据以往调查经验,对于此项调查很多受访者往往持有一定的保守心理,调查表中所填写的调查数据,大多低于其实际家庭年收入情况。

Ⅲ. 购房意愿者意愿区域分析:

购房意愿者意愿区域分布如图 10-7 所示。

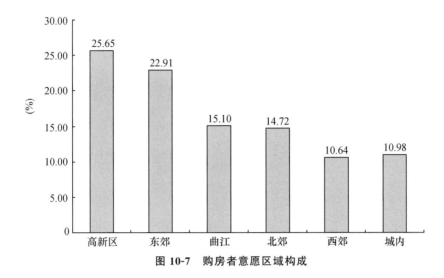

图 10-7 购房者意愿区域构成

调查显示,有意在高新区和东郊购房的被调查者占较大比例。其中,有意在高新区购买住宅的被调查者占 25.65%,有意在东郊购房的被调查者占 22.91%。其余被调查者计划在南、北、西郊、曲江及城内购房,其所占比例较前两个区域为低。

Ⅳ. 购房意愿者最高可接受价格分析:

购房意愿者最高可接受价格构成如图 10-8 所示。

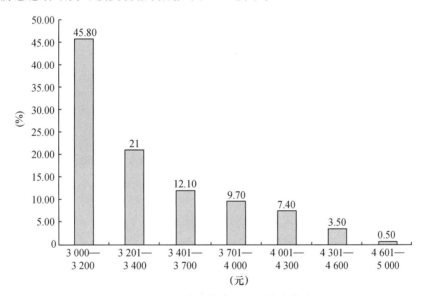

图 10-8 购房者最高可接受价格构成

由于调查主要针对欲购买 3 000 元/平方米以上的客户群体,在这一基础上,目标客户群体可接受价格调查显示,价格为 3 000—3 200 元的占 45.8%,价格为 3 201—3 400 元的占 21%,价格为 3 401—3 700 元的占 12.1%,价格为 3 701—4 000 元的占 9.7%,价格为 4 001—4 300 元的占 7.4%,价格为 4 301—4 600 元的占 3.5%,价格为 4 601—5 000 元的占 0.5%。在符合本项目调查条件的受访者中,可接受价格为 3 000—3 400 元的占

66.8%,3 401—3 700 元的占 12.1%,3 700 元以上的占 21.2%。这一数据与图 10-6 所示的家庭年收入 8 万元以上者占 27.6%的情况相吻合。

V. 购房目的分析：

购房意愿者的购房目的分布如图 10-9 所示。

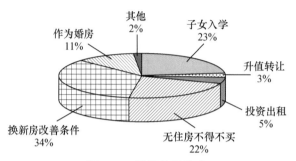

图 10-9　购房目的构成

从调查结果看,子女入学占 23%,等待升值转让占 3%,投资出租占 5%,无住房不得不买房占 22%,换新房改善条件占 34%,结婚作为婚房占 11%,其他占 2%。其中,34%的受访者购房目的是换房、改善居住环境,这与西安市大量的单位住房品质不能满足现代居家的品质有关。近几年,在政策的引导及市政发展的带动下,随着人们收入水平的提高,改善居住问题成为近年来市场的热点;另外,子女入学作为购房重点考虑因素亦占到 23%。持有换新房改善条件和子女入学目的的群体共占到一半以上(即 57%),这个群体正值壮年,经济实力比较强,属于那种有意购买高端物业的人群。

（三）市场调查结论

根据上述市场调查结果,可以得出如下结论：

(1) 西安市城市化可上升的空间很大,未来几年西安市房地产市场需求量会进一步扩大。

(2) 随着西安市经济的高速发展,各个行业中诞生了一批高收入群体,他们对生活品质、生活环境较以往有了更高的要求,他们希望能够拥有属于自己的高端物业产品。

(3) 高新区和东郊成为购房者最理想的购房区域。

(4) 购房者的购房目的除了无住房需要购买外,需要换房改善住房条件和子女入学成为最重要的原因,两者合计所占比例达到 57%。

(5) 35—50 岁为一个占主导地位的购房年龄段。

本章小结

1. 可行性研究(又称为可行性分析)是 20 世纪 30 年代美国开发田纳西河流域时首先提出的,目前已被许多国家广泛用于研究工程建设项目的技术先进性、经济合理性和建设可能性。

2. 可行性研究主要回答四个方面的问题：项目是否必要、项目能否实现、实现后的效果如何和项目的风险大小如何。

3. 根据工程项目的工作重点的不同,项目周期通常可分为三个时期、十个阶段。

4. 可行性研究主要由以下三个阶段构成:机会研究、初步可行性研究和详细可行性研究。

5. 可行性研究通常由三项关键内容、十项具体内容构成。可行性研究应由技术经济专家,会同经济学家、市场研究专家、专业技术专家、土木专家、财会专家、法律专家和环境专家共同完成。

6. 可行性研究报告的具体内容应视项目的性质、规模和复杂程度,以及研究的深度进行相应的调整。报告的最后,必须明确给出项目是否可行的结论。

思考练习题

1. 什么是可行性研究?
2. 什么是项目周期?项目发展周期一般有几个阶段?每个阶段的主要工作是什么?
3. 在项目周期的三个阶段中,风险最大的是哪个阶段?为什么?
4. 可行性研究包括哪些内容?关键的内容是什么?
5. 市场调查的主要方法有哪些?
6. 对自然资源进行评价的重点是什么?
7. 什么是经济规模?
8. 对于工业项目,决定项目规模的主要因素有哪些?

21世纪经济与管理规划教材
管理科学与工程系列

第十一章 年产30万吨纤维聚酯项目的可行性研究

本章给出了一个具体的可行性研究的案例。通过本章的学习,要求掌握具体项目可行性研究的分析过程、分析方法和经济分析的重点;了解可行性研究报告主要章节的安排及写法。

第一节　概　　述

一、项目概况

本项目为新建年产30万吨纤维级聚酯装置，由位于山东北部的A石化集团投资建设。

聚酯纤维是以聚酯为原料经熔体纺丝制得的一类合成纤维。其主要品种是聚对苯二甲酸乙二醇酯（PET），是生产涤纶长丝和涤纶短纤维的原料。随着我国国民经济的持续高速发展和纺织品出口的快速增长，化学纤维和纤维级聚酯的需求量将稳步增长，该项目是满足人民生活需求的具有很好发展前景的项目，符合《国家产业结构调整指导目录》，属国家鼓励发展的产业项目。

20世纪90年代我国化纤产品供不应求，行业盈利空间大，需求拉动了化纤原料——聚酯价格上扬，聚酯生产的国产化技术取得了突破性进展，降低了聚酯项目投资成本和进入门槛，改变了聚酯的产业结构。目前产量15万—20万吨/年的聚酯装置和技术已经国产化，而达到经济规模的30万吨/年的聚酯生产工艺技术和装置国内尚没有。为了采用先进工艺技术，降低物耗、能耗和有害物质的排放，本项目拟引进国外先进技术和设备，国内配套建成30万吨/年纤维级聚酯切片生产线。

项目计划于2008年开工建设，占地100亩，两年建成。

二、项目评价编制依据

（1）依据项目可行性研究的市场调查、推荐的工艺技术方案、建设条件、建设工期等资料。

（2）国家现行财税制度、会计制度及相关法规。

（3）《建设项目经济评价方法与参数》第三版。

聚酯纤维属于合成纤维单（聚合）体制造行业。根据《建设项目经济评价方法与参数》，该行业融资前税前财务基准收益率为14%，资本金税后财务基准收益率为16%。

三、计算期与产销计划

分析本项目的建设条件和营运环境，参考类似项目的建设营运情况，确定项目的建设期为2年，营运期为14年，项目计算期为16年。

项目建成后计算期的第3年生产负荷70%，年产销21万吨聚酯；第4年开始满负荷运行，每年产销30万吨聚酯。

第二节　项目必要性研究

项目的主体为山东A石化集团，该集团投资建设该项目的必要性主要体现在以下几个方面：

一、对国家和当地经济及社会的贡献

（一）经济效益方面

30万吨/年纤维级聚酯切片生产线的建成，将是聚酯生产工艺技术的重大突破，是聚酯生产国产化水平的一次飞跃。生产线的建成和成功应用将有效改善我国聚酯产品供不应求的现状，进一步优化聚酯行业的产业结构，带动地方经济的快速发展。在产品满足国内市场需要的同时，还能促进产品的出口外销，提高整个国家的经济竞争实力。

（二）社会效益方面

在满足人民生活需求方面，聚酯项目具有非常好的发展前景，完全符合《国家产业结构调整指导目录》，符合国家和区域经济发展规划及工业布局，其环境保护的有效措施能够确保项目达到合格的环境质量标准，不会造成环境污染和生态破坏等重大问题。

二、资源的有效利用

对于A石化集团而言，聚酯产品本身就是发展的竞争优势，拟建项目建立在该石化集团原有的技术、管理经验等优势基础上，通过新生产线的引入，能够进一步提升项目主体的竞争优势，充分利用资源，形成规模报酬。

三、项目产品的市场潜力

（一）国内消费需求

就人均需求而言，我国目前人均消费量仅为美国等发达国家的几分之一。2007年我国人均GDP已经超过2 000美元，国民消费进入了一个崭新的增长阶段，经济的快速增长将促进人们对服装、饮料等的消费，从而带动整个社会对纤维等聚酯产品的需求。

（二）国外出口市场

伴随着世界聚酯业竞争格局和产业分工的进一步深化调整，我国聚酯工业的竞争力也在逐步增强，拥有充分竞争力的企业集团完全可以在满足国内市场需求的同时，积极开拓海外产品市场，实施国际化营销战略。

四、项目主体的发展战略

A石化集团选择该项目的主要目的就是要通过新的生产线设备的引入，提升生产力水平，更好地抓住市场需求的契机，进一步提高集团的市场竞争地位，在实现企业经济效益增长的同时，拓展集团的市场空间。因此，该项目的建设完全符合A石化集团的发展战略。

第三节　项目市场研究

一、市场定位

纺织市场是聚酯纤维的主要下游市场，我国的纺织市场主要分布在华东、华南、华北和东北地区，其中又以江苏省和浙江省为聚酯纤维消耗最大的省份，因为这两个地区的纺织工业比较发达,纺织品和服装市场较为集中。其他重要的聚酯纤维消费市场有山东省、广东省、湖北省和上海市等地区。

二、目标市场现状及发展趋势预测

2004年我国已成为世界第二大聚酯生产国,2005年我国产量为777.6万吨,上年同期产量为679.7万吨。2006年我国聚酯产量为818.05万吨,比上年同期增长5.2%。目前国内在建和拟建聚酯装置全部投产后,我国2008年聚酯产量将超过1800万吨,2010年将突破1900万吨。尽管我国聚酯纤维及其原料能力快速发展,但是仍然难以满足日益增长需求。就目前的市场需求来看,预计今后几年非纤用聚酯将会保持较快的增长势头,消费增长率也会高于纤维用聚酯的增长率。

三、目标市场特征与消费行为研究

目前国内聚酯纤维直接纺丝的比例还较低,不利于降低成本和节约能源。今后常规聚酯纤维产品的生产应提高直接纺丝的比例,以达到降低成本、提高效益的目的。采取切片纺的企业应发挥切片纺品种易于变换的优势,在开发新品种、扩大新应用领域上下功夫,根据市场需求生产不同功能、不同档次、不同用途的产品,提高产品附加值。

同时,针对目标市场以及消费行为的特征,产品的生产应该注重提高通用产品的质量,增强品种差别化,降低成本。新产品开发要考虑不同领域的需求,一是适应服装用需求的各类差别化纤维,提高开发和批量投放市场的速度,开拓应用市场;二是开发和生产性能上能够满足产业要求的纤维,如军工及特殊领域需求的功能化纤维。今后应改变服装用产品比例过高、装饰等领域比例过低的状况,加强非服装用长丝的发展,如工业长丝、汽车用纤维、高性能纤维等。此外,应注重开发和发展聚酯系列的其他品种,如具有良好弹性的聚对苯二甲酸丙二酯(PTT)和有较高模量和强度的聚2,6-萘二甲酸乙二酯(PEN)等,这些品种可以大大拓展聚酯纤维的应用领域,是未来产品开发的亮点。

第四节 项目厂址选择

厂址选择分两个阶段进行:(1)确定建厂选址的范围;(2)确定具体厂址的比较方案,提出选址报告。

一、确定建厂地址的范围

根据第十章建厂条件分析与项目选址的内容,综合考虑了拟建项目的建厂地区应该具备的各方面条件,决定将建厂地址确定在山东省省内。下面重点从原材料来源方面进行分析。

对于石油化工企业,原材料的来源无疑是最重要的。聚酯纤维的主要原材料是精对苯二甲酸(PTA)和乙二醇(EG)。近些年,我国聚酯和聚酯纤维能力的迅速增长,使得聚酯原料不足的问题较为突出。

（一）PTA 方面

PTA 的供应缺口加大，自给率不到 50%。因此，原料的供给是一个重要的考虑方面。表 11-1 给出了我国 PTA 的产供销情况。

表 11-1 我国 PTA 产供销一览表

年份	2001	2002	2003	2004	2005
PTA 产能（万吨）	225.5	329.5	437.5	483.5	589.5
PTA 产量（万吨）	235.4	245.2	394.8	442.9	565.0
进口量（万吨）	311.7	429.7	454.6	572.1	649.0
出口量（万吨）	0	0	0.4	0.6	0.1
表观消费量（万吨）	547.1	674.9	849.0	1 014.4	1 213.9
进口依存度（%）	56.9	63.6	53.6	56.4	53.5

注：表观消费量＝产量＋进口量－出口量。
资料来源：中国化纤网。

由表 11-1 可以看出，PTA 的产能虽然每年在不断增加，但是产品几乎还是针对国内市场的需求，进口依存度很高，这也从一个侧面反映出聚酯纤维的市场需求旺盛，导致了对原材料的大量需求。

表 11-2 给出了我国 PTA 生产企业的具体产能情况。

表 11-2 我国 PTA 生产企业产能及扩容统计　　　　　　单位：万吨/年

企业名称	2005 年产能	2006 年扩容	地点
翔鹭石化（台资）	120	30	厦门
三鑫石化（民营）	53	53	绍兴
逸盛石化（民营）	53	53	宁波
珠海 BP 石化（合资）	50		珠海
仪征化纤	88		仪征
扬子石化	73	53	南京
金山石化	40		上海
洛阳石化	35		洛阳
天津石化	33		天津
齐鲁化纤集团公司	10		济南
中石油辽阳石化	27	53	辽阳
中石油乌鲁木齐	7.5		乌鲁木齐
上海亚东（远纺）（合资）		53	上海
三菱（合资）		53	宁波
台化 FCFC（台资）		53	宁波
合计	589.5	348	

注：以上均为安全负荷内的设计产能，实际产能可能超过设计产能 13% 左右。
资料来源：中国化纤网。

由表 11-2 可以看出，将拟建项目的厂址选在山东省境内一方面有齐鲁化纤集团作为最近的供应商,同时北有天津石化,西有洛阳石化,三家邻近的供应商能够满足拟建项目的生产需要;另一方面,位于山东省境内的拟建项目与各供应产地之间有着良好的公路运输条件,保障了PTA的便利供给。

(二) EG方面

国内已有一批PTA项目在建或计划建设,当PTA大型新建项目投产后,国内PTA的自给率将会有所提高。但是,乙二醇新增计划较少,今后乙二醇不足的问题将更为突出,因此,加快决策、规划和建设的速度,提高国内聚酯原料的供应能力,减少对进口的依存度,是十分紧迫的工作。

据预测,2008年我国聚酯产量将达到1 730万吨,对乙二醇的需求量为605万吨;2010年聚酯产量将达到1 900万吨,对乙二醇的需求量为665万吨。即使设备开足马力满负荷生产,也不能满足市场需求。我国乙二醇生产企业的产能如表11-3所示。

表11-3 2006年我国乙二醇主要生产企业及产能统计　　　　　单位:万吨/年

生产厂家	生产能力
北京燕山石油化工公司	8.0
辽阳石油化纤公司	6.0
抚顺石油化工公司	6.0
吉林石油化工公司	15.9
北京东方石油化工有限公司	4.0
扬子石油化工公司	26.2
上海石油化工公司	22.5
茂名石化炼油化工股份有限公司	10.0
天津联合化学有限公司	4.2
新疆独山子石油化工总厂	5.0
南京扬子石化-巴斯夫有限责任公司	30.0
中海壳牌石油化工有限公司	32.0
合计	169.8

资料来源:中国化纤网。

由表11-3可以看出EG生产企业的分布特点:位于北方的生产企业多分布在北京、天津、东北地区,并且生产能力偏小;位于南方的生产企业多分布在浙江、江苏、广东,生产能力较高。就地理位置而言,将拟建项目厂址设在山东省境内,其与南北两方的生产厂商都能快捷便利地交流。邻近的生产厂商能够满足EG的供应。

二、选择具体的厂址

在选择具体的厂址时,首先要认真收集有关自然环境、社会经济情况、相关厂矿企业的现状和发展规划等方面资料,然后经过实地勘察、综合研究、充分论证及比较后确定项目的具体地点。

第五节 投资估算与资金筹措

一、建设投资

项目建设内容包括聚酯装置、PTA 库、PET 库、热煤站、综合动力站、综合给水站、维修车间、综合库等,全部属于主体生产工程。其中,聚酯装置为进口设备,包括技术转让费、设备与安装费用,根据国外厂商的报价估算,并按 1 美元兑换 7.7 元人民币的汇率记入。其余土建工程及配套工程投资参照近期建成的聚酯项目的投资状况估算。

采用概算法估算项目的建设投资总额为 68 634 万元,其建设投资构成详见表 11-4。

表 11-4 建设投资估算表   单位:万元

序号	项目	建设工程(万元)	设备购买(万元)	安装工程(万元)	其他(万元)	总计(万元)	占总值比(%)
1	固定资产投资	4 730	38 049	13 442	5 013	61 234	89.22
1.1	主要工程	4 730	38 049	13 442	5 013	61 234	
1.1.1	主体工程	4 730	38 049	13 442	5 013	61 234	
2	无形资产				3 900	3 900	5.68
2.1	技术				3 300	3 300	
2.2	场地使用权						
2.3	其他无形资产				600	600	
3	递延资产						
3.1	咨询调查						
3.2	人员培训						
3.3	筹建费						
3.4	其他						
4	投资方向调节税						
5	预备费	3 500				3 500	5.1
5.1	基本预备费	1 600				1 600	
5.2	涨价预备费	1 900				1 900	
	总计	8 230	38 049	13 442	8 913	68 634	100
	占总值比(%)	11.99	55.44	19.59	12.99	100	

二、建设期利息

项目建设投资的债务资金为 47 414 万元,占建设投资总额的 70%,资本结构符合国家关于化工行业建设项目资本金比例应大于 20% 的要求,已获得银行的贷款额度。

项目债务资金拟使用银行贷款,分两年借入。借款利率按照 2007 年 3 月 18 日中国人民银行的规定,5 年以上贷款年利率 7.11% 计算,建设期利息为 3 332 万元,如表 11-5 所示。

表 11-5　建设期利息估算表　　　　　　　　　　　　　　　　　单位:万元

序号	项目	合计	2008 年	2009 年
1	借款			
1.1	建设期利息	3 332	795	2 537
1.1.1	期初借款余额			23 160
1.1.2	当期借款		22 365	25 049
1.1.3	当期应付利息		795	2 537
1.1.4	期末借款余额		23 160	50 746
1.2	其他融资费用			
1.3	小计(1.1+1.2)	3 332	795	2 537
2	债券			
2.1	建设期利息			
2.1.1	期初债券余额			
2.1.2	当期债务金额			
2.1.3	当期应计利息			
2.1.4	期末债务余额			
2.2	其他融资费用			
2.3	小计(2.1+2.2)			
3	合计(1.3+2.3)	3 332	795	2 537
3.1	建设期利息合计(1.1+2.1)	3 332	795	2 537
3.2	其他融资费用合计(1.2+2.2)			

三、流动资金

根据对近期建成投产运营的 16 万吨/年和 20 万吨/年聚酯项目流动资金使用情况的调查,采用类比法和详细估算法求得本项目所需流动资金 23 050 万元。按照产销计划,第 3 年投入 70%,计 16 135 万元;第 4 年投入 30%,计 6 915 万元。

投入流动资金的资本金为 6 915 万元,占流动资金总量的 30%。借入流动资金 16 135 万元,流动资金贷款利息按 1 年期贷款利率 6.39% 计算。流动资金估算如表 11-6 所示。

表 11-6　流动资金估算表(定额估算法)　　　　　　　　　　　　单位:万元

序号	项目	最低周转天数	周转次数	2010 年	2011 年	2012 年	2013 年	2014 年	2015 年	2016—2023 年
	生产负荷			70%	100%	100%	100%	100%	100%	100%
1	流动资产			39 489	56 413	56 413	56 413	56 413	56 413	56 413
2	流动负债			23 354	33 363	33 363	33 363	33 363	33 363	33 363
2.1	应付账款	45	8	23 354	33 363	33 363	33 363	33 363	33 363	33 363
3	流动资金			16 135	23 050	23 050	23 050	23 050	23 050	23 050
4	本年增加额			16 135	6 915					

四、项目总投资

项目总投资为 95 016 万元,其中建设投资为 68 634 万元,建设期借款利息为 3 332 万元,流动资金为 23 050 万元,如表 11-7 所示。

表 11-7　项目总投资使用计划与资金筹措表　　　　　　　　　　单位:万元

序号	项目	合计	2008 年	2009 年	2010 年	2011 年
1	建设总投资	95 016	33 164	38 802	16 135	6 915
1.1	建设投资	68 634	32 369	36 265		
1.2	流动资金	23 050			16 135	6 915
1.3	建投期利息	3 332	795	2 537		
2	资金筹措	95 016	33 164	38 802	16 135	6 915
2.1	自有资金	28 135	10 004	11 216	4 840	2 075
2.1.1	甲方投资	28 135	10 004	11 216	4 840	2 075
2.1.2	乙方投资					
	其中　固定资产投资	21 220	10 004	11 216		
	流动资金	6 915			4 840	2 075
2.2	建设投资借款	50 746	23 160	27 586		
2.2.1	建设投资借款本金	47 414	22 365	25 049		
2.2.2	建设期利息借款	3 332	795	2 537		
2.3	流动资金借款	16 135			11 295	4 840

五、项目形成的资产

项目形成固定资产原值为 68 066 万元,无形资产原值为 3 300 万元,其他资产为 600 万元。

第六节　效益与费用估算

一、产品价格预测

(一)价格预测

按照《建设项目经济评价方法与参数》(第三版)的要求,财务评价"采用以市场价格体系为基础的预测价格"。本分析中产品 PET 主要原材料乙二醇(EG)和精对苯二甲酸(PTA)的预测价格将按照以下方法选取:在建设期内考虑价格变动因素,预测投产开始时的投入产出价格,运营期内价格不再变动。在财务分析中,各种投入产出物价格确定的原则是:建设期各年采用时价,运营期各年采用建设期末价格。

(二)价格确定

通过对产品及原材料 1994—2007 年上半年统计资料的查询,得到产品及原材料的价格变动曲线(见图 11-1、图 11-2 和图 11-3)。

第十一章 年产 30 万吨纤维聚酯项目的可行性研究

图 11-1 PET 价格变动曲线

注:从 2003 年 10 月至 2007 年 10 月。

图 11-2 PTA 价格变动曲线

注:从 2003 年 1 月至 2007 年 10 月。

从图 11-1、图 11-2 和图 11-3 可以看出,价格变动既有一定的规律,也有较大的起伏波动。

为了消除随机因素对价格预测结果的影响,采用指数平滑的方法对各年的历史平均价格进行处理。指数平滑模型为:

$$F_{t+1} = \alpha Y_t + (1-\alpha) F_t$$

式中,Y_t 为 t 期的实际观测值,F_t 为 t 期的预测值,α 为平滑系数($0 < \alpha < 1$)。

根据图 11-1、图 11-2 和图 11-3 的统计数据所得到的产品和主要原料价格的预测结果如表 11-8 所示。

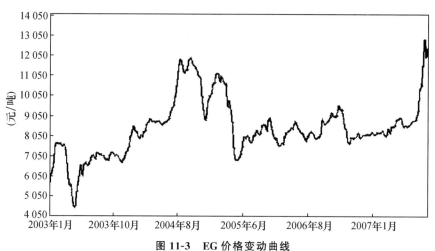

图 11-3　EG 价格变动曲线

注：从 2003 年 1 月至 2007 年 10 月。

表 11-8　产品和主要原料价格预测表　　　　　　　　　单位：万元

年份	EG	α=0.15	PTA	α=0.15	PET	α=0.15
1994	5 160		7 234		10 021	
1995	6 787	6 787	12 224	12 224	15 393	15 393
1996	5 623	5 797.6000	6 73500	7 558.3500	8 841	9 823.8000
1997	5 584	5 616.0400	4 891	5 291.1025	7 059	7 473.7200
1998	4 662	4 805.1060	3 324	3 619.0654	5 817	6 065.5080
1999	4 409	4 468.4159	3 987	3 931.8098	6 753	6 649.8762
2000	5 557	5 393.7124	4 888	4 744.5715	7 877	7 692.9314
2001	4 487	4 623.0069	4 299	4 365.8357	5 915	6 181.6897
2002	4 957	4 906.9010	4 615	4 577.6254	6 667	6 594.2035
2003	6 545	6 299.2852	6 160	5 922.6438	8 310	8 052.6305
2004	9 560	9 070.8928	7 210	7 016.8966	9 536	9 313.4946
2005	8 997	9 008.0839	8 140	7 971.5345	9 493	9 466.0742
2006	8 205	8 325.4626	9 060	8 896.7302	11 270	10 999.4110
2007	10 500	10 173.8190	7 550	7 752.0095	10 600	10 659.9120
2008		10 451		7 580		10 609

　　根据调查，2007 年 EG 的价格出现了极端不稳定的变化，主要原因是生产 EG 的原材料受到了自然条件的影响，使得 EG 的价格出现了大幅度的飙升。本着尽量减小误差的原则，EG 的价格没有采用表 11-8 中预测的数据，而是根据往年的情况估算为 8 800 元。其余价格在预测结果的基础上稍做调整。最终产品及原材料的价格如表 11-9 所示。

表 11-9　产品和主要原料预测价格（不含税价）　　　　　　单位：元/吨

品名	价格
PET	10 650
EG	8 800
PTA	7 600

二、营业收入与税金估算

（一）营业收入

项目产品 PET 的设计年产销量为 30 万吨，预测销售价格为 10 650 元/吨，项目正常年份的营业收入为 319 500 万元。

（二）增值税、营业税金及附加

产品增值税税率为 17%。

城市维护建设税和教育费附加分别按增值税的 7% 和 3% 计算。

有关营业收入、营业税金及附加的估算结果如表 11-10 所示。

表 11-10 营业收入、营业税金及附加估算表　　　　　　　　　　单位：万元

序号	项目	2010 年	2011 年	2012 年	2013 年	2014 年	2015 年	2016—2023 年
1	PET 营业收入	22 365	319 500	319 500	319 500	319 500	319 500	319 500
	数量	21	30	30	30	30	30	30
	单价	10 650	10 650	10 650	10 650	10 650	10 650	10 650
2	营业税金及附加	6 259.4	8 942	8 942	8 942	8 942	8 942	8 942
2.1	增值税	625.8	894	894	894	894	894	894
2.2	城市维护建设税	438.2	626	626	626	626	626	626
2.3	教育费附加	187.6	268	268	268	268	268	268

（三）项目所得税税率

本项目所得税税率为 25%。

三、成本费用估算

本项目采用要素成本法估算各项成本费用。

（一）原材料、燃料和动力费

有关外购原材料、燃料及动力费估算结果如表 11-11 和表 11-12 所示。

表 11-11　外购原材料费估算表

序号	项目	2010 年	2011 年	2012 年	2013 年	2014 年	2015 年	2016—2023 年
1	EG(万元)	55 440	79 200	79 200	79 200	79 200	79 200	79 200
	单价(万元/吨)	8 800	8 800	8 800	8 800	8 800	8 800	8 800
	年消耗量(万吨)	6.3	9	9	9	9	9	9
	进项税(万元)	9 425	13 464	13 464	13 464	13 464	13 464	13 464
2	PTA(万元)	125 020	178 600	178 600	178 600	178 600	178 600	178 600
	单价(万元/吨)	7 600	7 600	7 600	7 600	7 600	7 600	7 600
	年消耗量(万吨)	16.45	23.5	23.5	23.5	23.5	23.5	23.5
	进项税(万元)	21 253	30 362	30 362	30 362	30 362	30 362	30 362

(续表)

序号	项目	2010年	2011年	2012年	2013年	2014年	2015年	2016—2023年
3	辅助材料(万元)	3 710	5 300	5 300	5 300	5 300	5 300	5 300
	单价(万元/吨)	5 300	5 300	5 300	5 300	5 300	5 300	5 300
	年消耗量(万吨)	0.7	1	1	1	1	1	1
	进项税(万元)	631	901	901	901	901	901	901
合计	合计(万元)	184 170	263 100	263 100	263 100	263 100	263 100	263 100
	进项税(万元)	31 309	44 727	44 727	44 727	44 727	44 727	44 727

表 11-12　外购燃料及动力费估算表

序号	项目 \ 年份	2010	2011	2012	2013	2014	2015	2016—2023
1	燃料费							
1.1	燃料油(万元)	2 000	2 857	2 857	2 857	2 857	2 857	2 857
	单价(元/吨)	1 587	1 587	1 587	1 587	1 587	1 587	1 587
	年消耗量(万吨)	1.26	1.8	1.8	1.8	1.8	1.8	1.8
	进项税(万元)	340	486	486	486	486	486	486
2	动力费(万元)							
2.1	水(万元)	94	135	135	135	135	135	135
	单价(元/万立方米)	0.15	0.15	0.15	0.15	0.15	0.15	0.15
	年消耗量(亿立方米)	630	900	900	900	900	900	900
	进项税(万元)	16	23	23	23	23	23	23
2.2	电(万元)	567	810	810	810	810	810	810
	单价(元/千瓦时)	0.36	0.36	0.36	0.36	0.36	0.36	0.36
	年消耗量(万千瓦时)	1 575	2 250	2 250	2 250	2 250	2 250	2 250
	进项税(万元)	96	138	138	138	138	138	138
	合计(万元)	2 661	3 802	3 802	3 802	3 802	3 802	3 802
	进项税(万元)	452	646	646	646	646	646	646

（二）工资及福利费

本项目定员70人,根据对地区及行业人工费用的调查,项目的工资及福利费按人均3.8万元/年计算,正常生产年份工资及福利费为266万元。

（三）折旧与摊销

固定资产原值68 066万元,采用直线法计提折旧,折旧年限14年,每年折旧费为4 862万元。

无形资产和其他资产原值共3 900万元,按10年平均摊销,每年摊销费为390万元。

（四）修理费

根据行业的经验数据,按固定资产投资的3.8%估算,正常生产年份的修理费为2 587万元。

（五）总成本费用

总成本费用详细估算结果如表11-13所示。

表 11-13　总成本费用估算表（生产要素法）

单位：万元

序号	项目＼年份	2010	2011	2012	2013	2014	2015	2016	2017	2018	2019	2020	2021	2022	2023
	生产负荷	70%	100%	100%	100%	100%	100%	100%	100%	100%	100%	100%	100%	100%	100%
1	外购原材料	184 170	263 100	263 100	263 100	263 100	263 100	263 100	263 100	263 100	263 100	263 100	263 100	263 100	263 100
2	外购燃料	2 000	2 857	2 857	2 857	2 857	2 857	2 857	2 857	2 857	2 857	2 857	2 857	2 857	2 857
3	外购动力	662	945	945	945	945	945	945	945	945	945	945	945	945	945
4	直接人工	0	0	0	0	0	0	0	0	0	0	0	0	0	0
5	修理费	2 587	2 587	2 587	2 587	2 587	2 587	2 587	2 587	2 587	2 587	2 587	2 587	2 587	2 587
6	折旧费	4 862	4 862	4 862	4 862	4 862	4 862	4 862	4 862	4 862	4 862	4 862	4 862	4 862	4 862
7	摊销费	390	390	390	390	390	390	390	390	390	390				
8	财务费用	4 330	4 381	4 124	3 866	3 608	3 350	3 093	2 835	2 577	2 320				
8.1	长期借款利息	3 608	3 350	3 093	2 835	2 577	2 319	2 062	1 804	1 546	1 289	1 031	773	515	258
8.2	流动资金借款利息	722	1 031	1 031	1 031	1 031	1 031	1 031	1 031	1 031	1 031	1 031	773	515	258
8.3	短期借款利息														
9	其他费用	2 833	2 997	2 997	2 997	2 997	2 997	2 997	2 997	2 997	2 997	2 997	2 997	2 997	2 997
9.1	其他制造费用	1 212	1 260	1 260	1 260	1 260	1 260	1 260	1 260	1 260	1 260	1 260	1 260	1 260	1 260
9.2	其他管理费用	1 074	1 153	1 153	1 153	1 153	1 153	1 153	1 153	1 153	1 153	1 153	1 153	1 153	1 153
9.3	其他销售费用	547	584	584	584	584	584	584	584	584	584	584	584	584	584
10	总成本费用	201 833	282 119	281 861	281 603	281 346	281 088	280 830	280 572	280 315	280 057	278 378	278 121	277 863	277 605
	固定成本	15 002	15 217	14 960	14 702	14 444	14 186	13 929	13 671	13 413	13 156	11 477	11 219	10 961	10 704
	可变成本	186 831	266 902	266 902	266 902	266 902	266 902	266 902	266 902	266 902	266 902	266 902	266 902	266 902	266 902
11	经营成本	192 251	272 486	272 486	272 486	272 486	272 486	272 486	272 486	272 486	272 486	272 486	272 486	272 486	272 486

第七节 财务评价

一、盈利能力分析

(一)项目财务现金流量分析

根据项目财务现金流量表(见表11-14),项目息前所得税前投资财务内部收益率为41%,大于14%的行业基准收益率;息税前财务净现值为124 633.44万元,税后为82 411.16万元,大于零;息税前投资回收期为4.32年,税后为4.87年,小于行业平均投资回收期。因此,本项目的财务盈利能力可满足要求。

(二)资本金财务现金流量分析

根据项目资本金现金流量表(见表11-15),税后项目的资本金财务内部收益率为75.15%,大于16%的行业基准,满足投资者的要求。

(三)利润分析

该项目的产品、原料价格和产量均采用了预测的平均数值,因此,营业收入、成本比较稳定。

由表11-16计算的正常年份的年均息税前利润为40 988万元,总投资收益率为 $ROI = EBIT/TI \times 100\% = 43.1\%$,资本金净利润率为 $ROE = NP/EC = 102.6\%$。

二、偿债能力分析

根据项目单位与银行签订的贷款协议,本项目采用等额偿还本金的偿还方式偿还建设投资长期借款,借款利息按年支付。由此编制的项目借款还本付息计划如表11-17所示。由表11-17可以看出,每年的偿债备付率均在5以上,利息备付率几乎都在10以上,由还款方式决定了以前几年的值有点低,但都满足债权人的要求。这说明项目有很高的利息偿还保障和本息的偿还能力,项目具有良好的财务状况和足够的偿债能力。

三、财务生存能力分析

综合上述报表中的信息,得到项目财务计划现金流量表(见表11-18)。从表11-18中可以看出,项目计算期内各年的净现金流量及累计盈余资金均为正值,各年均有足够的净现金流量维持项目的正常运营,可保证项目财务的可持续性。

表 11-14 项目财务现金流量表

单位：万元

序号	项目	2008	2009	2010	2011	2012	2013	2014	2015	2016	2017	2018	2019	2020	2021	2022	2023
1	现金流入			223 650	319 500	319 500	319 500	319 500	319 500	319 500	319 500	319 500	319 500	319 500	319 500	319 500	342 550
1.1	营业收入			223 650	319 500	319 500	319 500	319 500	319 500	319 500	319 500	319 500	319 500	319 500	319 500	319 500	319 500
1.2	回收固定资产余值																
1.3	补贴收入																
1.4	回收流动资金																23 050
2	现金流出	32 369	36 265	209 012	280 295	273 380	273 380	273 380	273 380	273 380	273 380	273 380	273 380	273 380	273 380	273 380	273 380
2.1	建设投资	32 369	36 265	16 135													
2.2	流动资金				6 915												
2.3	经营成本			192 251	272 486	272 486	272 486	272 486	272 486	272 486	272 486	272 486	272 486	272 486	272 486	272 486	272 486
2.4	营业税金及附加			626	894	894	894	894	894	894	894	894	894	894	894	894	894
2.5	维持运营投资																
3	所得税前净现金流量（1-2）	-32 369	-36 265	14 638	39 205	46 120	46 120	46 120	46 120	46 120	46 120	46 120	46 120	46 120	46 120	46 120	69 170
4	累计所得税前净现金流量	-32 369	-68 634	-53 996	-14 791	31 329	77 449	123 569	169 689	215 809	261 929	308 049	354 169	400 289	446 409	492 529	561 699
5	调整所得税			6 380	10 127	10 127	10 127	10 127	10 127	10 127	10 127	10 127	10 127	10 135	10 135	10 135	10 135
6	所得税后净现金流量（3-5）	-32 369	-36 265	8 258	29 078	35 993	35 993	35 993	35 993	35 993	35 993	35 993	35 993	35 985	35 985	35 985	59 035
7	累计所得税后净现金流量	-32 369	-68 634	-60 376	-31 298	4 695	40 688	76 681	112 674	148 667	184 660	220 653	256 646	292 631	328 616	364 601	423 636

计算指标：

息前所得税前财务内部收益率（%）　　　　　所得税后=34%　　　　所得税前=43%

息前所得税前财务净现值（i_c = 14%）（万元）　　所得税后=89 945　　所得税前=134 191

静态投资回收期（年）　　　　　　　　　　所得税后=4.87　　　所得税前=4.32

表 11-15 项目资本金现金流量表

单位:万元

序号	项目\年份	2008	2009	2010	2011	2012	2013	2014	2015	2016	2017	2018	2019	2020	2021	2022	2023
1	现金流入			223 650	319 500	319 500	319 500	319 500	319 500	319 500	319 500	319 500	319 500	319 500	319 500	319 500	342 550
1.1	营业收入			223 650	319 500	319 500	319 500	319 500	319 500	319 500	319 500	319 500	319 500	319 500	319 500	319 500	319 500
1.2	回收固定资产余值																
1.3	补贴收入																
1.4	回收流动资金																23 050
2	现金流出	10 004	11 216	210 970	292 583	290 314	290 121	289 928	289 734	289 541	289 348	289 155	305 096	288 092	287 899	287 706	287 512
2.1	建设投资	10 004	11 216	4 840													
2.2	流动资金				2 075												
2.3	经营成本			192 251	272 486	272 486	272 486	272 486	272 486	272 486	272 486	272 486	272 486	272 486	272 486	272 486	272 486
2.4	偿还借款本息																
2.4.1	长期借款本金			3 625	3 625	3 625	3 625	3 625	3 625	3 625	3 625	3 625	3 625	3 625	3 625	3 625	3 625
2.4.2	流动资金借款本金												16 135				
2.4.3	长期借款利息			3 608	3 350	3 093	2 835	2 577	2 319	2 062	1 804	1 546	1 289	1 031	773	515	258
2.4.4	流动资金借款利息												1 031	1 031			
2.5	营业税金及附加			722	894	894	894	894	894	894	894	894	894	894	894	894	894
2.6	所得税			626	9 122	9 186	9 251	9 315	9 379	9 444	9 508	9 573	9 637	10 057	10 121	10 186	10 250
2.7	维持运营投资			5 298													
3	净现金流量	−10 004	−11 216	12 680	26 917	29 186	29 379	29 572	29 766	29 959	30 152	30 345	14 404	31 408	31 601	31 794	55 038
4	净现金流量净现值	−8 624	−8 336	8 124	14 866	13 896	12 058	10 464	9 079	7 878	6 835	5 930	2 426	4 561	3 956	3 431	5 121
	累计净现金流量净现值	−8 624	−16 959	−8 836	6 031	19 926	31 985	42 448	51 527	59 405	66 240	72 170	74 597	79 158	83 114	86 546	91 666

其中,税后财务内部收益率 = 75.15%,财务净现值(i_c = 16%) = 91 666 万元,动态投资回收期 = 3.59 年

第十一章 年产30万吨纤维聚酯项目的可行性研究

表 11-16 项目利润与利润分配表

单位：万元

序号	项目\年份	2010	2011	2012	2013	2014	2015	2016	2017	2018	2019	2020	2021	2022	2023
1	营业收入	223 650	319 500	319 500	319 500	319 500	319 500	319 500	319 500	319 500	319 500	319 500	319 500	319 500	319 500
2	营业税金及附加	626	894	894	894	894	894	894	894	894	894	894	894	894	894
3	总成本费用	201 833	282 119	281 861	281 603	281 346	281 088	280 830	280 572	280 315	280 057	278 378	278 121	277 863	277 605
4	补贴收入														
5	利润总额	21 191	36 487	36 745	37 002	37 260	37 518	37 776	38 033	38 291	38 549	40 228	40 485	40 743	41 001
6	弥补以前年度亏损														
7	应纳税所得额	21 191	36 487	36 745	37 002	37 260	37 518	37 776	38 033	38 291	38 549	40 228	40 485	40 743	41 001
8	所得税(25%)	5 298	9 122	9 186	9 251	9 315	9 379	9 444	9 508	9 573	9 637	10 057	10 121	10 186	10 250
9	净利润	15 893	27 365	27 559	27 752	27 945	28 138	28 332	28 525	28 718	28 912	30 171	30 364	30 557	30 750
10	期初未分配利润														
11	可供分配利润	15 893	27 365	27 559	27 752	27 945	28 138	28 332	28 525	28 718	28 912	30 171	30 364	30 557	30 750
12	法定盈余公积金(10%)	1 589	2 737	2 756	2 775	2 795	2 814	2 833	2 852	2 872	2 891	3 017	3 036	3 056	3 075
13	可供投资者分配的利润	14 304	24 629	24 803	24 977	25 151	25 325	25 498	25 672	25 846	26 020	27 154	27 328	27 501	27 675
14	应付优先股股利														
15	提取任意盈余公积金														
16	应付普通股股利														
17	各投资方利润分配	14 304	24 629	24 803	24 977	25 151	25 325	25 498	25 672	25 846	26 020	27 154	27 328	27 501	27 675
17.1	甲方股利	14 304	24 629	24 803	24 977	25 151	25 325	25 498	25 672	25 846	26 020	27 154	27 328	27 501	27 675
17.2	乙方股利														
18	未分配利润														
19	息税前利润	25 521	40 868	40 869	40 868	40 868	40 868	40 869	40 868	40 868	40 869	41 259	41 258	41 258	41 259
20	息税折旧摊销前利润	25 911	41 258	41 259	41 258	41 258	41 258	41 259	41 258	41 258	41 259	38 673	38 673	38 673	38 673

表 11-17 项目借款还本付息计划表

单位：万元

序号	项目\年份	2008	2009	2010	2011	2012	2013	2014	2015	2016	2017	2018	2019	2020	2021	2022	2023
1	年初借款累计		23 160	50 746	47 122	43 497	39 872	36 247	32 623	28 998	25 373	21 748	18 124	14 499	10 874	7 249	3 625
1.1	年初借款本金累计		22 365	47 414													
1.2	年初借款利息累计		795	3 332													
1.3	本年借款本金	22 365	25 049														
1.4	本年借款利息	795	2 537														
1.5	本年付息			3 608	3 350	3 093	2 835	2 577	2 319	2 062	1 804	1 546	1 289	1 031	773	515	258
1.6	本年还本			3 625	3 625	3 625	3 625	3 625	3 625	3 625	3 625	3 625	3 625	3 625	3 625	3 625	3 625
1.7	年末借款余额	23 160	50 746	47 122	43 497	39 872	36 247	32 623	28 998	25 373	21 748	18 124	14 499	10 874	7 249	3 625	
2	偿还借款本金资金来源			5 252	5 252	5 252	5 252	5 252	5 252	5 252	5 252	5 252	5 252	4 862	4 862	4 862	4 862
2.1	折旧费			4 862	4 862	4 862	4 862	4 862	4 862	4 862	4 862	4 862	4 862	4 862	4 862	4 862	4 862
2.2	摊销费			390	390	390	390	390	390	390	390	390	390				
2.3	未分配利润																
附注	偿债备付率(%)			540	824	829	834	839	844	848	853	858	863	883	888	893	898
	利息备付率(%)			589	933	991	1 057	1 133	1 220	1 321	1 442	1 586	1 762	4 002	5 336	8 005	16 009
	税后利润			15 893	27 365	27 559	27 752	27 945	28 138	28 332	28 525	28 718	28 912	30 171	30 364	30 557	30 750
	折旧			4 862	4 862	4 862	4 862	4 862	4 862	4 862	4 862	4 862	4 862	4 862	4 862	4 862	4 862
	摊销			390	390	390	390	390	390	390	390	390	390				
	财务费用			4 330	4 381	4 124	3 866	3 608	3 350	3 093	2 835	2 577	2 320	1 031	773	515	258
	汇兑损益																

第十一章 年产30万吨纤维聚酯项目的可行性研究

表 11-18 项目财务计划现金流量表

单位:万元

序号	项目	2008	2009	2010	2011	2012	2013	2014	2015	2016	2017	2018	2019	2020	2021	2022	2023
1	资金来源	33 164	38 802	37 078	40 070	33 829	34 087	34 344	34 602	34 860	35 118	35 375	35 633	37 252	37 509	37 767	61 075
1.1	利润总额			21 191	36 487	36 745	37 002	37 260	37 518	37 776	38 033	38 291	38 549	40 228	40 485	40 743	41 001
1.2	折旧费			4 862	4 862	4 862	4 862	4 862	4 862	4 862	4 862	4 862	4 862	4 862	4 862	4 862	4 862
1.3	摊销费			390	390	390	390	390	390	390	390	390	390				
1.4	长期借款	23 160	27 586														
1.5	流动资金借款			11 295	4 840												
1.6	短期借款																
1.7	自有资金投资	10 004	11 216	4 840	2 075												
1.8	回收流动资金																23 050
1.9	回收固定资产余值																
1.10	补贴收入																
2	资金运用	33 164	38 802	39 361	44 290	37 614	37 852	38 090	38 329	38 567	38 806	39 044	55 417	40 835	41 074	41 312	41 550
2.1	建设投资	32 369	36 265														
2.2	建设期利息	795	2 537														
2.3	流动资金增加额			16 135	6 915								16 135				
2.4	所得税			5 298	9 122	9 186	9 251	9 315	9 379	9 444	9 508	9 573	9 637	10 057	10 121	10 186	10 250
2.5	偿还借款本金			3 625	3 625	3 625	3 625	3 625	3 625	3 625	3 625	3 625	3 625	3 625	3 625	3 625	3 625
2.5.1	建设投资借款			3 625	3 625	3 625	3 625	3 625	3 625	3 625	3 625	3 625	3 625	3 625	3 625	3 625	3 625
2.5.2	流动资金借款																
2.5.3	短期借款																
2.6	甲方股利			14 304	24 629	24 803	24 977	25 151	25 325	25 498	25 672	25 846	26 020	27 154	27 328	27 501	27 675
3	盈余资金			3 216	4 364	4 383	4 402	4 422	4 441	4 460	4 480	4 499	−11 617	4 254	4 274	4 293	27 362
4	累计盈余资金			3 216	7 580	11 963	16 365	20 787	25 228	29 688	34 168	38 667	27 050	31 305	35 578	39 871	67 233

第八节 不确定性分析

一、不确定性分析

(一) 盈亏平衡分析

取项目生产年份的第 7 年(2016 年)为代表年份进行计算。

$$\mathrm{BEP}_{\text{生产能力利用率}} = \frac{\text{年固定成本}}{\text{年营业收入} - \text{年可变成本} - \text{年税金}} \times 100\%$$

$$= \frac{13\,929}{319\,500 - 266\,902 - 894} \times 100\%$$

$$= 26.94\%$$

盈亏平衡分析如图 11-4 所示。该项目的年产销量如果达到设计产量的 27% 以上,就可盈利。

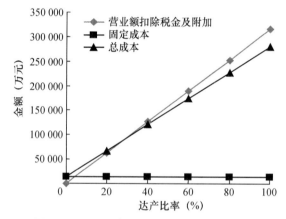

图 11-4　盈亏平衡分析图(生产能力利用率)

项目的经营安全率为:$1 - \mathrm{BEP} = 1 - 27\% = 73\%$。由此可以看出,该项目的经营能力很强,抗风险能力较强。

(二) 敏感性分析

选取 PET 的价格、产量、经营成本、固定资产投资和原材料的价格为变化因素进行单因素敏感性分析,观测各个因素的变化对税后资本金财务内部收益率的影响。分析结果如表 11-19 所示。

表 11-19　项目资本金财务内部收益率敏感性分析表

变动因素 \ 变化率	-10%	-5%	0	5%	10%
PET 价格	16.40	48.60	75.15	98.25	119.00
PET 产量	67.60	71.40	75.15	78.80	82.40
经营成本	113.10	95.05	75.15	52.80	26.85

(续表)

变动因素 变化率	−10%	−5%	0	5%	10%
固定资产投资	82.65	78.75	75.15	71.85	68.75
原材料价格	111.90	94.35	75.15	53.60	28.70
项目资本金财务基准收益率(%)	16	16	16	16	16

由表 11-19 及图 11-5 可以看出：任何一个单因素的变化范围只要在−10%至10%以内，项目资本金财务内部收益率始终能保持在项目资本金财务基准收益率(16%)以上，说明项目具有一定的抗风险能力。同时发现，PET 价格对内部收益率的影响最大，是最敏感的因素。

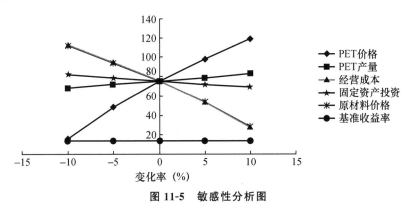

图 11-5　敏感性分析图

二、风险分析

（一）识别风险因素

影响项目可持续发展的风险因素主要是 PET 产品价格、原材料价格，以及投资和经营成本增加的风险。

(1) PET 产品价格。由图 11-1 的 PET 历史价格走势可以看出，价格总的来说变动还不是很稳定，而且未来市场发展的不确定性难以预料；同时，项目只对未来产品价格做了简单的预测。预测的合理性、市场的发展变动性等都存在一定的风险。

(2) 原材料价格。同产品的价格一样，原材料 PTA 和 EG 的价格同样具有以上的特点，具有一定的风险。

(3) 投资增加的风险。由于通货膨胀等因素的影响，固定资产投资具有较大的不确定性。

(4) 经营成本增加的风险。在生产运营过程中，项目公司的管理水平、各种修理费用的变化，以及水电等供应问题，都会给项目的正常运行带来一定的风险。

（二）确定风险因素的层次与权重

运用层次分析法的原理，将各主要的风险进行评级，以发现同敏感性分析之间的联系，而主要风险包含的次级风险将不做评级。

1. 建立层次分析模型

按照以上思路,将风险因素分为两层,并赋予各层风险因素相应的权重。根据有关专家对风险的打分情况,得出判断矩阵,然后计算得出各项风险的权重。按照层次分析法要求所建立的风险因素层次分析模型如图 11-6 所示。

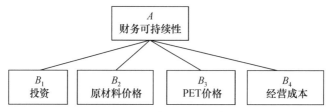

图 11-6　层次分析结构模型

2. 确定判断矩阵

有关专家对各风险因素进行两两比较,确定各风险的重要程度,得出风险因素判断矩阵。打分的标准如表 11-20 所示,判断矩阵如表 11-21 所示。

表 11-20　打分标准

标度	含义
1	表示两个因素相比,具有相同的重要性
3	表示两个因素相比,一个因素比另一个因素稍微重要
5	表示两个因素相比,一个因素比另一个因素明显重要
7	表示两个因素相比,一个因素比另一个因素强烈重要
9	表示两个因素相比,一个因素比另一个因素极端重要
2,4,6,8	介于相邻两得分之间的情况

表 11-21　A—B 的判断矩阵及风险因素权值

A	B_1	B_2	B_3	B_4	W_i
B_1	1	1/7	1/9	1/8	0.0360
B_2	7	1	1/4	1/3	0.1492
B_3	9	4	1	2	0.4972
B_4	8	3	1/2	1	0.3176

3. 进行一致性检验

根据一致性检验方法,得知一致性检验结果为:

$$BW = \begin{pmatrix} 1 & 1/7 & 1/9 & 1/8 \\ 7 & 1 & 1/4 & 1/3 \\ 9 & 4 & 1 & 2 \\ 8 & 3 & 1/2 & 1 \end{pmatrix} \begin{pmatrix} 0.0360 \\ 0.1492 \\ 0.4972 \\ 0.3176 \end{pmatrix} = \begin{pmatrix} 0.1523 \\ 0.6314 \\ 2.0532 \\ 1.3018 \end{pmatrix}$$

$$\lambda_{\max} = \frac{0.1523}{4 \times 0.0360} + \frac{0.6314}{4 \times 0.1492} + \frac{2.0532}{4 \times 0.4972} + \frac{1.3018}{4 \times 0.3176}$$

$$= 4.17896$$
$$CI = \frac{\lambda_{max} - n}{n - 1} = \frac{4.17896 - 4}{4 - 1} = 0.05969$$
$$RI = 0.9$$

CR=CI/RI=0.05969/0.9=0.066<0.1,满足一致性要求。可见,评分的结果合理。

4. 结论

由表 11-21 中 W_i 值的大小可以看出,项目各风险因素的重要性排序为:

$$B_3(0.4972) > B_4(0.3176) > B_2(0.1492) > B_1(0.0360)$$

即:

PET 价格风险＞经营成本风险＞原材料价格风险＞投资风险

各项风险的评定等级与敏感性分析中得出的影响程度基本一致。

第九节　财务评价结论

本案例对一个大型化纤项目进行了评价,息前税后项目财务内部收益率为 33%,大于 14% 的行业标准;资本金的财务内部收益率为 75.15%,可以充分满足投资者的需求;息税前项目财务净现值为 124 633.44 万元(i_c=14%),大于零;税后项目投资的回收期为 4.87 年,小于行业的平均水平。本项目具有较强的财务盈利能力和财务生存能力。计算期内各年经营活动现金流量均为正数,各年均不需要短期借款。由项目的不确定性分析以及敏感性分析可知,项目各变动因素在(-10%,10%)范围内变动时,项目均可行,具有一定的抗风险能力。

项目实施的整个过程要时刻注意市场环境的变化,尤其是产品的价格变化,以及原材料市场的供应情况。另外,市场环境是瞬息万变的,市场供需、技术改进、资源、利率等许多不可测因素都存在着潜在的风险。因此,投资建设单位应根据具体情况,及时采取适宜的应对策略。

本项目在财务上是可行的。

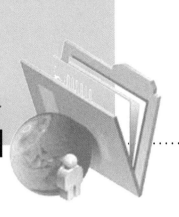

第十二章 优家健康食材连锁超市创业计划书

本章给出了一个具体的创业项目的计划书[①]。通过本章的学习,要求掌握具体创业项目计划书的研究内容、分析过程、分析方法和研究重点;了解创业项目计划书的基本格式、主要章节的安排及写法。

---

① 石建军、荣缇等:《青岛优家优选农业科技有限公司创业计划书》,西安交通大学管理学院。

第一节 总　　论

一、公司简介

青岛优家优选农业科技有限公司是一家专业从事有机产品整合销售的O2O平台型企业,为满足追求高品质生活的人群提供生态、有机、无添加产品。旗下主要有有机健康食材的高端社区超市和线上电商平台。

公司于环境污染、食品安全等社会矛盾日益突出的严峻时期应运而生,自始至终将坚持立足于人、取信于人、服务于人、贡献于人的经营理念,深入践行诚信、品质、健康、追求的办企精神,为广大客户提供安全、健康、高品质的生活而服务。

二、产品概念

有机食品是通过不施用人工合成的化学物质为手段,利用一系列可持续发展的农业技术,减少生产过程对环境和产品的污染,并在生产中建立一套人与自然和谐的生态系统,以促进生物多样性和资源的可持续利用。

有机食品之所以是消费者眼中的高端产品,是因为有机食品的生产过程周期长、要求高。其一,有机食品必须用三年的时间取得有机认证,该认证保证了土壤必须达到有机食品的播种、生长的要求;其二,种植过程中施加的肥料及农药必须按照有机食品要求达到规定,其产量将比常规种植减少;其三,有机食品多为人工伺服,人工成本相应增加。因此,有机食品供应量有限且生产成本高昂,其市场售价必然高于其他食品。

三、市场

(一) 市场空间

有机农业原本起源于中国古代的农耕文化,其通过牲畜堆肥和植物肥料作为种植追肥的方式进行农业生产。美国官员来华考察后,将此理念带入海外市场,并引领全世界走向有机农业。目前我国的有机产业发展还处在起步阶段,截至2009年登记在册的从事有机生产销售的企业大约9 000多家,比2004年的3 600家在册企业数量增加了将近120%,其中90%以上的企业从事种植、生产和加工产业。

(二) 市场发展态势

中国有机农产品国内市场潜力巨大,即将进入快速成长期,预计未来几年中国有机农产品的消费增长将高于世界有机农产品消费增长的平均水平,基于较高增长率情况下进行预测,未来5年中国有机农产品将达到248亿—594亿元的市场规模。

四、投资与财务

公司设定注册资本300万元。设定初期资金50万元,为股东自筹资金。5年后预计将以商业贷款或引入风险投资形式增加注册资本,以拓展项目运营规模。

股东的出资方式、出资额及出资比例如表12-1所示。

表 12-1　股东的出资方式、出资额及出资比例表　　　　　　　　　　　单位:万元

股东名称	认缴情况			实缴情况 (根据项目计划确定)			出资时间
	认缴出资 (万元)	出资方式	出资比例 (元)	实缴出资 (万元)	出资方式	出资比例 (%)	
石××	90	现金	30	15	现金	30	
容×	60	现金	20	10	现金	20	
黄××	60	现金	20	10	现金	20	
李×	60	现金	20	10	现金	20	
董××	30	现金	10	5	现金	10	
合计	300		100	50		100	

第二节　公司简介

一、公司概况

青岛优家优选农业科技有限公司及有机健康食材连锁超市(以下简称"优家")将倾力打造社区精品有机生活连锁超市,同时优家还有网上商城和微信公众号"优家优品"实行线上线下双平台运作,为用户提供高品质健康生活的一站式快捷服务。

公司主营:有机杂粮、有机调味品、有机米面油、有机蔬菜、有机肉禽蛋奶、进口食品及当地特产。

二、企业文化

企业宗旨:诚信、品质、健康、专一

产品理念:健康优家,优选食材

经营理念:立足于人、取信于人、服务于人、贡献于人

三、行业背景

众所周知,人们日益增长的环保意识和对健康食品的关注、国内市场对有机农产品的需求不断增长、食品安全事故的接连发生、超市销售网络的快速发展、人们收入水平的提高和中产阶级的迅速壮大,这些因素都为国内有机食品销售带来极大的发展契机。

(1) 在中国,有机行业是个高速发展的新兴行业。

(2) 中国政府将农业发展的重点转向生产优质、安全、健康的高品质农产品,提倡农业的可持续发展。而有机农业正是当前我国构建农业循环经济链、开展农业可持续发展、创建社会主义新农村的最佳选择。为此,国务院、农业部及各地政府相继制订、出台了一系列优惠政策来推动、鼓励有机农业的发展。部分地区(如北京、辽宁、山东、河南等)已出台补贴政策,对获得有机产品认证的企业将给予数目不等的认证补贴费。

(3) 研判全球有机食品的市场发展态势可以看出未来 5 年中国有机产品市场的发展空间将是巨大的(见图 12-1)。

全球有机食品市场发展态势如图 12-1 所示。

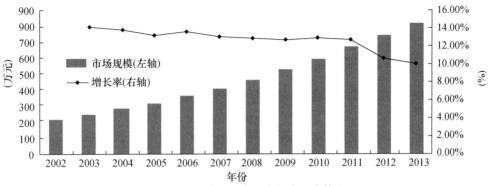

图 12-1　全球有机食品市场发展态势图

资料来源：中商情报网。

四、公司组织结构

采用直线职能式组织结构，扁平式管理，公司所有权与经营权分离。实行董事会领导，总经理负责制。公司的组织结构如图 12-2 所示。

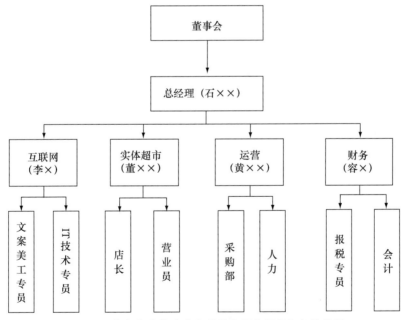

图 12-2　青岛优家优选农业科技有限公司的组织结构图

五、产品或服务的独特性

（一）产品

1. 有机杂粮食品
2. 有机米面油

3. 有机调味品

4. 有机肉禽蛋奶

5. 有机蔬菜水果

6. 进口食品

（二）服务

（1）线上线下产品销售，客户的反馈和投诉将在第一时间由相关负责人员进行妥善处理。

（2）倡导社区互动，譬如生产过程可视化展示、亲子活动、农场采摘等提供机会，鼓励消费者近距离体验有机食品产业链。

第三节　市 场 分 析

一、宏观环境分析

目前，国家政策持续加强对现代农业的扶持力度，各种产业资本都先后进入农业生产领域。主要的原因有：

（1）由于中国处在环境污染治理的高危阶段，食品安全问题、土地污染、水质污染都导致人们对普通食品安全心存疑虑，客观上对有机食品的推广起到了很好的促进作用；

（2）从发达国家已有的经历来看，未来中国的有机食品行业规模将有非常大的增长空间。

二、行业分析

有机食品行业拥有巨大的产业链，其在种植、运输、分销、零售、餐饮等有很多的细分行业都存在很多市场机遇。

（1）中国尚未形成一条成熟的全国性有机食品连锁渠道，为小企业介入提供了生存空间；在美国和日本有机连锁渠道的发展均以每年30％的复合增长率快速增长，空间巨大。

（2）中国现在对小企业注册给予优惠政策，一定程度上为创业者在创业初期提供了便利。

（3）有机生鲜行业鱼龙混杂，存在的很多以次充好、混淆概念的产品，对消费者产生一定的误导，行业规范有待加强。

（4）互联网营销模式对线下的实体店冲击较大，随时可能出现跨界竞争，搅乱现有的市场格局。

三、竞争对手分析

通过对有机销售渠道的调研，现有有机食品销售模式主要有大型连锁超市专柜、大型生产企业直销店、线上电商平台。

（1）大型连锁超市专柜：有机食品专柜的出现，说明有机食品消费在百姓的日常消费中已经占有了一定的比例,也同时说明了商家对广阔的市场相当看好。大型连锁超市的优势在于采购量较大,采购成本较低,客流量较大,购物环境较好,产品质量和分量都有保证。但与普通食品没有非常明确地差异和引导,导致产品销售无法保障,且超市渠道费用较高,产品竞争力下降。

(2) 大型生产企业的直销店:以中粮集团旗下的"中粮悠采"为例。主要在一些人流量比较大的地区进行店面展示销售,但是品类单一,服务和物流配送不到位。

(3) 互联网电商平台:以北京地区的"沱沱公社"和江浙地区的"本来生活"为例。电商虽然品类齐全,但货品来源无法保障,导致信任度差。同时由于有机蔬菜等对保鲜要求比较高,线上销售受制于冷链运输,无法满足客户需求。

(4) 农贸市场:一般是以露天的形式出现。由于摊位租金便宜,所以其产品价格可能会有点优势。但其购物环境、产品服务以及产地来源没有保障,因此可信度极低。

第四节　目标市场确定

一、确定整体市场

中国有机产品企业的市场特征主要表现为规模小、层次低,正处于初创及发展期,风险性较大;行业的不成熟导致更多的企业试图在服务模型上狠下功夫。同时,消费者在有机产品购买过程中,还没有进入到品牌消费阶段,更多的是停留在产品消费阶段;消费者在购买决策过程中,对于有机产品选择的依据较为茫然;消费者在信息接收过程中,依然存在严重的信息不对称现象,导致消费者对行业陌生。

二、寻找细分市场

(一) 探究有机产品的真实内涵,深化市场培育

我们发现,一方面许多从事有机产品事业的企业,将有机食品解释为天然食品、不灌溉农药和化肥种植出来的食品或者生态食品,这些概念凌乱,语焉不详。自己都没弄明白,怎么能生产、销售、推广有机产品,又怎么让消费者甘愿购买有机食品呢?另一方面,90%以上的消费者不清楚什么是有机食品,更遑论有机生活了,很多人认为价格高就说明质量好,所以才购买的。

(二) 寻求有效市场推广渠道,倡导有机生活

市场上目前有网络销售端口和实体销售门店两种方式。网络销售端口鱼龙混杂,有机食品来源的可靠性和食品安全性很难保障。有机食品连锁超市是目前较为普遍的实体门店渠道,但大部分忽略市场的接受程度,同时运营团队自身的管理水平参差不齐,因此很多有机专卖店也只是昙花一现。

基于此,我们创立"优家模式",即优家以社区有机食材健康连锁超市的建立为切入点,通过社区内与用户的互动进行产品的宣传和体验,慢慢渗透到整个有机产业的上下游。包括上游与有机农场进行整合,进行产品开发、农场采摘等;下游以社区超市的基础上发展有机餐饮,解决人们外出就餐的食品安全问题。

三、市场调研

(一) 销售渠道调研

为了了解目前市场上主要竞争对手的销售渠道,我们走访了青岛市的大型超市、农贸市场、品牌旗舰店及电商平台,对食材销售情况进行了实地考察。考察结果如表12-2所示。

表12-2 有机食品现有销售渠道调研分析

市场渠道	调研对象	门店数量	调研品类	是否为有机认证	产品价位	消费人群	购买力	售后服务
大型超市	华润万家 佳世客 家乐福	5	米面油	有	适中	中端	弱	良
			五谷杂粮	有				
			肉禽蛋奶	有				
			有机蔬菜水果	有				
农贸市场	长青农贸市场 百通农贸市场	2	米面油	无	—			
			五谷杂粮	无				
			肉禽蛋奶	无				
			有机蔬菜水果	无				
品牌旗舰店	中粮悠采	1	米面油	有	高	高端	强	优
			五谷杂粮	有				
			肉禽蛋奶	无				
			有机蔬菜水果	无				
电商平台	坨坨公社 本来生活	2	米面油	有	较低	—	—	难以保障

通过对有机食品现有销售状况的调研,我们发现目前市场上并没有专业的渠道商进行有机食品的整合销售。对标欧美全食超市和日本的社会发展阶段,中国未来有机食品的销售渠道会获得快速发展,我们发掘现有销售渠道的优缺点进行线上线下有机食品销售的整合,试图最大程度解决消费群体所关心的食材品类、冷链运输及售后服务的问题,确定通过高端社区有机超市作为切入点,进入有机食品销售行业。

(二) 社区消费者调研

1. 调研内容

高端社区消费者对有机食品的接受程度和购买力。

2. 调查对象

高端小区业主。

3. 调查方式

重点调查。青岛目前高档小区12个,拟选择其中5个高端小区(实际入住在1500户以上),随机选定20户作为对象进行调查。

4. 调查方法

现场面对面发放调研问卷,赠送礼品。

5. 调查结果

（1）青岛消费者购买有机食品的品种：主要有有机粮食、有机蔬菜、有机畜禽产品、有机水产品、有机水果、有机奶制品、有机豆制品、有机食用菌、有机蜂产品、有机保健品。其中购买蔬菜、粮食和水果的比重最大。

（2）中老年消费者有机食品的品种广泛。

（3）婴幼儿及未成年人的消费者跨品类消费的特征明显。

四、目标市场的确定

通过问卷调查我们锁定的目标市场主要为两类：

（1）高档住宅区。作为成功的高端商务人士，对营养、健康、饮食等非常重视，这部分消费群体本身因工作繁忙就缺少必要的身体锻炼，更注重消费品位和饮食的方式方法。所以，这部分的消费群体完全有能力成为有机食品的消费主体。

（2）中老年的消费群体。这部分消费群体虽然接收事物不如年轻的消费者，但其为了健康而并不会盲目的购买一般产品，一旦选择了有机食品并且认同有机产品后，则会成为忠实的消费群体。因为这部分为实力的消费群体，即出于个人健康的需要，也出于对于好的产品的认同，不仅个人购买、家庭购买，还会引导同类消费群体购买。因此，选址应当在中老年活动中心附近比较妥当。

五、"优+"模式的确立

优家模式，源于品牌设计为"优+"。"优"代表公司，始终以最优的有机健康食材提供给消费者；"+"表示家，给追求高品质生活的家庭提供优质服务，同时也是优质产品升级。

（一）优家模式的主要优势

（1）优家团队协同能力强，内部分工明确，目标一致；

（2）对O2O线上的交互有一定的理解，与用户的交互能力强；

（3）对有机生鲜渠道建设介入早，无正面直接的竞争对手；

（4）有自己的合作农庄，拟通过换股进行利益绑定；

（5）有机优选是一个开放的生态链公司，致力于打造有机高品质生活平台；

（6）有很多有实力跨区域的电商平台都在寻求合作，如中粮悠采、本来网、好当家；

（7）优家模式正好契合了现在社区服务的需求点；

（8）青岛成熟社区较多，且周围商业集聚度不是很高，店面租金也不是很高。

（二）优家模式的主要劣势

（1）有机产品市场消费者的接受度还需要培育，用户群体需要自己发掘提升；

（2）优家实体店的连锁复制能力弱，对店长的要求比较高，属于主动营销；

（3）优家模式的盈利模式还需要深入挖掘，短期投资回报率不高；

（4）优家模式需要对农业生态知识有了解，且需要为之奋斗的热情，不是一个纯商业项目投资，是一个需要投入极大热情的事业。

第五节 营销战略与模式

一、营销战略

根据前期市场调研的情况,我们公司将分阶段进行营销战略推进:

第一阶段采取从自建终端优家有机健康食材超市开始,在过程中进行上下游产品整合和品牌营销整合。为形成区域的有机产品销售品牌,实现极小范围的会员收集与管控,获得销售收益。

第二阶段在线上进行电商平台搭建,先从微信平台开始进行文案推广,然后再与其他大型电商合作,最终建立自己的垂直电商平台。

第三阶段将进行社区超市加盟代理进行其他渠道推广,并向下游餐饮行业进行纵深推进,打通整个有机食品行业的上下游。

营销战略推进的步骤如图 12-3 所示。

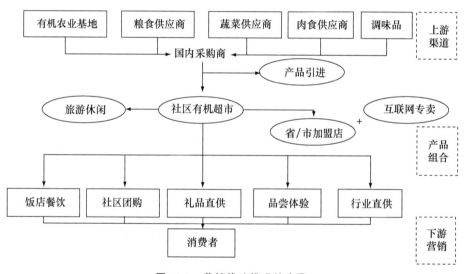

图 12-3 营销战略推进的步骤

二、营销模式

有机健康食材连锁超市的营销模式上主要采用有机产品全产业链引进和产品组合的方式。将高、中、低端产品及有机食品的上游产业链有机结合起来,并在店面体现一种"购物+体验"的购物环境以及提供更加优质多样的服务。同时,采用更科学的管理模式,塑造具有鲜明特色的营销模式,努力使资金周转更顺畅快捷,资信度更高,信誉更好。

(一)供货渠道

(1)通过参加全国专业性有机食品展会,获取供应商的供货信息,通过产品认证和检测,进入我们的销售渠道。

(2)通过与上游农场建立合资供货关系,进行生鲜供货。

（二）产品组合

首先以保质期较长的有机米面油和五谷杂粮为主进行销售，拿出其中一款有机产品以成本价进行互动引流，吸引客户；其次以保质期较短的冷冻塑封的肉禽蛋奶为补充；最后对生鲜要求最高的有机蔬菜、水果将进行会员制销售。

三、营销对象

（1）社区超市的零售，这部分在最初业务中比例会比较高，要高于50%。

（2）企事业单位团购和礼品销售：这部分在重要节日会产生比较大的流水。销售比例要尽量达到20%。

（3）网络推广和线上营销：这部分销售比例要达到30%。

四、定价策略

（一）定价方法

有机产品采购成本价约为售价的65%，目前国内该有机产品的出厂市场价留给渠道的毛利约为35%，净利润约为15%；门店费用约为20%。实际销售价格根据实际情况及促销情况允许其上下浮动10%。

（二）定价战略

互联网时代下有机食材的价格基本都是透明的，所以对于门店来说单品利润空间非常有限。但是，我们发现有机产品单价高，消费人群敏感度不高，一次性采购金额较大，且同一地区没有同质化竞争对手。因此，我们决定采取个别单款产品成本定价法，吸引客户进入店面进行消费，在消费者进入店面进行相关产品衍生消费，并提高客户黏性，培养消费习惯。

（三）促销

为了鼓励顾客进行前期体验，将制作产品展示及文案宣传；产品推广过程中，仍将采取多种促销方式，逐渐锁定客户群体。

具体促销方式：

（1）在小区内开业之前进行宣传单页推广，进行地推、扫楼全覆盖；

（2）利用小区内的停车位、电梯间视频进行针对性推广；

（3）利用周末时间，与供应商一起在小区内进行推广促销，让消费者有机会接触产品；

（4）客户进店消费赠送一定的礼品，让消费者有机会接触产品；

（5）利用微信圈和小区业主群进行互动，进行有机知识宣传；

（6）与小区物业进行合作，参与社区活动，如社区广场舞的礼品发放。

第六节 管 理

一、管理层展示

石××：总经理。全面负责公司业务。

李×：线上销售总监。负责互联网平台建设及产品推广；线上客服人员管理；对互联网销售额负责。

董××:实体销售总监。负责实体超市日常管理,实体店面管理规范和人员考核,对实体店销售额负责。协助线上销售管理,并汇总统计产品库存和采购预测。

黄××:运营总监:负责公司整体产品采购,产品价格谈判及产品质量控制。负责新产品和滞销品处理。

容×:财务总监。负责融资及资金调拨,日常费用审批,工商税务对接及人员工资福利的发放。

二、运营机制

(一)项目论证期运营机制

以股东会为主、董事会为辅;股东会定期召开(董事长、3名董事、5个股东均可发起);董事会定期或不定期召开(总经理发起,或董事长发起,或3名董事发起);

(二)运营期运营机制

以董事会为主,股东会为辅。

公司设董事会,董事长1名,董事会成员3人,其中董事3名,董秘1名(兼职)。

董事任期为3年,可以连选连任。董事任期届满未及时改选,在改选出的董事就任前,原董事仍应当依照法律、行政法规和公司章程的规定,履行董事职务。

董事会为股东会的执行机构,向股东会负责。

(三)财务运行机制

由董事长提名股东1人,进行财务管理。股东会表决通过,论证及筹备期,业务操作人员可以选择借款或者垫付报销的方式发生费用。

三、激励和约束机制

(一)激励机制

由于公司处于初创阶段,将以股权激励为主,现金激励尽量减少,减轻对现金流的压力。

(二)约束机制

公司前期核心管理团队,入股之日起3年内不允许退出(董事会+管理层),其余成员退出需要至少提前60天向股东会申请。

1. 股东退出时的股权价值

第1年退出,按照公司当时净资产价值×60%来兑现;

第2年退出,按照公司当时净资产价值×70%来兑现;

第3年退出,按照公司当时净资产价值×80%来兑现;

3年之后退出,按照公司公允的股权价值来兑现。

2. 股权价值的支付方式和支付期限

为了保持公司的延续,以及应对可能存在的实际现金支付困难问题,应当允许公司在特定情况以实物方式支付,或者采取分期付款的方式支付,将股权转换为对公司的债权(公允价值按照公司整体资产的评估,得出公司所有者权益的公允价值,再根据比例计算出转让股权的公允价值,例如公司资产评估总价为100万,负债为50万,则所有者权益为50万,5%的股份的公允价值为2.5万元)。

第七节 财务计划(略)

一、财务预测

该有机产品市场空间巨大、前景广阔,但是运作前期会比较困难。普通的消费者只知道有机食品是一种好的食品,但是并不了解有机食品的定价原则。

有机食品作为食品产业链的最下游产品,从产量而言,其投入大而收获小。但从销售价格而言,其比普通食品的市场售价高出30%—50%,以价格差弥补产量差。而有机食品的中、高端的产品与普通食品的加工程序则完全一致,但是其销售价格则比普通产品高出50%,甚至高出100%也是极为正常的且被消费者所接受的。

(一) 营业收入预测(略)

(二) 成本预测(略)

二、财务效益分析

(一) 盈利能力分析(略)

(二) 财务生存能力分析(略)

第八节 关 键 风 险

一、风险的类型

(一) 采购风险

对于有机食品国家有严格的认证制度,但是由于国内诚信环境差,供应商提供的产品不一定能保证每一批次的产品一定是100%的有机产品,经常会以次充好,或者拿非有机产品进行替代,这为采购相关产品的人员带来很大的挑战性和困难,如何能够采购到真正健康的有机食品是企业生存的基础。

(二) 管理风险

企业在最初创业阶段,各种制度不完善,企业知名度没有。无法找到专业人员加入。管理层和关键岗位的人员流失是企业需要面对和解决的问题。前期只能由股东全职参与才能保证项目正常进行。

(三) 市场风险

有机行业鱼龙混杂,存在的很多以次充好,混淆概念的产品,对消费者产生一定的误导,行业不规范;随时可能受到互联网模式的冲击,对线下的实体店冲击较大,随时有可能出现跨界竞争,搅乱现有的市场格局;现阶段没有自己的农庄和产品基地,只能与别人进行战略合作,影响了产品的毛利率和未来的规模扩张。

(四) 财务风险

存在后续投资资金不足或者现金流不足的问题,如果现金流不足,随时会导致企业破产;现有股东的退出,也可能导致投资资金不足的问题。

二、风险的控制和规避

在最初创业阶段,产品采购方面只能通过股东自己试用、外观检测,专业经验累积慢慢摸索。管理人员最初由股东全职负责,减少外聘员工,避免核心人员流失;在市场风险方面尽量找到自己独特的竞争优势和策略,减少跨区域企业进入的冲击;财务风险通过制度性的约束机制,尽量避免股东初期退出。

第九节 收获及退出战略

风险投资与其退出机制是永远不可分割的。风险投资的高风险通常意味着高收益,而收益的获取、风险的转移,关键就在于退出环节。退出是实现风险资本盈利的渠道,并且是唯一的渠道。成功的退出不仅意味着高额回报,而且是风险投资进行新一轮投资的基础。因此针对此问题,我们建立了健全的退出机制。

一、退出方式

公司将采取 IPO 形式公开上市。首次公开发行(Initial Public Offering,IPO)会使本公司提高企业知名度、完善本公司的股权分配、分担投资风险、规范企业运作等作用。

二、撤出时间

在获取风险投资后,本公司将会积极努力加强公司的实力,获得更多的利润,为风险资金的退出寻求机会,估计在 4—5 年可以实现风险投资的退出。

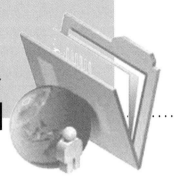

参考文献

1. Robert N. Charette, *Software Engineering Risk Analysis Management*, McGraw-Hill, 1989.
2. 陈均明:《模糊层次分析法在投资决策中的应用》,载《重庆工商大学学报》,2008(1)。
3. 陈锡璞:《工程经济》,机械工业出版社2000年版。
4. 陈有安、王学军、尉维斌、肖焕雄:《项目融资与风险管理》,中国计划出版社2000年版。
5. 成虎:《工程项目管理》,中国建筑工业出版社2002年版。
6. 丁勇:《电网电源开发的区域选择与厂址优化》,东南大学,2006。
7. 傅家骥、仝允桓:《工业技术经济学》,清华大学出版社1996年版。
8. 国家发展和改革委员会:《建设项目经济评价方法与参数》,中国计划出版社2006年版。
9. 胡永宏、贺思辉:《综合评价方法》,科学出版社2000年版。
10. 黄有亮等:《工程经济学》,东南大学出版社2002年版。
11. 姜早龙、邓铁军:《工程经济学》,中南大学出版社2005年版。
12. 蒋先玲:《项目融资》,中国金融出版社2001年版。
13. 郎烨:《"蓝乔"房地产项目建设地点的确定》,西安交通大学2006年硕士论文。
14. 刘省平:《BOT项目融资理论与实务》,西安交通大学出版社2002年版。
15. 刘新梅:《工程经济分析》,西安交通大学出版社2002年版。
16. 刘新梅:《工程经济学》,西安交通大学出版社1998年版。
17. 刘雪芹:《赢在决策》,地震出版社2005年版。
18. 刘燕:《技术经济学》,电子科技大学出版社2007年版。
19. 卢明银:《技术经济学》,中国矿业大学出版社2005年版。

20. 吕蓬:《大型火电厂项目选址的综合分析与研究》,华北电力大学,2001。
21. 马秀岩、卢洪升:《项目融资》,东北财经大学出版社 2002 年版。
22. 〔美〕亨利·马尔科姆·斯坦纳:《工程经济学原理》,张芳等译,经济科学出版社 2000 年版。
23. 〔美〕威廉·G.沙立文、埃琳·M.威克斯、詹姆斯·T.勒克斯霍:《工程经济学》,邵颖红译,清华大学出版社 2007 年版。
24. 齐文斌、南志远:《综合评判模型在变电站选址中的应用》,载《现代电力》,1999,16(1)。
25. 全国一级建造师执业资格考试用书编写委员会:《建设工程经济——全国一级建造师执业资格考试用书》,中国建筑工业出版社 2004 年版。
26. 绍颖红、黄渝祥:《工程经济学概论》,电子工业出版社 2003 年版。
27. 宋伟、王恩茂:《工程经济学》,人民交通出版社 2007 年版。
28. 孙怀玉、王子学、宋冀东:《实用技术经济学》,机械工业出版社 2003 年版。
29. 万威武、刘新梅、孙卫:《可行性研究与项目评价》,西安交通大学出版社 2007 年版。
30. 汪应洛:《系统工程》,机械工业出版社 2003 年版。
31. 王立国:《工程项目融资》,人民邮电出版社 2002 年版。
32. 王锡凡:《电力规划》,中国水利电力出版社 1990 年版。
33. 问歆朴:《火电厂建设选址的综合评价方法及案例研究》,华北电力大学,2004。
34. 吴大军、王立国:《项目评估》,东北财经大学出版社 2002 年版。
35. 吴添祖、冯勤、欧阳仲健:《技术经济学》,清华大学出版社 2004 年版。
36. 武献华、宋维佳、屈哲:《工程经济学》,东北财经大学出版社 2002 年版。
37. 夏细禾:《长江中下游大型火电厂选址的若干问题》,载《泥沙研究》,1996,2(2)。
38. 肖跃军、周东明、赵利:《工程经济学》,高等教育出版社 2004 年版。
39. 于俭、江思定:《模糊综合评判在企业选址中的应用》,载《杭州电子工业学院学报》,2003,23(1)。
40. 虞和锡:《工程经济学》,中国计划出版社 2002 年版。
41. 曾震雷:《火电厂厂址选择及总布置评价方法研究》,载《电力设计》,1998,2(10)。
42. 张道宏、吴艳霞:《技术经济学》,西安交通大学出版社 2000 年版。
43. 张旭明、刘则福:《项目融资理论与实务》,中国经济出版社 1999 年版。
44. 赵国杰:《工程经济学》,天津大学出版社 2003 年版。
45. 赵华、苏卫国:《工程项目融资》,人民交通出版社 2004 年版。
46. 中华人民共和国中央人民政府网站,《中华人民共和国个人所得税法实施条例》,http://www.gov.cn/zwgk/2008-02/22/content_897137.htm。
47. 中华人民共和国中央人民政府网站,《中华人民共和国企业所得税法实施条例》,http://www.gov.cn/zwgk/2007-12/11/content_830645.htm。
48. 周艳美、李伟华:《改进模糊层次分析法及其对任务方案的评价》,载《计算机工程与应用》,2008,44(5)。
49. 朱会冲、张燎:《基础设施项目投融资理论与实务》,复旦大学出版社 2002 年版。

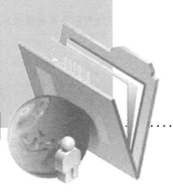

附 录

附录一 财务评价参数

附表 1-1 资产折旧的有关参数

名称	单位	取值	备注
综合折旧法			
折旧年限	年		建议查阅行业实施细则
折旧率	%		
净残值率	%		
分类折旧法			
折旧年限	年		
1. 通用设备部分			
机械设备		10—14	
动力设备		11—18	
传导设备		15—28	
运输设备		6—12	
自动化、半自动化设备		8—12	
电子计算机		4—10	
通用测试仪器设备		7—12	
工业		7—13	仅供参考
工具及其他生产用具		9—14	
非生产用设备及器具、设备工具		18—22	
电视机、复印机、文字处理机		5—8	
2. 房屋、建筑物部分			
房屋			
生产用房		30—40	
受腐蚀生产用房		20—25	
受强腐蚀生产用房		10—15	
非生产用房		35—45	
建筑物			
水电站大坝		45—55	
其他建筑物		15—25	

附表 1-2　建设项目财务基准收益率表

序号	行业名称	项目融资前税前财务基准收益率(%)	项目资本金税后财务基准收益率(%)
01	农业		
011	种植业	6	6
012	畜牧业	7	9
013	渔业	7	8
014	农副食品加工业	8	8
02	林业		
021	林产品加工	11	11
022	森林工业	12	13
023	林纸林化	12	12
024	营造林	8	9
03	建材		
031	水泥制造业	11	12
032	玻璃制造业	13	14
04	石油		
041	陆上油田开采	13	15
042	陆上气田开采	12	15
043	国家原油存储设施	8	8
044	长距离输油管道	12	13
045	长距离输气管道	12	13
046	海上原油开采	13	15
05	石化		
051	原油加工及石油制品制造	12	13
052	初级形态的塑料及合成树脂制造	13	15
053	合成纤维单(聚合)体制造	14	16
054	乙烯联合装置	12	15
055	纤维素纤维原料及纤维制造	14	16
06	化工		
061	氯碱及氯化物制造	11	13
062	无机化学原料制造	10	11
063	有机化学原料及中间体制造	11	12
064	化肥	9	9
065	农药	12	14
066	橡胶制品制造	12	12
067	化工新型材料	12	13
068	专用化学品制造(含精细化工)	13	15

(续表)

序号	行业名称	项目融资前税前财务基准收益率(%)	项目资本金税后财务基准收益率(%)
07	信息产业		
071	固定通信	5	5
072	移动通信	10	12
073	邮政通信	3	3
074	数据与因特网通信*	12	13
075	卫星通信*	12	13
076	电子计算机制造*	12	13
077	电子器件、元件制造*	15	18
08	电力		
081	电源工程		
0811	火力发电	8	10
0812	天然气发电	9	12
0813	核能发电	7	9
0814	风力发电	5	8
0815	垃圾发电	5	8
0816	其他能源发电(潮汐、地热等)	5	8
0817	热电站	8	10
0818	抽水蓄能电站	8	10
082	电网工程		
0821	送电工程	7	9
0822	联网工程	7	10
0823	城网工程	7	10
0824	农网工程	6	9
0825	区内或省内电网工程	7	9
09	水利		
091	水库发电工程	7	10
092	调水、供水工程	4	6
10	铁路		
101	铁路网旧线改造		6
102	铁路网新线建设		3
11	民航		
111	大中型(干线)机场建设	5	4
112	小型(支线)机场建设	1	—
12	煤炭		
121	煤炭采选*	13	15
122	煤气生产*	12	13

(续表)

序号	行业名称	项目融资前税前财务基准收益率(%)	项目资本金税后财务基准收益率(%)
13	黑色金属		
131	铁矿采选*	13	15
132	钢铁冶炼*	12	13
133	钢压延加工*	12	13
134	炼焦*	12	13
14	有色金属		
141	有色金属矿采选*	13	15
142	有色金属冶炼*	12	13
143	有色金属压延加工*	12	13
15	轻工		
151	卷烟制造*	16	18
152	纸浆及纸制品制造*	13	15
153	变形燃料乙醇*	13	15
154	制盐*	10	12
155	家电制造*	12	13
156	家具制造*	13	15
157	塑料制品制造*	13	15
158	日用化学品制造*	13	15
16	纺织业		
161	棉、化纤纺织*	12	13
162	毛、麻纺织*	13	15
163	丝、绢纺织*	13	15
17	医药		
171	化学药品、原药制剂制造*	15	16
172	中成药制造*	18	20
173	兽用药品制造*	18	20
174	生物、生化制品制造*	18	20
175	卫生材料及医药用品制造*	15	18
18	机械设备		
181	金属制品*	12	13
182	通用设备制造*	12	13
183	专用设备制造*	12	13
184	汽车制造*	12	13
19	市政		
191	城市快速轨道*	5	9
192	供水*	8	8

(续表)

序号	行业名称	项目融资前税前财务基准收益率(%)	项目资本金税后财务基准收益率(%)
193	排水*	4	4
194	燃气*	8	10
195	集中供热*	8	10
196	垃圾处理*	8	10
20	公路与水运交通		
201	公路建设*	6	7
202	独立公路桥梁、隧道*	6	7
203	泊位*	8	8
204	航道*	4	6
205	内河港口*	8	8
206	通航枢纽*	4	6
21	房地产开发项目*	12	13
22	商业性卫生项目*	10	12
23	商业性教育项目*	10	12
24	商业性文化娱乐项目*	12	13

注：行业 01—11 的建设项目财务基准收益率取自正式发布的各行业建设项目财务评价参数；带"*"的行业的建设项目财务基准收益率反映了各方面专家的判断，它对项目评价人员具有一定的参考价值。

附表 1-3　建设项目偿债能力参数

序号	行业名称	资产负债率的合理区间(%)	利息备付率的最低可接受值	偿债备付率的最低可接受值	流动比率的合理区间	速动比率的合理区间
01	农业					
011	种植业	30—50	2	1.3	1.0—2.0	0.6—1.2
012	畜牧业	30—50	2	1.3	1.0—2.1	0.6—1.2
013	渔业	30—50	2	1.3	1.0—2.2	0.6—1.2
014	农副食品加工业	30—50	2	1.3	1.0—2.3	0.6—1.2
02	林业					
021	林产品加工	50—70	2	1.3	1.0—2.0	0.6—1.2
022	森林工业	40—60	2	1.3	1.0—2.0	0.6—1.2
023	林纸林化	50—70	2	1.3	1.0—2.0	0.6—1.2
024	营造林	70—80	2	1.3	1.0—2.0	0.6—1.2
03	建材					
031	水泥制造业	40—70	2	1.3	1.0—2.0	0.6—1.2
032	玻璃制造业	40—70	2	1.3	1.0—2.0	0.6—1.2
04	石油					
041	陆上油田开采	40—60	2	1.3	1.0—2.0	1.0—1.5

(续表)

序号		行业名称	资产负债率的合理区间（%）	利息备付率的最低可接受值	偿债备付率的最低可接受值	流动比率的合理区间	速动比率的合理区间
	042	陆上气田开采	40—60	2	1.3	1.0—2.0	1.0—1.5
	043	国家原油存储设施	40—70	2	1.3	1.0—2.0	0.6—1.2
	044	长距离输油管道	40—60	2	1.3	1.0—2.0	1.0—1.5
	045	长距离输气管道	40—60	2	1.3	1.0—2.0	1.0—1.5
	045	海上原油开采	40—60	2	1.3	1.0—2.0	0.6—1.2
05		石化					
	051	原油加工及石油制品制造	40—60	2	1.3	1.5—2.5	1.0—1.5
	052	初级形态的塑料及合成树脂制造	40—60	2	1.3	2.0—2.5	1.0—1.5
	053	合成纤维单（聚合）体制造	40—60	2	1.3	2.0—3.0	1.5—2.0
	054	乙烯联合装置	40—60	2	1.3	2.0—3.0	1.0—2.0
	055	纤维素纤维原料及纤维制造	40—60	2	1.3	1.5—2.5	1.0—1.5
06		化工					
	061	氯碱及氯化物制造	30—60	2	1.3	1.5—2.5	0.8—1.2
	062	无机化学原料制造	30—60	2	1.3	1.5—2.5	0.7—1.1
	063	有机化学原料及中间体制造	30—60	2	1.3	1.5—2.5	0.8—1.2
	064	化肥	30—60	2	1.3	1.5—2.5	0.7—1.1
	065	农药	40—70	2	1.3	1.5—2.5	0.8—1.3
	066	橡胶制品制造	40—70	2	1.3	1.5—2.5	0.8—1.2
	067	化工新型材料	40—70	2	1.3	1.5—2.5	0.9—1.3
	068	专用化学品制造（含精细化工）	40—70	2	1.3	1.5—2.5	0.9—1.3
07		信息产业					
	071	固定通信	40—60	2	1.3	0.45—0.55	0.4—0.5
	072	移动通信	40—60	2	1.3	0.5—0.7	0.45—0.65
	073	邮政通信	20—50	2	1.3	1.0—2.0	0.9—1.8
	074	数据与因特网通信*	40—60	2	1.3	1.0—2.0	0.6—1.2
	075	卫星通信*	40—60	2	1.3	1.0—2.0	0.6—1.2
	076	电子计算机制造*	40—60	2	1.3	1.0—2.0	0.6—1.2
	077	电子器件、元件制造*	40—60	2	1.3	1.0—2.0	0.6—1.2
08		电力					
	081	电源工程					
	0811	火力发电	40—80	2	1.3	1.0—2.0	0.6—1.2
	0812	天然气发电	60—80	2	1.3	1.0—2.0	0.6—1.2
	0813	核能发电	70—90	2	1.3	1.0—2.0	0.6—1.2
	0814	风力发电	60—80	2	1.3	1.0—2.0	0.6—1.2

(续表)

序号	行业名称	资产负债率的合理区间（%）	利息备付率的最低可接受值	偿债备付率的最低可接受值	流动比率的合理区间	速动比率的合理区间
0815	垃圾发电	60—80	2	1.3	1.0—2.0	0.6—1.2
0816	其他能源发电（潮汐、地热等）	40—70	2	1.3	1.0—2.0	0.6—1.2
0817	热电站	60—80	2	1.3	1.0—2.0	0.6—1.2
0818	抽水蓄能电站	60—80	2	1.3	1.0—2.0	0.6—1.2
082	电网工程					
0821	送电工程	20—40	2	1.3	1.0—2.0	0.6—1.2
0822	联网工程	50—60	2	1.3	1.0—2.0	0.6—1.2
0823	城网工程	40—50	2	1.3	1.0—2.0	0.6—1.2
0824	农网工程	70—80	2	1.3	1.0—2.0	0.6—1.2
0825	区内或省内电网工程*	40—70	2	1.3	1.0—2.0	0.6—1.2
09	水利					
091	水库发电工程*	40—70	2	1.3	1.0—2.0	0.6—1.2
092	调水、供水工程*	40—60	2	1.3	1.0—2.0	0.6—1.2
10	铁路					
101	铁路网旧线改造	40—60	2	1.3	1.0—2.0	0.6—1.2
102	铁路网新线建设	40—60	2	1.3	1.0—2.0	0.6—1.2
11	民航					
111	大中型(干线)机场建设	30—50	2	1.3	1.0—2.0	0.6—1.2
112	小型(支线)机场建设	20—40	2	1.3	1.0—2.0	0.6—1.2
12	煤炭					
121	煤炭采选*	40—60	2	1.3	1.0—2.0	0.6—1.2
122	煤气生产*	40—60	2	1.3	1.0—2.0	0.6—1.2
13	黑色金属					
131	铁矿采选*	40—60	2	1.3	1.0—2.0	0.6—1.2
132	钢铁冶炼*	40—60	2	1.3	1.0—2.0	0.6—1.2
133	钢压延加工*	40—60	2	1.3	1.0—2.0	0.6—1.2
134	炼焦*	40—60	2	1.3	1.0—2.0	0.6—1.2
14	有色金属					
141	有色金属矿采选*	40—60	2	1.3	1.0—2.0	0.6—1.2
142	有色金属冶炼*	40—60	2	1.3	1.0—2.0	0.6—1.2
143	有色金属压延加工*	40—60	2	1.3	1.0—2.0	0.6—1.2
15	轻工					
151	卷烟制造*	50—70	2	1.3	1.0—2.0	0.6—1.2
152	纸浆及纸制品制造*	40—60	2	1.3	1.0—2.0	0.6—1.2
153	变形燃料乙醇*	40—60	2	1.3	1.0—2.0	0.6—1.2
154	制盐*	40—60	2	1.3	1.0—2.0	0.6—1.2
155	家电制造*	40—60	2	1.3	1.0—2.0	0.6—1.2

（续表）

序号	行业名称	资产负债率的合理区间（%）	利息备付率的最低可接受值	偿债备付率的最低可接受值	流动比率的合理区间	速动比率的合理区间
156	家具制造*	40—60	2	1.3	1.0—2.0	0.6—1.2
157	塑料制品制造*	40—60	2	1.3	1.0—2.0	0.6—1.2
158	日用化学品制造*	40—60	2	1.3	1.0—2.0	0.6—1.2
16	纺织业					
161	棉、化纤纺织*	40—60	2	1.3	1.0—2.0	0.6—1.2
162	毛、麻纺织*	40—60	2	1.3	1.0—2.0	0.6—1.2
163	丝、绢纺织*	40—60	2	1.3	1.0—2.0	0.6—1.2
17	医药					
171	化学药品、原药制剂制造*	40—60	2	1.3	1.0—2.0	0.6—1.2
172	中成药制造*	40—60	2	1.3	1.0—2.0	0.6—1.2
173	兽用药品制造*	40—60	2	1.3	1.0—2.0	0.6—1.2
174	生物、生化制品制造*	40—60	2	1.3	1.0—2.0	0.6—1.2
175	卫生材料及医药用品制造*	40—60	2	1.3	1.0—2.0	0.6—1.2
18	机械设备					
181	金属制品*	40—60	2	1.3	1.0—2.0	0.6—1.2
182	通用设备制造*	40—60	2	1.3	1.0—2.0	0.6—1.2
183	专用设备制造*	40—60	2	1.3	1.0—2.0	0.6—1.2
184	汽车制造*	40—60	2	1.3	1.0—2.0	0.6—1.2
19	市政					
191	城市快速轨道*	20—50	2	1.3	1.0—2.0	0.6—1.2
192	供水*	40—60	2	1.3	1.0—2.0	0.6—1.2
193	排水*	20—40	2	1.3	1.0—2.0	0.6—1.2
194	燃气*	40—60	2	1.3	1.0—2.0	0.6—1.2
195	集中供热*	40—60	2	1.3	1.0—2.0	0.6—1.2
196	垃圾处理*	40—60	2	1.3	1.0—2.0	0.6—1.2
20	公路与水运交通					
201	公路建设*	40—60	2	1.3	1.0—2.0	0.6—1.2
202	独立公路桥梁、隧道*	40—60	2	1.3	1.0—2.0	0.6—1.2
203	泊位*				1.0—2.0	
204	航道*					
205	内河港口*	40—60	2	1.3	1.0—2.0	0.6—1.2
206	通航枢纽*	40—60	2	1.3	1.0—2.0	0.6—1.2
21	房地产开发项目*	35—65	2	1.3	1.0—2.0	0.6—1.2
22	商业性卫生项目*					
23	商业性教育项目*	20—50	2	1.3	1.0—2.0	0.6—1.2
24	商业性文化娱乐项目*	20—50	2	1.3	1.0—2.0	0.6—1.2

注：行业 01—11 的建设项目偿债能力参数是正式发布的各行业建设项目财务评价参数；带"*"的行业的建设项目偿债能力参数反映了各方面专家的判断，它对项目评价人员具有一定的参考价值。

附录二 普通(按年计)复利表

5%普通(按年计)复利表

n	一次支付		等额支付数列				等差序列	
	复利终值	复利现值	年金终值	偿债基金	年金现值	资金回收		
	知P求F	知F求P	知A求F	知F求A	知A求P	知P求A	知G求A	知G求P
	$(1+i)^n$	$\dfrac{1}{(1+i)^n}$	$\dfrac{(1+i)^n-1}{i}$	$\dfrac{i}{(1+i)^n-1}$	$\dfrac{(1+i)^n-1}{i(1+i)^n}$	$\dfrac{i(1+i)^n}{(1+i)^n-1}$		
	$F/P,i,n$	$P/F,i,n$	$F/A,i,n$	$A/F,i,n$	$P/A,i,n$	$A/P,i,n$	$A/G,i,n$	$P/G,i,n$
1	1.0500	0.9524	1.0000	1.0000	0.9524	1.0500	0.0000	0.0000
2	1.1025	0.9070	2.0500	0.4878	1.8594	0.5378	0.4878	0.9070
3	1.1576	0.8638	3.1525	0.3172	2.7232	0.3672	0.9675	2.6347
4	1.2155	0.8227	4.3101	0.2320	3.5460	0.2820	1.4391	5.1028
5	1.2763	0.7835	5.5256	0.1810	4.3295	0.2310	1.9025	8.2369
6	1.3401	0.7462	6.8019	0.1470	5.0757	0.1970	2.3579	11.9680
7	1.4071	0.7107	8.1420	0.1228	5.7864	0.1728	2.8052	16.2321
8	1.4775	0.6768	9.5491	0.1047	6.4632	0.1547	3.2445	20.9700
9	1.5513	0.6446	11.0266	0.0907	7.1078	0.1407	3.6758	26.1268
10	1.6289	0.6139	12.5779	0.0795	7.7217	0.1295	4.0991	31.6521
11	1.7103	0.5847	14.2068	0.0704	8.3064	0.1204	4.5144	37.4988
12	1.7959	0.5568	15.9171	0.0628	8.8633	0.1128	4.9219	43.6241
13	1.8856	0.5303	17.7130	0.0565	9.3936	0.1065	5.3215	49.9879
14	1.9799	0.5051	19.5986	0.0510	9.8986	0.1010	5.7133	56.5538
15	2.0789	0.4810	21.5786	0.0463	10.3797	0.0963	6.0973	63.2880
16	2.1829	0.4581	23.6575	0.0423	10.8378	0.0923	6.4736	70.1597
17	2.2920	0.4363	25.8404	0.0387	11.2741	0.0887	6.8423	77.1405
18	2.4066	0.4155	28.1324	0.0355	11.6896	0.0855	7.2034	84.2043
19	2.5270	0.3957	30.5390	0.0327	12.0853	0.0827	7.5569	91.3275
20	2.6533	0.3769	33.0660	0.0302	12.4622	0.0802	7.9030	98.4884
21	2.7860	0.3589	35.7193	0.0280	12.8212	0.0780	8.2416	105.6673
22	2.9253	0.3418	38.5052	0.0260	13.1630	0.0760	8.5730	112.8461
23	3.0715	0.3256	41.4305	0.0241	13.4886	0.0741	8.8971	120.0087
24	3.2251	0.3101	44.5020	0.0225	13.7986	0.0725	9.2140	127.1402
25	3.3864	0.2953	47.7271	0.0210	14.0939	0.0710	9.5238	134.2275

(续表)

	一次支付		等额支付数列				等差序列	
	复利终值	复利现值	年金终值	偿债基金	年金现值	资金回收		
	知 P 求 F	知 F 求 P	知 A 求 F	知 F 求 A	知 A 求 P	知 P 求 A	知 G 求 A	知 G 求 P
n	$(1+i)^n$	$\dfrac{1}{(1+i)^n}$	$\dfrac{(1+i)^n-1}{i}$	$\dfrac{i}{(1+i)^n-1}$	$\dfrac{(1+i)^n-1}{i(1+i)^n}$	$\dfrac{i(1+i)^n}{(1+i)^n-1}$		
	$F/P,i,n$	$P/F,i,n$	$F/A,i,n$	$A/F,i,n$	$P/A,i,n$	$A/P,i,n$	$A/G,i,n$	$P/G,i,n$
26	3.5557	0.2812	51.1135	0.0196	14.3752	0.0696	9.8266	141.2585
27	3.7335	0.2678	54.6691	0.0183	14.6430	0.0683	10.1224	148.2226
28	3.9201	0.2551	58.4026	0.0171	14.8981	0.0671	10.4114	155.1101
29	4.1161	0.2429	62.3227	0.0160	15.1411	0.0660	10.6936	161.9126
30	4.3219	0.2314	66.4388	0.0151	15.3725	0.0651	10.9691	168.6226
31	4.5380	0.2204	70.7608	0.0141	15.5928	0.0641	11.2381	175.2333
32	4.7649	0.2099	75.2988	0.0133	15.8027	0.0633	11.5005	181.7392
33	5.0032	0.1999	80.0638	0.0125	16.0025	0.0625	11.7566	188.1351
34	5.2533	0.1904	85.0670	0.0118	16.1929	0.0618	12.0063	194.4168
35	5.5160	0.1813	90.3203	0.0111	16.3742	0.0611	12.2498	200.5807
36	5.7918	0.1727	95.8363	0.0104	16.5469	0.0604	12.4872	206.6237
37	6.0814	0.1644	101.6281	0.0098	16.7113	0.0598	12.7186	212.5434
38	6.3855	0.1566	107.7095	0.0093	16.8679	0.0593	12.9440	218.3378
39	6.7048	0.1491	114.0950	0.0088	17.0170	0.0588	13.1636	224.0054
40	7.0400	0.1420	120.7998	0.0083	17.1591	0.0583	13.3775	229.5452
41	7.3920	0.1353	127.8398	0.0078	17.2944	0.0578	13.5857	234.9564
42	7.7616	0.1288	135.2318	0.0074	17.4232	0.0574	13.7884	240.2389
43	8.1497	0.1227	142.9933	0.0070	17.5459	0.0570	13.9857	245.3925
44	8.5572	0.1169	151.1430	0.0066	17.6628	0.0566	14.1777	250.4175
45	8.9850	0.1113	159.7002	0.0063	17.7741	0.0563	14.3644	255.3145
46	9.4343	0.1060	168.6852	0.0059	17.8801	0.0559	14.5461	260.0844
47	9.9060	0.1009	178.1194	0.0056	17.9810	0.0556	14.7226	264.7281
48	10.4013	0.0961	188.0254	0.0053	18.0772	0.0553	14.8943	269.2467
49	10.9213	0.0916	198.4267	0.0050	18.1687	0.0550	15.0611	273.6418
50	11.4674	0.0872	209.3480	0.0048	18.2559	0.0548	15.2233	277.9148

6%普通(按年计)复利表

n	一次支付		等额支付数列				等差序列	
	复利终值	复利现值	年金终值	偿债基金	年金现值	资金回收		
	知P求F	知F求P	知A求F	知F求A	知A求P	知P求A	知G求A	知G求P
	$(1+i)^n$	$\dfrac{1}{(1+i)^n}$	$\dfrac{(1+i)^n-1}{i}$	$\dfrac{i}{(1+i)^n-1}$	$\dfrac{(1+i)^n-1}{i(1+i)^n}$	$\dfrac{i(1+i)^n}{(1+i)^n-1}$		
	$F/P,i,n$	$P/F,i,n$	$F/A,i,n$	$A/F,i,n$	$P/A,i,n$	$A/P,i,n$	$A/G,i,n$	$P/G,i,n$
1	1.0600	0.9434	1.0000	1.0000	0.9434	1.0600	0.0000	0.0000
2	1.1236	0.8900	2.0600	0.4854	1.8334	0.5454	0.4854	0.8900
3	1.1910	0.8396	3.1836	0.3141	2.6730	0.3741	0.9612	2.5692
4	1.2625	0.7921	4.3746	0.2286	3.4651	0.2886	1.4272	4.9455
5	1.3382	0.7473	5.6371	0.1774	4.2124	0.2374	1.8836	7.9345
6	1.4185	0.7050	6.9753	0.1434	4.9173	0.2034	2.3304	11.4594
7	1.5036	0.6651	8.3938	0.1191	5.5824	0.1791	2.7676	15.4497
8	1.5938	0.6274	9.8975	0.1010	6.2098	0.1610	3.1952	19.8416
9	1.6895	0.5919	11.4913	0.0870	6.8017	0.1470	3.6133	24.5768
10	1.7908	0.5584	13.1808	0.0759	7.3601	0.1359	4.0220	29.6023
11	1.8983	0.5268	14.9716	0.0668	7.8869	0.1268	4.4213	34.8702
12	2.0122	0.4970	16.8699	0.0593	8.3838	0.1193	4.8113	40.3369
13	2.1329	0.4688	18.8821	0.0530	8.8527	0.1130	5.1920	45.9629
14	2.2609	0.4423	21.0151	0.0476	9.2950	0.1076	5.5635	51.7128
15	2.3966	0.4173	23.2760	0.0430	9.7122	0.1030	5.9260	57.5546
16	2.5404	0.3936	25.6725	0.0390	10.1059	0.0990	6.2794	63.4593
17	2.6928	0.3714	28.2129	0.0354	10.4773	0.0954	6.6240	69.4011
18	2.8543	0.3503	30.9057	0.0324	10.8276	0.0924	6.9597	75.3569
19	3.0256	0.3305	33.7600	0.0296	11.1581	0.0896	7.2867	81.3062
20	3.2071	0.3118	36.7856	0.0272	11.4699	0.0872	7.6051	87.2304
21	3.3996	0.2942	39.9927	0.0250	11.7641	0.0850	7.9151	93.1136
22	3.6035	0.2775	43.3923	0.0230	12.0416	0.0830	8.2166	98.9412
23	3.8197	0.2618	46.9958	0.0213	12.3034	0.0813	8.5099	104.7007
24	4.0489	0.2470	50.8156	0.0197	12.5504	0.0797	8.7951	110.3812
25	4.2919	0.2330	54.8645	0.0182	12.7834	0.0782	9.0722	115.9732

（续表）

n	一次支付		等额支付数列				等差序列	
	复利终值	复利现值	年金终值	偿债基金	年金现值	资金回收		
	知P求F	知F求P	知A求F	知F求A	知A求P	知P求A	知G求A	知G求P
	$(1+i)^n$	$\dfrac{1}{(1+i)^n}$	$\dfrac{(1+i)^n-1}{i}$	$\dfrac{i}{(1+i)^n-1}$	$\dfrac{(1+i)^n-1}{i(1+i)^n}$	$\dfrac{i(1+i)^n}{(1+i)^n-1}$		
	$F/P,i,n$	$P/F,i,n$	$F/A,i,n$	$A/F,i,n$	$P/A,i,n$	$A/P,i,n$	$A/G,i,n$	$P/G,i,n$
26	4.5494	0.2198	59.1564	0.0169	13.0032	0.0769	9.3414	121.4684
27	4.8223	0.2074	63.7058	0.0157	13.2105	0.0757	9.6029	126.8600
28	5.1117	0.1956	68.5281	0.0146	13.4062	0.0746	9.8568	132.1420
29	5.4184	0.1846	73.6398	0.0136	13.5907	0.0736	10.1032	137.3096
30	5.7435	0.1741	79.0582	0.0126	13.7648	0.0726	10.3422	142.3588
31	6.0881	0.1643	84.8017	0.0118	13.9291	0.0718	10.5740	147.2864
32	6.4534	0.1550	90.8898	0.0110	14.0840	0.0710	10.7988	152.0901
33	6.8406	0.1462	97.3432	0.0103	14.2302	0.0703	11.0166	156.7681
34	7.2510	0.1379	104.1838	0.0096	14.3681	0.0696	11.2276	161.3192
35	7.6861	0.1301	111.4348	0.0090	14.4982	0.0690	11.4319	165.7427
36	8.1473	0.1227	119.1209	0.0084	14.6210	0.0684	11.6298	170.0387
37	8.6361	0.1158	127.2681	0.0079	14.7368	0.0679	11.8213	174.2072
38	9.1543	0.1092	135.9042	0.0074	14.8460	0.0674	12.0065	178.2490
39	9.7035	0.1031	145.0585	0.0069	14.9491	0.0669	12.1857	182.1652
40	10.2857	0.0972	154.7620	0.0065	15.0463	0.0665	12.3590	185.9568
41	10.9029	0.0917	165.0477	0.0061	15.1380	0.0661	12.5264	189.6256
42	11.5570	0.0865	175.9505	0.0057	15.2245	0.0657	12.6883	193.1732
43	12.2505	0.0816	187.5076	0.0053	15.3062	0.0653	12.8446	196.6017
44	12.9855	0.0770	199.7580	0.0050	15.3832	0.0650	12.9956	199.9130
45	13.7646	0.0727	212.7435	0.0047	15.4558	0.0647	13.1413	203.1096
46	14.5905	0.0685	226.5081	0.0044	15.5244	0.0644	13.2819	206.1938
47	15.4659	0.0647	241.0986	0.0041	15.5890	0.0641	13.4177	209.1681
48	16.3939	0.0610	256.5645	0.0039	15.6500	0.0639	13.5485	212.0315
49	17.3775	0.0575	272.9584	0.0037	15.7076	0.0637	13.6748	214.7972
50	18.4202	0.0543	290.3359	0.0034	15.7619	0.0634	13.7964	217.4574

7%普通(按年计)复利表

n	一次支付		等额支付数列				等差序列	
	复利终值	复利现值	年金终值	偿债基金	年金现值	资金回收		
	知 P 求 F	知 F 求 P	知 A 求 F	知 F 求 A	知 A 求 P	知 P 求 A	知 G 求 A	知 G 求 P
	$(1+i)^n$	$\dfrac{1}{(1+i)^n}$	$\dfrac{(1+i)^n-1}{i}$	$\dfrac{i}{(1+i)^n-1}$	$\dfrac{(1+i)^n-1}{i(1+i)^n}$	$\dfrac{i(1+i)^n}{(1+i)^n-1}$		
	$F/P,i,n$	$P/F,i,n$	$F/A,i,n$	$A/F,i,n$	$P/A,i,n$	$A/P,i,n$	$A/G,i,n$	$P/G,i,n$
1	1.0700	0.9346	1.0000	1.0000	0.9346	1.0700	0.0000	0.0000
2	1.1449	0.8734	2.0700	0.4831	1.8080	0.5531	0.4831	0.8734
3	1.2250	0.8163	3.2149	0.3111	2.6243	0.3811	0.9549	2.5060
4	1.3108	0.7629	4.4399	0.2252	3.3872	0.2952	1.4155	4.7947
5	1.4026	0.7130	5.7507	0.1739	4.1002	0.2439	1.8650	7.6467
6	1.5007	0.6663	7.1533	0.1398	4.7665	0.2098	2.3032	10.9784
7	1.6058	0.6227	8.6540	0.1156	5.3893	0.1856	2.7304	14.7149
8	1.7182	0.5820	10.2598	0.0975	5.9713	0.1675	3.1465	18.7889
9	1.8385	0.5439	11.9780	0.0835	6.5152	0.1535	3.5517	23.1404
10	1.9672	0.5083	13.8164	0.0724	7.0236	0.1424	3.9461	27.7156
11	2.1049	0.4751	15.7836	0.0634	7.4987	0.1334	4.3296	32.4665
12	2.2522	0.4440	17.8885	0.0559	7.9427	0.1259	4.7025	37.3506
13	2.4098	0.4150	20.1406	0.0497	8.3577	0.1197	5.0648	42.3302
14	2.5785	0.3878	22.5505	0.0443	8.7455	0.1143	5.4167	47.3718
15	2.7590	0.3624	25.1290	0.0398	9.1079	0.1098	5.7583	52.4461
16	2.9522	0.3387	27.8881	0.0359	9.4466	0.1059	6.0897	57.5271
17	3.1588	0.3166	30.8402	0.0324	9.7632	0.1024	6.4110	62.5923
18	3.3799	0.2959	33.9990	0.0294	10.0591	0.0994	6.7225	67.6219
19	3.6165	0.2765	37.3790	0.0268	10.3356	0.0968	7.0242	72.5991
20	3.8697	0.2584	40.9955	0.0244	10.5940	0.0944	7.3163	77.5091
21	4.1406	0.2415	44.8652	0.0223	10.8355	0.0923	7.5990	82.3393
22	4.4304	0.2257	49.0057	0.0204	11.0612	0.0904	7.8725	87.0793
23	4.7405	0.2109	53.4361	0.0187	11.2722	0.0887	8.1369	91.7201
24	5.0724	0.1971	58.1767	0.0172	11.4693	0.0872	8.3923	96.2545
25	5.4274	0.1842	63.2490	0.0158	11.6536	0.0858	8.6391	100.6765

(续表)

n	一次支付		等额支付数列				等差序列	
	复利终值	复利现值	年金终值	偿债基金	年金现值	资金回收		
	知P求F	知F求P	知A求F	知F求A	知A求P	知P求A	知G求A	知G求P
	$(1+i)^n$	$\dfrac{1}{(1+i)^n}$	$\dfrac{(1+i)^n-1}{i}$	$\dfrac{i}{(1+i)^n-1}$	$\dfrac{(1+i)^n-1}{i(1+i)^n}$	$\dfrac{i(1+i)^n}{(1+i)^n-1}$		
	$F/P,i,n$	$P/F,i,n$	$F/A,i,n$	$A/F,i,n$	$P/A,i,n$	$A/P,i,n$	$A/G,i,n$	$P/G,i,n$
26	5.8074	0.1722	68.6765	0.0146	11.8258	0.0846	8.8773	104.9814
27	6.2139	0.1609	74.4838	0.0134	11.9867	0.0834	9.1072	109.1656
28	6.6488	0.1504	80.6977	0.0124	12.1371	0.0824	9.3289	113.2264
29	7.1143	0.1406	87.3465	0.0114	12.2777	0.0814	9.5427	117.1622
30	7.6123	0.1314	94.4608	0.0106	12.4090	0.0806	9.7487	120.9718
31	8.1451	0.1228	102.0730	0.0098	12.5318	0.0798	9.9471	124.6550
32	8.7153	0.1147	110.2182	0.0091	12.6466	0.0791	10.1381	128.2120
33	9.3253	0.1072	118.9334	0.0084	12.7538	0.0784	10.3219	131.6435
34	9.9781	0.1002	128.2588	0.0078	12.8540	0.0778	10.4987	134.9507
35	10.6766	0.0937	138.2369	0.0072	12.9477	0.0772	10.6687	138.1353
36	11.4239	0.0875	148.9135	0.0067	13.0352	0.0767	10.8321	141.1990
37	12.2236	0.0818	160.3374	0.0062	13.1170	0.0762	10.9891	144.1441
38	13.0793	0.0765	172.5610	0.0058	13.1935	0.0758	11.1398	146.9730
39	13.9948	0.0715	185.6403	0.0054	13.2649	0.0754	11.2845	149.6883
40	14.9745	0.0668	199.6351	0.0050	13.3317	0.0750	11.4233	152.2928
41	16.0227	0.0624	214.6096	0.0047	13.3941	0.0747	11.5565	154.7892
42	17.1443	0.0583	230.6322	0.0043	13.4524	0.0743	11.6842	157.1807
43	18.3444	0.0545	247.7765	0.0040	13.5070	0.0740	11.8065	159.4702
44	19.6285	0.0509	266.1209	0.0038	13.5579	0.0738	11.9237	161.6609
45	21.0025	0.0476	285.7493	0.0035	13.6055	0.0735	12.0360	163.7559
46	22.4726	0.0445	306.7518	0.0033	13.6500	0.0733	12.1435	165.7584
47	24.0457	0.0416	329.2244	0.0030	13.6916	0.0730	12.2463	167.6714
48	25.7289	0.0389	353.2701	0.0028	13.7305	0.0728	12.3447	169.4981
49	27.5299	0.0363	378.9990	0.0026	13.7668	0.0726	12.4387	171.2417
50	29.4570	0.0339	406.5289	0.0025	13.8007	0.0725	12.5287	172.9051

8%普通(按年计)复利表

n	一次支付		等额支付数列				等差序列	
	复利终值	复利现值	年金终值	偿债基金	年金现值	资金回收		
	知P求F	知F求P	知A求F	知F求A	知A求P	知P求A	知G求A	知G求P
	$(1+i)^n$	$\dfrac{1}{(1+i)^n}$	$\dfrac{(1+i)^n-1}{i}$	$\dfrac{i}{(1+i)^n-1}$	$\dfrac{(1+i)^n-1}{i(1+i)^n}$	$\dfrac{i(1+i)^n}{(1+i)^n-1}$		
	$F/P,i,n$	$P/F,i,n$	$F/A,i,n$	$A/F,i,n$	$P/A,i,n$	$A/P,i,n$	$A/G,i,n$	$P/G,i,n$
1	1.0800	0.9259	1.0000	1.0000	0.9259	1.0800	0.0000	0.0000
2	1.1664	0.8573	2.0800	0.4808	1.7833	0.5608	0.4808	0.8573
3	1.2597	0.7938	3.2464	0.3080	2.5771	0.3880	0.9487	2.4450
4	1.3605	0.7350	4.5061	0.2219	3.3121	0.3019	1.4040	4.6501
5	1.4693	0.6806	5.8666	0.1705	3.9927	0.2505	1.8465	7.3724
6	1.5869	0.6302	7.3359	0.1363	4.6229	0.2163	2.2763	10.5233
7	1.7138	0.5835	8.9228	0.1121	5.2064	0.1921	2.6937	14.0242
8	1.8509	0.5403	10.6366	0.0940	5.7466	0.1740	3.0985	17.8061
9	1.9990	0.5002	12.4876	0.0801	6.2469	0.1601	3.4910	21.8081
10	2.1589	0.4632	14.4866	0.0690	6.7101	0.1490	3.8713	25.9768
11	2.3316	0.4289	16.6455	0.0601	7.1390	0.1401	4.2395	30.2657
12	2.5182	0.3971	18.9771	0.0527	7.5361	0.1327	4.5957	34.6339
13	2.7196	0.3677	21.4953	0.0465	7.9038	0.1265	4.9402	39.0463
14	2.9372	0.3405	24.2149	0.0413	8.2442	0.1213	5.2731	43.4723
15	3.1722	0.3152	27.1521	0.0368	8.5595	0.1168	5.5945	47.8857
16	3.4259	0.2919	30.3243	0.0330	8.8514	0.1130	5.9046	52.2640
17	3.7000	0.2703	33.7502	0.0296	9.1216	0.1096	6.2037	56.5883
18	3.9960	0.2502	37.4502	0.0267	9.3719	0.1067	6.4920	60.8426
19	4.3157	0.2317	41.4463	0.0241	9.6036	0.1041	6.7697	65.0134
20	4.6610	0.2145	45.7620	0.0219	9.8181	0.1019	7.0369	69.0898
21	5.0338	0.1987	50.4229	0.0198	10.0168	0.0998	7.2940	73.0629
22	5.4365	0.1839	55.4568	0.0180	10.2007	0.0980	7.5412	76.9257
23	5.8715	0.1703	60.8933	0.0164	10.3711	0.0964	7.7786	80.6726
24	6.3412	0.1577	66.7648	0.0150	10.5288	0.0950	8.0066	84.2997
25	6.8485	0.1460	73.1059	0.0137	10.6748	0.0937	8.2254	87.8041

(续表)

	一次支付		等额支付数列				等差序列	
	复利终值	复利现值	年金终值	偿债基金	年金现值	资金回收		
	知P求F	知F求P	知A求F	知F求A	知A求P	知P求A	知G求A	知G求P
n	$(1+i)^n$	$\dfrac{1}{(1+i)^n}$	$\dfrac{(1+i)^n-1}{i}$	$\dfrac{i}{(1+i)^n-1}$	$\dfrac{(1+i)^n-1}{i(1+i)^n}$	$\dfrac{i(1+i)^n}{(1+i)^n-1}$		
	$F/P,i,n$	$P/F,i,n$	$F/A,i,n$	$A/F,i,n$	$P/A,i,n$	$A/P,i,n$	$A/G,i,n$	$P/G,i,n$
26	7.3964	0.1352	79.9544	0.0125	10.8100	0.0925	8.4352	91.1842
27	7.9881	0.1252	87.3508	0.0114	10.9352	0.0914	8.6363	94.4390
28	8.6271	0.1159	95.3388	0.0105	11.0511	0.0905	8.8289	97.5687
29	9.3173	0.1073	103.9659	0.0096	11.1584	0.0896	9.0133	100.5738
30	10.0627	0.0994	113.2832	0.0088	11.2578	0.0888	9.1897	103.4558
31	10.8677	0.0920	123.3459	0.0081	11.3498	0.0881	9.3584	106.2163
32	11.7371	0.0852	134.2135	0.0075	11.4350	0.0875	9.5197	108.8575
33	12.6760	0.0789	145.9506	0.0069	11.5139	0.0869	9.6737	111.3819
34	13.6901	0.0730	158.6267	0.0063	11.5869	0.0863	9.8208	113.7924
35	14.7853	0.0676	172.3168	0.0058	11.6546	0.0858	9.9611	116.0920
36	15.9682	0.0626	187.1021	0.0053	11.7172	0.0853	10.0949	118.2839
37	17.2456	0.0580	203.0703	0.0049	11.7752	0.0849	10.2225	120.3713
38	18.6253	0.0537	220.3159	0.0045	11.8289	0.0845	10.3440	122.3579
39	20.1153	0.0497	238.9412	0.0042	11.8786	0.0842	10.4597	124.2470
40	21.7245	0.0460	259.0565	0.0039	11.9246	0.0839	10.5699	126.0422
41	23.4625	0.0426	280.7810	0.0036	11.9672	0.0836	10.6747	127.7470
42	25.3395	0.0395	304.2435	0.0033	12.0067	0.0833	10.7744	129.3651
43	27.3666	0.0365	329.5830	0.0030	12.0432	0.0830	10.8692	130.8998
44	29.5560	0.0338	356.9496	0.0028	12.0771	0.0828	10.9592	132.3547
45	31.9204	0.0313	386.5056	0.0026	12.1084	0.0826	11.0447	133.7331
46	34.4741	0.0290	418.4261	0.0024	12.1374	0.0824	11.1258	135.0384
47	37.2320	0.0269	452.9002	0.0022	12.1643	0.0822	11.2028	136.2739
48	40.2106	0.0249	490.1322	0.0020	12.1891	0.0820	11.2758	137.4428
49	43.4274	0.0230	530.3427	0.0019	12.2122	0.0819	11.3451	138.5480
50	46.9016	0.0213	573.7702	0.0017	12.2335	0.0817	11.4107	139.5928

9%普通(按年计)复利表

n	一次支付		等额支付数列				等差序列	
	复利终值	复利现值	年金终值	偿债基金	年金现值	资金回收		
	知P求F	知F求P	知A求F	知F求A	知A求P	知P求A	知G求A	知G求P
	$(1+i)^n$	$\dfrac{1}{(1+i)^n}$	$\dfrac{(1+i)^n-1}{i}$	$\dfrac{i}{(1+i)^n-1}$	$\dfrac{(1+i)^n-1}{i(1+i)^n}$	$\dfrac{i(1+i)^n}{(1+i)^n-1}$		
	F/P,i,n	P/F,i,n	F/A,i,n	A/F,i,n	P/A,i,n	A/P,i,n	A/G,i,n	P/G,i,n
1	1.0900	0.9174	1.0000	1.0000	0.9174	1.0900	0.0000	0.0000
2	1.1881	0.8417	2.0900	0.4785	1.7591	0.5685	0.4785	0.8417
3	1.2950	0.7722	3.2781	0.3051	2.5313	0.3951	0.9426	2.3860
4	1.4116	0.7084	4.5731	0.2187	3.2397	0.3087	1.3925	4.5113
5	1.5386	0.6499	5.9847	0.1671	3.8897	0.2571	1.8282	7.1110
6	1.6771	0.5963	7.5233	0.1329	4.4859	0.2229	2.2498	10.0924
7	1.8280	0.5470	9.2004	0.1087	5.0330	0.1987	2.6574	13.3746
8	1.9926	0.5019	11.0285	0.0907	5.5348	0.1807	3.0512	16.8877
9	2.1719	0.4604	13.0210	0.0768	5.9952	0.1668	3.4312	20.5711
10	2.3674	0.4224	15.1929	0.0658	6.4177	0.1558	3.7978	24.3728
11	2.5804	0.3875	17.5603	0.0569	6.8052	0.1469	4.1510	28.2481
12	2.8127	0.3555	20.1407	0.0497	7.1607	0.1397	4.4910	32.1590
13	3.0658	0.3262	22.9534	0.0436	7.4869	0.1336	4.8182	36.0731
14	3.3417	0.2992	26.0192	0.0384	7.7862	0.1284	5.1326	39.9633
15	3.6425	0.2745	29.3609	0.0341	8.0607	0.1241	5.4346	43.8069
16	3.9703	0.2519	33.0034	0.0303	8.3126	0.1203	5.7245	47.5849
17	4.3276	0.2311	36.9737	0.0270	8.5436	0.1170	6.0024	51.2821
18	4.7171	0.2120	41.3013	0.0242	8.7556	0.1142	6.2687	54.8860
19	5.1417	0.1945	46.0185	0.0217	8.9501	0.1117	6.5236	58.3868
20	5.6044	0.1784	51.1601	0.0195	9.1285	0.1095	6.7674	61.7770
21	6.1088	0.1637	56.7645	0.0176	9.2922	0.1076	7.0006	65.0509
22	6.6586	0.1502	62.8733	0.0159	9.4424	0.1059	7.2232	68.2048
23	7.2579	0.1378	69.5319	0.0144	9.5802	0.1044	7.4357	71.2359
24	7.9111	0.1264	76.7898	0.0130	9.7066	0.1030	7.6384	74.1433
25	8.6231	0.1160	84.7009	0.0118	9.8226	0.1018	7.8316	76.9265

（续表）

n	一次支付		等额支付数列				等差序列	
	复利终值 知P求F $(1+i)^n$ $F/P,i,n$	复利现值 知F求P $\dfrac{1}{(1+i)^n}$ $P/F,i,n$	年金终值 知A求F $\dfrac{(1+i)^n-1}{i}$ $F/A,i,n$	偿债基金 知F求A $\dfrac{i}{(1+i)^n-1}$ $A/F,i,n$	年金现值 知A求P $\dfrac{(1+i)^n-1}{i(1+i)^n}$ $P/A,i,n$	资金回收 知P求A $\dfrac{i(1+i)^n}{(1+i)^n-1}$ $A/P,i,n$	知G求A $A/G,i,n$	知G求P $P/G,i,n$
26	9.3992	0.1064	93.3240	0.0107	9.9290	0.1007	8.0156	79.5863
27	10.2451	0.0976	102.7231	0.0097	10.0266	0.0997	8.1906	82.1241
28	11.1671	0.0895	112.9682	0.0089	10.1161	0.0989	8.3571	84.5419
29	12.1722	0.0822	124.1354	0.0081	10.1983	0.0981	8.5154	86.8422
30	13.2677	0.0754	136.3075	0.0073	10.2737	0.0973	8.6657	89.0280
31	14.4618	0.0691	149.5752	0.0067	10.3428	0.0967	8.8083	91.1024
32	15.7633	0.0634	164.0370	0.0061	10.4062	0.0961	8.9436	93.0690
33	17.1820	0.0582	179.8003	0.0056	10.4644	0.0956	9.0718	94.9314
34	18.7284	0.0534	196.9823	0.0051	10.5178	0.0951	9.1933	96.6935
35	20.4140	0.0490	215.7108	0.0046	10.5668	0.0946	9.3083	98.3590
36	22.2512	0.0449	236.1247	0.0042	10.6118	0.0942	9.4171	99.9320
37	24.2538	0.0412	258.3759	0.0039	10.6530	0.0939	9.5200	101.4165
38	26.4367	0.0378	282.6298	0.0035	10.6908	0.0935	9.6172	102.8158
39	28.8160	0.0347	309.0665	0.0032	10.7255	0.0932	9.7090	104.1341
40	31.4094	0.0318	337.8824	0.0030	10.7574	0.0930	9.7957	105.3759
41	34.2363	0.0292	369.2919	0.0027	10.7866	0.0927	9.8775	106.5443
42	37.3175	0.0268	403.5281	0.0025	10.8134	0.0925	9.9546	107.6427
43	40.6761	0.0246	440.8457	0.0023	10.8380	0.0923	10.0273	108.6754
44	44.3370	0.0226	481.5218	0.0021	10.8605	0.0921	10.0958	109.6455
45	48.3273	0.0207	525.8587	0.0019	10.8812	0.0919	10.1603	110.5562
46	52.6767	0.0190	574.1860	0.0017	10.9002	0.0917	10.2210	111.4107
47	57.4176	0.0174	626.8628	0.0016	10.9176	0.0916	10.2780	112.2111
48	62.5852	0.0160	684.2804	0.0015	10.9336	0.0915	10.3317	112.9624
49	68.2179	0.0147	746.8656	0.0013	10.9482	0.0913	10.3821	113.6657
50	74.3575	0.0134	815.0836	0.0012	10.9617	0.0912	10.4295	114.3249

10%普通(按年计)复利表

n	一次支付		等额支付数列				等差序列	
	复利终值	复利现值	年金终值	偿债基金	年金现值	资金回收		
	知P求F	知F求P	知A求F	知F求A	知A求P	知P求A	知G求A	知G求P
	$(1+i)^n$	$\dfrac{1}{(1+i)^n}$	$\dfrac{(1+i)^n-1}{i}$	$\dfrac{i}{(1+i)^n-1}$	$\dfrac{(1+i)^n-1}{i(1+i)^n}$	$\dfrac{i(1+i)^n}{(1+i)^n-1}$		
	$F/P,i,n$	$P/F,i,n$	$F/A,i,n$	$A/F,i,n$	$P/A,i,n$	$A/P,i,n$	$A/G,i,n$	$P/G,i,n$
1	1.1000	0.9091	1.0000	1.0000	0.9091	1.1000	0.0000	0.0000
2	1.2100	0.8264	2.1000	0.4762	1.7355	0.5762	0.4762	0.8264
3	1.3310	0.7513	3.3100	0.3021	2.4869	0.4021	0.9366	2.3291
4	1.4641	0.6830	4.6410	0.2155	3.1699	0.3155	1.3812	4.3781
5	1.6105	0.6209	6.1051	0.1638	3.7908	0.2638	1.8101	6.8618
6	1.7716	0.5645	7.7156	0.1296	4.3553	0.2296	2.2236	9.6842
7	1.9487	0.5132	9.4872	0.1054	4.8684	0.2054	2.6216	12.7631
8	2.1436	0.4665	11.4359	0.0874	5.3349	0.1874	3.0045	16.0287
9	2.3579	0.4241	13.5795	0.0736	5.7590	0.1736	3.3724	19.4215
10	2.5937	0.3855	15.9374	0.0627	6.1446	0.1627	3.7255	22.8913
11	2.8531	0.3505	18.5312	0.0540	6.4951	0.1540	4.0641	26.3963
12	3.1384	0.3186	21.3843	0.0468	6.8137	0.1468	4.3884	29.9012
13	3.4523	0.2897	24.5227	0.0408	7.1034	0.1408	4.6988	33.3772
14	3.7975	0.2633	27.9750	0.0357	7.3667	0.1357	4.9955	36.8005
15	4.1772	0.2394	31.7725	0.0315	7.6061	0.1315	5.2789	40.1520
16	4.5950	0.2176	35.9497	0.0278	7.8237	0.1278	5.5493	43.4164
17	5.0545	0.1978	40.5447	0.0247	8.0216	0.1247	5.8071	46.5819
18	5.5599	0.1799	45.5992	0.0219	8.2014	0.1219	6.0526	49.6395
19	6.1159	0.1635	51.1591	0.0195	8.3649	0.1195	6.2861	52.5827
20	6.7275	0.1486	57.2750	0.0175	8.5136	0.1175	6.5081	55.4069
21	7.4002	0.1351	64.0025	0.0156	8.6487	0.1156	6.7189	58.1095
22	8.1403	0.1228	71.4027	0.0140	8.7715	0.1140	6.9189	60.6893
23	8.9543	0.1117	79.5430	0.0126	8.8832	0.1126	7.1085	63.1462
24	9.8497	0.1015	88.4973	0.0113	8.9847	0.1113	7.2881	65.4813
25	10.8347	0.0923	98.3471	0.0102	9.0770	0.1102	7.4580	67.6964

(续表)

n	一次支付		等额支付数列				等差序列	
	复利终值	复利现值	年金终值	偿债基金	年金现值	资金回收		
	知P求F	知F求P	知A求F	知F求A	知A求P	知P求A	知G求A	知G求P
	$(1+i)^n$	$\dfrac{1}{(1+i)^n}$	$\dfrac{(1+i)^n-1}{i}$	$\dfrac{i}{(1+i)^n-1}$	$\dfrac{(1+i)^n-1}{i(1+i)^n}$	$\dfrac{i(1+i)^n}{(1+i)^n-1}$		
	$F/P,i,n$	$P/F,i,n$	$F/A,i,n$	$A/F,i,n$	$P/A,i,n$	$A/P,i,n$	$A/G,i,n$	$P/G,i,n$
26	11.9182	0.0839	109.1818	0.0092	9.1609	0.1092	7.6186	69.7940
27	13.1100	0.0763	121.0999	0.0083	9.2372	0.1083	7.7704	71.7773
28	14.4210	0.0693	134.2099	0.0075	9.3066	0.1075	7.9137	73.6495
29	15.8631	0.0630	148.6309	0.0067	9.3696	0.1067	8.0489	75.4146
30	17.4494	0.0573	164.4940	0.0061	9.4269	0.1061	8.1762	77.0766
31	19.1943	0.0521	181.9434	0.0055	9.4790	0.1055	8.2962	78.6395
32	21.1138	0.0474	201.1378	0.0050	9.5264	0.1050	8.4091	80.1078
33	23.2252	0.0431	222.2515	0.0045	9.5694	0.1045	8.5152	81.4856
34	25.5477	0.0391	245.4767	0.0041	9.6086	0.1041	8.6149	82.7773
35	28.1024	0.0356	271.0244	0.0037	9.6442	0.1037	8.7086	83.9872
36	30.9127	0.0323	299.1268	0.0033	9.6765	0.1033	8.7965	85.1194
37	34.0039	0.0294	330.0395	0.0030	9.7059	0.1030	8.8789	86.1781
38	37.4043	0.0267	364.0434	0.0027	9.7327	0.1027	8.9562	87.1673
39	41.1448	0.0243	401.4478	0.0025	9.7570	0.1025	9.0285	88.0908
40	45.2593	0.0221	442.5926	0.0023	9.7791	0.1023	9.0962	88.9525
41	49.7852	0.0201	487.8518	0.0020	9.7991	0.1020	9.1596	89.7560
42	54.7637	0.0183	537.6370	0.0019	9.8174	0.1019	9.2188	90.5047
43	60.2401	0.0166	592.4007	0.0017	9.8340	0.1017	9.2741	91.2019
44	66.2641	0.0151	652.6408	0.0015	9.8491	0.1015	9.3258	91.8508
45	72.8905	0.0137	718.9048	0.0014	9.8628	0.1014	9.3740	92.4544
46	80.1795	0.0125	791.7953	0.0013	9.8753	0.1013	9.4190	93.0157
47	88.1975	0.0113	871.9749	0.0011	9.8866	0.1011	9.4610	93.5372
48	97.0172	0.0103	960.1723	0.0010	9.8969	0.1010	9.5001	94.0217
49	106.7190	0.0094	1 057.1896	0.0009	9.9063	0.1009	9.5365	94.4715
50	117.3909	0.0085	1 163.9085	0.0009	9.9148	0.1009	9.5704	94.8889

12％普通(按年计)复利表

n	一次支付		等额支付数列				等差序列	
	复利终值	复利现值	年金终值	偿债基金	年金现值	资金回收		
	知P求F	知F求P	知A求F	知F求A	知A求P	知P求A	知G求A	知G求P
	$(1+i)^n$	$\dfrac{1}{(1+i)^n}$	$\dfrac{(1+i)^n-1}{i}$	$\dfrac{i}{(1+i)^n-1}$	$\dfrac{(1+i)^n-1}{i(1+i)^n}$	$\dfrac{i(1+i)^n}{(1+i)^n-1}$		
	$F/P,i,n$	$P/F,i,n$	$F/A,i,n$	$A/F,i,n$	$P/A,i,n$	$A/P,i,n$	$A/G,i,n$	$P/G,i,n$
1	1.1200	0.8929	1.0000	1.0000	0.8929	1.1200	0.0000	0.0000
2	1.2544	0.7972	2.1200	0.4717	1.6901	0.5917	0.4717	0.7972
3	1.4049	0.7118	3.3744	0.2963	2.4018	0.4163	0.9246	2.2208
4	1.5735	0.6355	4.7793	0.2092	3.0373	0.3292	1.3589	4.1273
5	1.7623	0.5674	6.3528	0.1574	3.6048	0.2774	1.7746	6.3970
6	1.9738	0.5066	8.1152	0.1232	4.1114	0.2432	2.1720	8.9302
7	2.2107	0.4523	10.0890	0.0991	4.5638	0.2191	2.5515	11.6443
8	2.4760	0.4039	12.2997	0.0813	4.9676	0.2013	2.9131	14.4714
9	2.7731	0.3606	14.7757	0.0677	5.3282	0.1877	3.2574	17.3563
10	3.1058	0.3220	17.5487	0.0570	5.6502	0.1770	3.5847	20.2541
11	3.4785	0.2875	20.6546	0.0484	5.9377	0.1684	3.8953	23.1288
12	3.8960	0.2567	24.1331	0.0414	6.1944	0.1614	4.1897	25.9523
13	4.3635	0.2292	28.0291	0.0357	6.4235	0.1557	4.4683	28.7024
14	4.8871	0.2046	32.3926	0.0309	6.6282	0.1509	4.7317	31.3624
15	5.4736	0.1827	37.2797	0.0268	6.8109	0.1468	4.9803	33.9202
16	6.1304	0.1631	42.7533	0.0234	6.9740	0.1434	5.2147	36.3670
17	6.8660	0.1456	48.8837	0.0205	7.1196	0.1405	5.4353	38.6973
18	7.6900	0.1300	55.7497	0.0179	7.2497	0.1379	5.6427	40.9080
19	8.6128	0.1161	63.4397	0.0158	7.3658	0.1358	5.8375	42.9979
20	9.6463	0.1037	72.0524	0.0139	7.4694	0.1339	6.0202	44.9676
21	10.8038	0.0926	81.6987	0.0122	7.5620	0.1322	6.1913	46.8188
22	12.1003	0.0826	92.5026	0.0108	7.6446	0.1308	6.3514	48.5543
23	13.5523	0.0738	104.6029	0.0096	7.7184	0.1296	6.5010	50.1776
24	15.1786	0.0659	118.1552	0.0085	7.7843	0.1285	6.6406	51.6929
25	17.0001	0.0588	133.3339	0.0075	7.8431	0.1275	6.7708	53.1046

(续表)

n	一次支付		等额支付数列				等差序列	
	复利终值 知P求F $(1+i)^n$ F/P,i,n	复利现值 知F求P $\dfrac{1}{(1+i)^n}$ P/F,i,n	年金终值 知A求F $\dfrac{(1+i)^n-1}{i}$ F/A,i,n	偿债基金 知F求A $\dfrac{i}{(1+i)^n-1}$ A/F,i,n	年金现值 知A求P $\dfrac{(1+i)^n-1}{i(1+i)^n}$ P/A,i,n	资金回收 知P求A $\dfrac{i(1+i)^n}{(1+i)^n-1}$ A/P,i,n	知G求A A/G,i,n	知G求P P/G,i,n
26	19.0401	0.0525	150.3339	0.0067	7.8957	0.1267	6.8921	54.4177
27	21.3249	0.0469	169.3740	0.0059	7.9426	0.1259	7.0049	55.6369
28	23.8839	0.0419	190.6989	0.0052	7.9844	0.1252	7.1098	56.7674
29	26.7499	0.0374	214.5828	0.0047	8.0218	0.1247	7.2071	57.8141
30	29.9599	0.0334	241.3327	0.0041	8.0552	0.1241	7.2974	58.7821
31	33.5551	0.0298	271.2926	0.0037	8.0850	0.1237	7.3811	59.6761
32	37.5817	0.0266	304.8477	0.0033	8.1116	0.1233	7.4586	60.5010
33	42.0915	0.0238	342.4294	0.0029	8.1354	0.1229	7.5302	61.2612
34	47.1425	0.0212	384.5210	0.0026	8.1566	0.1226	7.5965	61.9612
35	52.7996	0.0189	431.6635	0.0023	8.1755	0.1223	7.6577	62.6052
36	59.1356	0.0169	484.4631	0.0021	8.1924	0.1221	7.7141	63.1970
37	66.2318	0.0151	543.5987	0.0018	8.2075	0.1218	7.7661	63.7406
38	74.1797	0.0135	609.8305	0.0016	8.2210	0.1216	7.8141	64.2394
39	83.0812	0.0120	684.0102	0.0015	8.2330	0.1215	7.8582	64.6967
40	93.0510	0.0107	767.0914	0.0013	8.2438	0.1213	7.8988	65.1159
41	104.2171	0.0096	860.1424	0.0012	8.2534	0.1212	7.9361	65.4997
42	116.7231	0.0086	964.3595	0.0010	8.2619	0.1210	7.9704	65.8509
43	130.7299	0.0076	1 081.0826	0.0009	8.2696	0.1209	8.0019	66.1722
44	146.4175	0.0068	1 211.8125	0.0008	8.2764	0.1208	8.0308	66.4659
45	163.9876	0.0061	1 358.2300	0.0007	8.2825	0.1207	8.0572	66.7342
46	183.6661	0.0054	1 522.2176	0.0007	8.2880	0.1207	8.0815	66.9792
47	205.7061	0.0049	1 705.8838	0.0006	8.2928	0.1206	8.1037	67.2028
48	230.3908	0.0043	1 911.5898	0.0005	8.2972	0.1205	8.1241	67.4068
49	258.0377	0.0039	2 141.9806	0.0005	8.3010	0.1205	8.1427	67.5929
50	289.0022	0.0035	2 400.0182	0.0004	8.3045	0.1204	8.1597	67.7624

15%普通(按年计)复利表

n	一次支付		等额支付数列				等差序列	
	复利终值	复利现值	年金终值	偿债基金	年金现值	资金回收		
	知P求F	知F求P	知A求F	知F求A	知A求P	知P求A	知G求A	知G求P
	$(1+i)^n$	$\dfrac{1}{(1+i)^n}$	$\dfrac{(1+i)^n-1}{i}$	$\dfrac{i}{(1+i)^n-1}$	$\dfrac{(1+i)^n-1}{i(1+i)^n}$	$\dfrac{i(1+i)^n}{(1+i)^n-1}$		
	$F/P,i,n$	$P/F,i,n$	$F/A,i,n$	$A/F,i,n$	$P/A,i,n$	$A/P,i,n$	$A/G,i,n$	$P/G,i,n$
1	1.1500	0.8696	1.0000	1.0000	0.8696	1.1500	0.0000	0.0000
2	1.3225	0.7561	2.1500	0.4651	1.6257	0.6151	0.4651	0.7561
3	1.5209	0.6575	3.4725	0.2880	2.2832	0.4380	0.9071	2.0712
4	1.7490	0.5718	4.9934	0.2003	2.8550	0.3503	1.3263	3.7864
5	2.0114	0.4972	6.7424	0.1483	3.3522	0.2983	1.7228	5.7751
6	2.3131	0.4323	8.7537	0.1142	3.7845	0.2642	2.0972	7.9368
7	2.6600	0.3759	11.0668	0.0904	4.1604	0.2404	2.4498	10.1924
8	3.0590	0.3269	13.7268	0.0729	4.4873	0.2229	2.7813	12.4807
9	3.5179	0.2843	16.7858	0.0596	4.7716	0.2096	3.0922	14.7548
10	4.0456	0.2472	20.3037	0.0493	5.0188	0.1993	3.3832	16.9795
11	4.6524	0.2149	24.3493	0.0411	5.2337	0.1911	3.6549	19.1289
12	5.3503	0.1869	29.0017	0.0345	5.4206	0.1845	3.9082	21.1849
13	6.1528	0.1625	34.3519	0.0291	5.5831	0.1791	4.1438	23.1352
14	7.0757	0.1413	40.5047	0.0247	5.7245	0.1747	4.3624	24.9725
15	8.1371	0.1229	47.5804	0.0210	5.8474	0.1710	4.5650	26.6930
16	9.3576	0.1069	55.7175	0.0179	5.9542	0.1679	4.7522	28.2960
17	10.7613	0.0929	65.0751	0.0154	6.0472	0.1654	4.9251	29.7828
18	12.3755	0.0808	75.8364	0.0132	6.1280	0.1632	5.0843	31.1565
19	14.2318	0.0703	88.2118	0.0113	6.1982	0.1613	5.2307	32.4213
20	16.3665	0.0611	102.4436	0.0098	6.2593	0.1598	5.3651	33.5822
21	18.8215	0.0531	118.8101	0.0084	6.3125	0.1584	5.4883	34.6448
22	21.6447	0.0462	137.6316	0.0073	6.3587	0.1573	5.6010	35.6150
23	24.8915	0.0402	159.2764	0.0063	6.3988	0.1563	5.7040	36.4988
24	28.6252	0.0349	184.1678	0.0054	6.4338	0.1554	5.7979	37.3023
25	32.9190	0.0304	212.7930	0.0047	6.4641	0.1547	5.8834	38.0314

(续表)

n	一次支付		等额支付数列				等差序列	
	复利终值 知P求F $(1+i)^n$ F/P,i,n	复利现值 知F求P $\dfrac{1}{(1+i)^n}$ P/F,i,n	年金终值 知A求F $\dfrac{(1+i)^n-1}{i}$ F/A,i,n	偿债基金 知F求A $\dfrac{i}{(1+i)^n-1}$ A/F,i,n	年金现值 知A求P $\dfrac{(1+i)^n-1}{i(1+i)^n}$ P/A,i,n	资金回收 知P求A $\dfrac{i(1+i)^n}{(1+i)^n-1}$ A/P,i,n	知G求A A/G,i,n	知G求P P/G,i,n
26	37.8568	0.0264	245.7120	0.0041	6.4906	0.1541	5.9612	38.6918
27	43.5353	0.0230	283.5688	0.0035	6.5135	0.1535	6.0319	39.2890
28	50.0656	0.0200	327.1041	0.0031	6.5335	0.1531	6.0960	39.8283
29	57.5755	0.0174	377.1697	0.0027	6.5509	0.1527	6.1541	40.3146
30	66.2118	0.0151	434.7451	0.0023	6.5660	0.1523	6.2066	40.7526
31	76.1435	0.0131	500.9569	0.0020	6.5791	0.1520	6.2541	41.1466
32	87.5651	0.0114	577.1005	0.0017	6.5905	0.1517	6.2970	41.5006
33	100.6998	0.0099	664.6655	0.0015	6.6005	0.1515	6.3357	41.8184
34	115.8048	0.0086	765.3654	0.0013	6.6091	0.1513	6.3705	42.1033
35	133.1755	0.0075	881.1702	0.0011	6.6166	0.1511	6.4019	42.3586
36	153.1519	0.0065	1 014.3457	0.0010	6.6231	0.1510	6.4301	42.5872
37	176.1246	0.0057	1 167.4975	0.0009	6.6288	0.1509	6.4554	42.7916
38	202.5433	0.0049	1 343.6222	0.0007	6.6338	0.1507	6.4781	42.9743
39	232.9248	0.0043	1 546.1655	0.0006	6.6380	0.1506	6.4985	43.1374
40	267.8635	0.0037	1 779.0903	0.0006	6.6418	0.1506	6.5168	43.2830
41	308.0431	0.0032	2 046.9539	0.0005	6.6450	0.1505	6.5331	43.4128
42	354.2495	0.0028	2 354.9969	0.0004	6.6478	0.1504	6.5478	43.5286
43	407.3870	0.0025	2 709.2465	0.0004	6.6503	0.1504	6.5609	43.6317
44	468.4950	0.0021	3 116.6334	0.0003	6.6524	0.1503	6.5725	43.7235
45	538.7693	0.0019	3 585.1285	0.0003	6.6543	0.1503	6.5830	43.8051
46	619.5847	0.0016	4 123.8977	0.0002	6.6559	0.1502	6.5923	43.8778
47	712.5224	0.0014	4 743.4824	0.0002	6.6573	0.1502	6.6006	43.9423
48	819.4007	0.0012	5 456.0047	0.0002	6.6585	0.1502	6.6080	43.9997
49	942.3108	0.0011	6 275.4055	0.0002	6.6596	0.1502	6.6146	44.0506
50	1 083.6574	0.0009	7 217.7163	0.0001	6.6605	0.1501	6.6205	44.0958

18%普通(按年计)复利表

n	一次支付		等额支付数列				等差序列	
	复利终值	复利现值	年金终值	偿债基金	年金现值	资金回收		
	知P求F	知F求P	知A求F	知F求A	知A求P	知P求A	知G求A	知G求P
	$(1+i)^n$	$\dfrac{1}{(1+i)^n}$	$\dfrac{(1+i)^n-1}{i}$	$\dfrac{i}{(1+i)^n-1}$	$\dfrac{(1+i)^n-1}{i(1+i)^n}$	$\dfrac{i(1+i)^n}{(1+i)^n-1}$		
	$F/P,i,n$	$P/F,i,n$	$F/A,i,n$	$A/F,i,n$	$P/A,i,n$	$A/P,i,n$	$A/G,i,n$	$P/G,i,n$
1	1.1800	0.8475	1.0000	1.0000	0.8475	1.1800	0.0000	0.0000
2	1.3924	0.7182	2.1800	0.4587	1.5656	0.6387	0.4587	0.7182
3	1.6430	0.6086	3.5724	0.2799	2.1743	0.4599	0.8902	1.9354
4	1.9388	0.5158	5.2154	0.1917	2.6901	0.3717	1.2947	3.4828
5	2.2878	0.4371	7.1542	0.1398	3.1272	0.3198	1.6728	5.2312
6	2.6996	0.3704	9.4420	0.1059	3.4976	0.2859	2.0252	7.0834
7	3.1855	0.3139	12.1415	0.0824	3.8115	0.2624	2.3526	8.9670
8	3.7589	0.2660	15.3270	0.0652	4.0776	0.2452	2.6558	10.8292
9	4.4355	0.2255	19.0859	0.0524	4.3030	0.2324	2.9358	12.6329
10	5.2338	0.1911	23.5213	0.0425	4.4941	0.2225	3.1936	14.3525
11	6.1759	0.1619	28.7551	0.0348	4.6560	0.2148	3.4303	15.9716
12	7.2876	0.1372	34.9311	0.0286	4.7932	0.2086	3.6470	17.4811
13	8.5994	0.1163	42.2187	0.0237	4.9095	0.2037	3.8449	18.8765
14	10.1472	0.0985	50.8180	0.0197	5.0081	0.1997	4.0250	20.1576
15	11.9737	0.0835	60.9653	0.0164	5.0916	0.1964	4.1887	21.3269
16	14.1290	0.0708	72.9390	0.0137	5.1624	0.1937	4.3369	22.3885
17	16.6722	0.0600	87.0680	0.0115	5.2223	0.1915	4.4708	23.3482
18	19.6733	0.0508	103.7403	0.0096	5.2732	0.1896	4.5916	24.2123
19	23.2144	0.0431	123.4135	0.0081	5.3162	0.1881	4.7003	24.9877
20	27.3930	0.0365	146.6280	0.0068	5.3527	0.1868	4.7978	25.6813
21	32.3238	0.0309	174.0210	0.0057	5.3837	0.1857	4.8851	26.3000
22	38.1421	0.0262	206.3448	0.0048	5.4099	0.1848	4.9632	26.8506
23	45.0076	0.0222	244.4868	0.0041	5.4321	0.1841	5.0329	27.3394
24	53.1090	0.0188	289.4945	0.0035	5.4509	0.1835	5.0950	27.7725
25	62.6686	0.0160	342.6035	0.0029	5.4669	0.1829	5.1502	28.1555

(续表)

n	一次支付		等额支付数列				等差序列	
	复利终值	复利现值	年金终值	偿债基金	年金现值	资金回收		
	知P求F	知F求P	知A求F	知F求A	知A求P	知P求A	知G求A	知G求P
	$(1+i)^n$	$\dfrac{1}{(1+i)^n}$	$\dfrac{(1+i)^n-1}{i}$	$\dfrac{i}{(1+i)^n-1}$	$\dfrac{(1+i)^n-1}{i(1+i)^n}$	$\dfrac{i(1+i)^n}{(1+i)^n-1}$		
	$F/P,i,n$	$P/F,i,n$	$F/A,i,n$	$A/F,i,n$	$P/A,i,n$	$A/P,i,n$	$A/G,i,n$	$P/G,i,n$
26	73.9490	0.0135	405.2721	0.0025	5.4804	0.1825	5.1991	28.4935
27	87.2598	0.0115	479.2211	0.0021	5.4919	0.1821	5.2425	28.7915
28	102.9666	0.0097	566.4809	0.0018	5.5016	0.1818	5.2810	29.0537
29	121.5005	0.0082	669.4475	0.0015	5.5098	0.1815	5.3149	29.2842
30	143.3706	0.0070	790.9480	0.0013	5.5168	0.1813	5.3448	29.4864
31	169.1774	0.0059	934.3186	0.0011	5.5227	0.1811	5.3712	29.6638
32	199.6293	0.0050	1 103.4960	0.0009	5.5277	0.1809	5.3945	29.8191
33	235.5625	0.0042	1 303.1253	0.0008	5.5320	0.1808	5.4149	29.9549
34	277.9638	0.0036	1 538.6878	0.0006	5.5356	0.1806	5.4328	30.0736
35	327.9973	0.0030	1 816.6516	0.0006	5.5386	0.1806	5.4485	30.1773
36	387.0368	0.0026	2 144.6489	0.0005	5.5412	0.1805	5.4623	30.2677
37	456.7034	0.0022	2 531.6857	0.0004	5.5434	0.1804	5.4744	30.3465
38	538.9100	0.0019	2 988.3891	0.0003	5.5452	0.1803	5.4849	30.4152
39	635.9139	0.0016	3 527.2992	0.0003	5.5468	0.1803	5.4941	30.4749
40	750.3783	0.0013	4 163.2130	0.0002	5.5482	0.1802	5.5022	30.5269
41	885.4464	0.0011	4 913.5914	0.0002	5.5493	0.1802	5.5092	30.5721
42	1 044.8268	0.0010	5 799.0378	0.0002	5.5502	0.1802	5.5153	30.6113
43	1 232.8956	0.0008	6 843.8646	0.0001	5.5510	0.1801	5.5207	30.6454
44	1 454.8168	0.0007	8 076.7603	0.0001	5.5517	0.1801	5.5253	30.6750
45	1 716.6839	0.0006	9 531.5771	0.0001	5.5523	0.1801	5.5293	30.7006
46	2 025.6870	0.0005	11 248.2610	0.0001	5.5528	0.1801	5.5328	30.7228
47	2 390.3106	0.0004	13 273.9480	0.0001	5.5532	0.1801	5.5359	30.7420
48	2 820.5665	0.0004	15 664.2586	0.0001	5.5536	0.1801	5.5385	30.7587
49	3 328.2685	0.0003	18 484.8251	0.0001	5.5539	0.1801	5.5408	30.7731
50	3 927.3569	0.0003	21 813.0937	0.0000	5.5541	0.1800	5.5428	30.7856

20% 普通(按年计)复利表

n	一次支付		等额支付数列				等差序列	
	复利终值	复利现值	年金终值	偿债基金	年金现值	资金回收		
	知 P 求 F	知 F 求 P	知 A 求 F	知 F 求 A	知 A 求 P	知 P 求 A	知 G 求 A	知 G 求 P
	$(1+i)^n$	$\dfrac{1}{(1+i)^n}$	$\dfrac{(1+i)^n-1}{i}$	$\dfrac{i}{(1+i)^n-1}$	$\dfrac{(1+i)^n-1}{i(1+i)^n}$	$\dfrac{i(1+i)^n}{(1+i)^n-1}$		
	$F/P,i,n$	$P/F,i,n$	$F/A,i,n$	$A/F,i,n$	$P/A,i,n$	$A/P,i,n$	$A/G,i,n$	$P/G,i,n$
1	1.2000	0.8333	1.0000	1.0000	0.8333	1.2000	0.0000	0.0000
2	1.4400	0.6944	2.2000	0.4545	1.5278	0.6545	0.4545	0.6944
3	1.7280	0.5787	3.6400	0.2747	2.1065	0.4747	0.8791	1.8519
4	2.0736	0.4823	5.3680	0.1863	2.5887	0.3863	1.2742	3.2986
5	2.4883	0.4019	7.4416	0.1344	2.9906	0.3344	1.6405	4.9061
6	2.9860	0.3349	9.9299	0.1007	3.3255	0.3007	1.9788	6.5806
7	3.5832	0.2791	12.9159	0.0774	3.6046	0.2774	2.2902	8.2551
8	4.2998	0.2326	16.4991	0.0606	3.8372	0.2606	2.5756	9.8831
9	5.1598	0.1938	20.7989	0.0481	4.0310	0.2481	2.8364	11.4335
10	6.1917	0.1615	25.9587	0.0385	4.1925	0.2385	3.0739	12.8871
11	7.4301	0.1346	32.1504	0.0311	4.3271	0.2311	3.2893	14.2330
12	8.9161	0.1122	39.5805	0.0253	4.4392	0.2253	3.4841	15.4667
13	10.6993	0.0935	48.4966	0.0206	4.5327	0.2206	3.6597	16.5883
14	12.8392	0.0779	59.1959	0.0169	4.6106	0.2169	3.8175	17.6008
15	15.4070	0.0649	72.0351	0.0139	4.6755	0.2139	3.9588	18.5095
16	18.4884	0.0541	87.4421	0.0114	4.7296	0.2114	4.0851	19.3208
17	22.1861	0.0451	105.9306	0.0094	4.7746	0.2094	4.1976	20.0419
18	26.6233	0.0376	128.1167	0.0078	4.8122	0.2078	4.2975	20.6805
19	31.9480	0.0313	154.7400	0.0065	4.8435	0.2065	4.3861	21.2439
20	38.3376	0.0261	186.6880	0.0054	4.8696	0.2054	4.4643	21.7395
21	46.0051	0.0217	225.0256	0.0044	4.8913	0.2044	4.5334	22.1742
22	55.2061	0.0181	271.0307	0.0037	4.9094	0.2037	4.5941	22.5546
23	66.2474	0.0151	326.2369	0.0031	4.9245	0.2031	4.6475	22.8867
24	79.4968	0.0126	392.4842	0.0025	4.9371	0.2025	4.6943	23.1760
25	95.3962	0.0105	471.9811	0.0021	4.9476	0.2021	4.7352	23.4276

（续表）

n	一次支付		等额支付数列				等差序列	
	复利终值 知P求F $(1+i)^n$ $F/P,i,n$	复利现值 知F求P $\dfrac{1}{(1+i)^n}$ $P/F,i,n$	年金终值 知A求F $\dfrac{(1+i)^n-1}{i}$ $F/A,i,n$	偿债基金 知F求A $\dfrac{i}{(1+i)^n-1}$ $A/F,i,n$	年金现值 知A求P $\dfrac{(1+i)^n-1}{i(1+i)^n}$ $P/A,i,n$	资金回收 知P求A $\dfrac{i(1+i)^n}{(1+i)^n-1}$ $A/P,i,n$	知G求A $A/G,i,n$	知G求P $P/G,i,n$
26	114.4755	0.0087	567.3773	0.0018	4.9563	0.2018	4.7709	23.6460
27	137.3706	0.0073	681.8528	0.0015	4.9636	0.2015	4.8020	23.8353
28	164.8447	0.0061	819.2233	0.0012	4.9697	0.2012	4.8291	23.9991
29	197.8136	0.0051	984.0680	0.0010	4.9747	0.2010	4.8527	24.1406
30	237.3763	0.0042	1 181.8816	0.0008	4.9789	0.2008	4.8731	24.2628
31	284.8516	0.0035	1 419.2579	0.0007	4.9824	0.2007	4.8908	24.3681
32	341.8219	0.0029	1 704.1095	0.0006	4.9854	0.2006	4.9061	24.4588
33	410.1863	0.0024	2 045.9314	0.0005	4.9878	0.2005	4.9194	24.5368
34	492.2235	0.0020	2 456.1176	0.0004	4.9898	0.2004	4.9308	24.6038
35	590.6682	0.0017	2 948.3411	0.0003	4.9915	0.2003	4.9406	24.6614
36	708.8019	0.0014	3 539.0094	0.0003	4.9929	0.2003	4.9491	24.7108
37	850.5622	0.0012	4 247.8112	0.0002	4.9941	0.2002	4.9564	24.7531
38	1 020.6747	0.0010	5 098.3735	0.0002	4.9951	0.2002	4.9627	24.7894
39	1 224.8096	0.0008	6 119.0482	0.0002	4.9959	0.2002	4.9681	24.8204
40	1 469.7716	0.0007	7 343.8578	0.0001	4.9966	0.2001	4.9728	24.8469
41	1 763.7259	0.0006	8 813.6294	0.0001	4.9972	0.2001	4.9767	24.8696
42	2 116.4711	0.0005	10 577.3553	0.0001	4.9976	0.2001	4.9801	24.8890
43	2 539.7653	0.0004	12 693.8263	0.0001	4.9980	0.2001	4.9831	24.9055
44	3 047.7183	0.0003	15 233.5916	0.0001	4.9984	0.2001	4.9856	24.9196
45	3 657.2620	0.0003	18 281.3099	0.0001	4.9986	0.2001	4.9877	24.9316
46	4 388.7144	0.0002	21 938.5719	0.0000	4.9989	0.2000	4.9895	24.9419
47	5 266.4573	0.0002	26 327.2863	0.0000	4.9991	0.2000	4.9911	24.9506
48	6 319.7487	0.0002	31 593.7436	0.0000	4.9992	0.2000	4.9924	24.9581
49	7 583.6985	0.0001	37 913.4923	0.0000	4.9993	0.2000	4.9935	24.9644
50	9 100.4382	0.0001	45 497.1908	0.0000	4.9995	0.2000	4.9945	24.9698

25%普通(按年计)复利表

n	一次支付		等额支付数列				等差序列	
	复利终值	复利现值	年金终值	偿债基金	年金现值	资金回收		
	知P求F	知F求P	知A求F	知F求A	知A求P	知P求A	知G求A	知G求P
	$(1+i)^n$	$\dfrac{1}{(1+i)^n}$	$\dfrac{(1+i)^n-1}{i}$	$\dfrac{i}{(1+i)^n-1}$	$\dfrac{(1+i)^n-1}{i(1+i)^n}$	$\dfrac{i(1+i)^n}{(1+i)^n-1}$		
	$F/P,i,n$	$P/F,i,n$	$F/A,i,n$	$A/F,i,n$	$P/A,i,n$	$A/P,i,n$	$A/G,i,n$	$P/G,i,n$
1	1.2500	0.8000	1.0000	1.0000	0.8000	1.2500	0.0000	0.0000
2	1.5625	0.6400	2.2500	0.4444	1.4400	0.6944	0.4444	0.6400
3	1.9531	0.5120	3.8125	0.2623	1.9520	0.5123	0.8525	1.6640
4	2.4414	0.4096	5.7656	0.1734	2.3616	0.4234	1.2249	2.8928
5	3.0518	0.3277	8.2070	0.1218	2.6893	0.3718	1.5631	4.2035
6	3.8147	0.2621	11.2588	0.0888	2.9514	0.3388	1.8683	5.5142
7	4.7684	0.2097	15.0735	0.0663	3.1611	0.3163	2.1424	6.7725
8	5.9605	0.1678	19.8419	0.0504	3.3289	0.3004	2.3872	7.9469
9	7.4506	0.1342	25.8023	0.0388	3.4631	0.2888	2.6048	9.0207
10	9.3132	0.1074	33.2529	0.0301	3.5705	0.2801	2.7971	9.9870
11	11.6415	0.0859	42.5661	0.0235	3.6564	0.2735	2.9663	10.8460
12	14.5519	0.0687	54.2077	0.0184	3.7251	0.2684	3.1145	11.6020
13	18.1899	0.0550	68.7596	0.0145	3.7801	0.2645	3.2437	12.2617
14	22.7374	0.0440	86.9495	0.0115	3.8241	0.2615	3.3559	12.8334
15	28.4217	0.0352	109.6868	0.0091	3.8593	0.2591	3.4530	13.3260
16	35.5271	0.0281	138.1085	0.0072	3.8874	0.2572	3.5366	13.7482
17	44.4089	0.0225	173.6357	0.0058	3.9099	0.2558	3.6084	14.1085
18	55.5112	0.0180	218.0446	0.0046	3.9279	0.2546	3.6698	14.4147
19	69.3889	0.0144	273.5558	0.0037	3.9424	0.2537	3.7222	14.6741
20	86.7362	0.0115	342.9447	0.0029	3.9539	0.2529	3.7667	14.8932
21	108.4202	0.0092	429.6809	0.0023	3.9631	0.2523	3.8045	15.0777
22	135.5253	0.0074	538.1011	0.0019	3.9705	0.2519	3.8365	15.2326
23	169.4066	0.0059	673.6264	0.0015	3.9764	0.2515	3.8634	15.3625
24	211.7582	0.0047	843.0329	0.0012	3.9811	0.2512	3.8861	15.4711
25	264.6978	0.0038	1 054.7912	0.0009	3.9849	0.2509	3.9052	15.5618

（续表）

n	一次支付		等额支付数列				等差序列	
	复利终值	复利现值	年金终值	偿债基金	年金现值	资金回收		
	知P求F	知F求P	知A求F	知F求A	知A求P	知P求A	知G求A	知G求P
	$(1+i)^n$	$\dfrac{1}{(1+i)^n}$	$\dfrac{(1+i)^n-1}{i}$	$\dfrac{i}{(1+i)^n-1}$	$\dfrac{(1+i)^n-1}{i(1+i)^n}$	$\dfrac{i(1+i)^n}{(1+i)^n-1}$		
	$F/P,i,n$	$P/F,i,n$	$F/A,i,n$	$A/F,i,n$	$P/A,i,n$	$A/P,i,n$	$A/G,i,n$	$P/G,i,n$
26	330.8722	0.0030	1 319.4890	0.0008	3.9879	0.2508	3.9212	15.6373
27	413.5903	0.0024	1 650.3612	0.0006	3.9903	0.2506	3.9346	15.7002
28	516.9879	0.0019	2 063.9515	0.0005	3.9923	0.2505	3.9457	15.7524
29	646.2349	0.0015	2 580.9394	0.0004	3.9938	0.2504	3.9551	15.7957
30	807.7936	0.0012	3 227.1743	0.0003	3.9950	0.2503	3.9628	15.8316
31	1 009.7420	0.0010	4 034.9678	0.0002	3.9960	0.2502	3.9693	15.8614
32	1 262.1774	0.0008	5 044.7098	0.0002	3.9968	0.2502	3.9746	15.8859
33	1 577.7218	0.0006	6 306.8872	0.0002	3.9975	0.2502	3.9791	15.9062
34	1 972.1523	0.0005	7 884.6091	0.0001	3.9980	0.2501	3.9828	15.9229
35	2 465.1903	0.0004	9 856.7613	0.0001	3.9984	0.2501	3.9858	15.9367
36	3 081.4879	0.0003	12 321.9516	0.0001	3.9987	0.2501	3.9883	15.9481
37	3 851.8599	0.0003	15 403.4396	0.0001	3.9990	0.2501	3.9904	15.9574
38	4 814.8249	0.0002	19 255.2994	0.0001	3.9992	0.2501	3.9921	15.9651
39	6 018.5311	0.0002	24 070.1243	0.0000	3.9993	0.2500	3.9935	15.9714
40	7 523.1638	0.0001	30 088.6554	0.0000	3.9995	0.2500	3.9947	15.9766
41	9 403.9548	0.0001	37 611.8192	0.0000	3.9996	0.2500	3.9956	15.9809
42	11 754.9435	0.0001	47 015.7740	0.0000	3.9997	0.2500	3.9964	15.9843
43	14 693.6794	0.0001	58 770.7175	0.0000	3.9997	0.2500	3.9971	15.9872
44	18 367.0992	0.0001	73 464.3969	0.0000	3.9998	0.2500	3.9976	15.9895
45	22 958.8740	0.0000	91 831.4962	0.0000	3.9998	0.2500	3.9980	15.9915
46	28 698.5925	0.0000	114 790.3702	0.0000	3.9999	0.2500	3.9984	15.9930
47	35 873.2407	0.0000	143 488.9627	0.0000	3.9999	0.2500	3.9987	15.9943
48	44 841.5509	0.0000	179 362.2034	0.0000	3.9999	0.2500	3.9989	15.9954
49	56 051.9386	0.0000	224 203.7543	0.0000	3.9999	0.2500	3.9991	15.9962
50	70 064.9232	0.0000	280 255.6929	0.0000	3.9999	0.2500	3.9993	15.9969

30%普通(按年计)复利表

n	一次支付		等额支付数列				等差序列	
	复利终值	复利现值	年金终值	偿债基金	年金现值	资金回收		
	知P求F	知F求P	知A求F	知F求A	知A求P	知P求A	知G求A	知G求P
	$(1+i)^n$	$\dfrac{1}{(1+i)^n}$	$\dfrac{(1+i)^n-1}{i}$	$\dfrac{i}{(1+i)^n-1}$	$\dfrac{(1+i)^n-1}{i(1+i)^n}$	$\dfrac{i(1+i)^n}{(1+i)^n-1}$		
	$F/P,i,n$	$P/F,i,n$	$F/A,i,n$	$A/F,i,n$	$P/A,i,n$	$A/P,i,n$	$A/G,i,n$	$P/G,i,n$
1	1.3000	0.7692	1.0000	1.0000	0.7692	1.3000	0.0000	0.0000
2	1.6900	0.5917	2.3000	0.4348	1.3609	0.7348	0.4348	0.5917
3	2.1970	0.4552	3.9900	0.2506	1.8161	0.5506	0.8271	1.5020
4	2.8561	0.3501	6.1870	0.1616	2.1662	0.4616	1.1783	2.5524
5	3.7129	0.2693	9.0431	0.1106	2.4356	0.4106	1.4903	3.6297
6	4.8268	0.2072	12.7560	0.0784	2.6427	0.3784	1.7654	4.6656
7	6.2749	0.1594	17.5828	0.0569	2.8021	0.3569	2.0063	5.6218
8	8.1573	0.1226	23.8577	0.0419	2.9247	0.3419	2.2156	6.4800
9	10.6045	0.0943	32.0150	0.0312	3.0190	0.3312	2.3963	7.2343
10	13.7858	0.0725	42.6195	0.0235	3.0915	0.3235	2.5512	7.8872
11	17.9216	0.0558	56.4053	0.0177	3.1473	0.3177	2.6833	8.4452
12	23.2981	0.0429	74.3270	0.0135	3.1903	0.3135	2.7952	8.9173
13	30.2875	0.0330	97.6250	0.0102	3.2233	0.3102	2.8895	9.3135
14	39.3738	0.0254	127.9125	0.0078	3.2487	0.3078	2.9685	9.6437
15	51.1859	0.0195	167.2863	0.0060	3.2682	0.3060	3.0344	9.9172
16	66.5417	0.0150	218.4722	0.0046	3.2832	0.3046	3.0892	10.1426
17	86.5042	0.0116	285.0139	0.0035	3.2948	0.3035	3.1345	10.3276
18	112.4554	0.0089	371.5180	0.0027	3.3037	0.3027	3.1718	10.4788
19	146.1920	0.0068	483.9734	0.0021	3.3105	0.3021	3.2025	10.6019
20	190.0496	0.0053	630.1655	0.0016	3.3158	0.3016	3.2275	10.7019
21	247.0645	0.0040	820.2151	0.0012	3.3198	0.3012	3.2480	10.7828
22	321.1839	0.0031	1 067.2796	0.0009	3.3230	0.3009	3.2646	10.8482
23	417.5391	0.0024	1 388.4635	0.0007	3.3254	0.3007	3.2781	10.9009
24	542.8008	0.0018	1 806.0026	0.0006	3.3272	0.3006	3.2890	10.9433
25	705.6410	0.0014	2 348.8033	0.0004	3.3286	0.3004	3.2979	10.9773

(续表)

n	一次支付		等额支付数列				等差序列	
	复利终值 知P求F $(1+i)^n$ $F/P,i,n$	复利现值 知F求P $\dfrac{1}{(1+i)^n}$ $P/F,i,n$	年金终值 知A求F $\dfrac{(1+i)^n-1}{i}$ $F/A,i,n$	偿债基金 知F求A $\dfrac{i}{(1+i)^n-1}$ $A/F,i,n$	年金现值 知A求P $\dfrac{(1+i)^n-1}{i(1+i)^n}$ $P/A,i,n$	资金回收 知P求A $\dfrac{i(1+i)^n}{(1+i)^n-1}$ $A/P,i,n$	知G求A $A/G,i,n$	知G求P $P/G,i,n$
26	917.3333	0.0011	3 054.4443	0.0003	3.3297	0.3003	3.3050	11.0045
27	1 192.5333	0.0008	3 971.7776	0.0003	3.3305	0.3003	3.3107	11.0263
28	1 550.2933	0.0006	5 164.3109	0.0002	3.3312	0.3002	3.3153	11.0437
29	2 015.3813	0.0005	6 714.6042	0.0001	3.3317	0.3001	3.3189	11.0576
30	2 619.9956	0.0004	8 729.9855	0.0001	3.3321	0.3001	3.3219	11.0687
31	3 405.9943	0.0003	11 349.9811	0.0001	3.3324	0.3001	3.3242	11.0775
32	4 427.7926	0.0002	14 755.9755	0.0001	3.3326	0.3001	3.3261	11.0845
33	5 756.1304	0.0002	19 183.7681	0.0001	3.3328	0.3001	3.3276	11.0901
34	7 482.9696	0.0001	24 939.8985	0.0000	3.3329	0.3000	3.3288	11.0945
35	9 727.8604	0.0001	32 422.8681	0.0000	3.3330	0.3000	3.3297	11.0980
36	12 646.2186	0.0001	42 150.7285	0.0000	3.3331	0.3000	3.3305	11.1007
37	16 440.0841	0.0001	5 4796.9471	0.0000	3.3331	0.3000	3.3311	11.1029
38	21 372.1094	0.0000	71 237.0312	0.0000	3.3332	0.3000	3.3316	11.1047
39	27 783.7422	0.0000	92 609.1405	0.0000	3.3332	0.3000	3.3319	11.1060
40	36 118.8648	0.0000	120 392.8827	0.0000	3.3332	0.3000	3.3322	11.1071
41	46 954.5243	0.0000	156 511.7475	0.0000	3.3333	0.3000	3.3325	11.1080
42	61 040.8815	0.0000	203 466.2718	0.0000	3.3333	0.3000	3.3326	11.1086
43	79 353.1460	0.0000	264 507.1533	0.0000	3.3333	0.3000	3.3328	11.1092
44	103 159.0898	0.0000	343 860.2993	0.0000	3.3333	0.3000	3.3329	11.1096
45	134 106.8167	0.0000	447 019.3890	0.0000	3.3333	0.3000	3.3330	11.1099
46	174 338.8617	0.0000	581 126.2058	0.0000	3.3333	0.3000	3.3331	11.1102
47	226 640.5202	0.0000	755 465.0675	0.0000	3.3333	0.3000	3.3331	11.1104
48	294 632.6763	0.0000	982 105.5877	0.0000	3.3333	0.3000	3.3332	11.1105
49	383 022.4792	0.0000	1 276 738.2640	0.0000	3.3333	0.3000	3.3332	11.1107
50	497 929.2230	0.0000	1 659 760.7433	0.0000	3.3333	0.3000	3.3332	11.1108

35%普通(按年计)复利表

n	一次支付		等额支付数列				等差序列	
	复利终值	复利现值	年金终值	偿债基金	年金现值	资金回收		
	知P求F	知F求P	知A求F	知F求A	知A求P	知P求A	知G求A	知G求P
	$(1+i)^n$	$\dfrac{1}{(1+i)^n}$	$\dfrac{(1+i)^n-1}{i}$	$\dfrac{i}{(1+i)^n-1}$	$\dfrac{(1+i)^n-1}{i(1+i)^n}$	$\dfrac{i(1+i)^n}{(1+i)^n-1}$		
	$F/P,i,n$	$P/F,i,n$	$F/A,i,n$	$A/F,i,n$	$P/A,i,n$	$A/P,i,n$	$A/G,i,n$	$P/G,i,n$
1	1.3500	0.7407	1.0000	1.0000	0.7407	1.3500	0.0000	0.0000
2	1.8225	0.5487	2.3500	0.4255	1.2894	0.7755	0.4255	0.5487
3	2.4604	0.4064	4.1725	0.2397	1.6959	0.5897	0.8029	1.3616
4	3.3215	0.3011	6.6329	0.1508	1.9969	0.5008	1.1341	2.2648
5	4.4840	0.2230	9.9544	0.1005	2.2200	0.4505	1.4220	3.1568
6	6.0534	0.1652	14.4384	0.0693	2.3852	0.4193	1.6698	3.9828
7	8.1722	0.1224	20.4919	0.0488	2.5075	0.3988	1.8811	4.7170
8	11.0324	0.0906	28.6640	0.0349	2.5982	0.3849	2.0597	5.3515
9	14.8937	0.0671	39.6964	0.0252	2.6653	0.3752	2.2094	5.8886
10	20.1066	0.0497	54.5902	0.0183	2.7150	0.3683	2.3338	6.3363
11	27.1439	0.0368	74.6967	0.0134	2.7519	0.3634	2.4364	6.7047
12	36.6442	0.0273	101.8406	0.0098	2.7792	0.3598	2.5205	7.0049
13	49.4697	0.0202	138.4848	0.0072	2.7994	0.3572	2.5889	7.2474
14	66.7841	0.0150	187.9544	0.0053	2.8144	0.3553	2.6443	7.4421
15	90.1585	0.0111	254.7385	0.0039	2.8255	0.3539	2.6889	7.5974
16	121.7139	0.0082	344.8970	0.0029	2.8337	0.3529	2.7246	7.7206
17	164.3138	0.0061	466.6109	0.0021	2.8398	0.3521	2.7530	7.8180
18	221.8236	0.0045	630.9247	0.0016	2.8443	0.3516	2.7756	7.8946
19	299.4619	0.0033	852.7483	0.0012	2.8476	0.3512	2.7935	7.9547
20	404.2736	0.0025	1 152.2103	0.0009	2.8501	0.3509	2.8075	8.0017
21	545.7693	0.0018	1 556.4838	0.0006	2.8519	0.3506	2.8186	8.0384
22	736.7886	0.0014	2 102.2532	0.0005	2.8533	0.3505	2.8272	8.0669
23	994.6646	0.0010	2 839.0418	0.0004	2.8543	0.3504	2.8340	8.0890
24	1 342.7973	0.0007	3 833.7064	0.0003	2.8550	0.3503	2.8393	8.1061
25	1 812.7763	0.0006	5 176.5037	0.0002	2.8556	0.3502	2.8433	8.1194

(续表)

n	一次支付		等额支付数列				等差序列	
	复利终值	复利现值	年金终值	偿债基金	年金现值	资金回收		
	知P求F	知F求P	知A求F	知F求A	知A求P	知P求A	知G求A	知G求P
	$(1+i)^n$	$\dfrac{1}{(1+i)^n}$	$\dfrac{(1+i)^n-1}{i}$	$\dfrac{i}{(1+i)^n-1}$	$\dfrac{(1+i)^n-1}{i(1+i)^n}$	$\dfrac{i(1+i)^n}{(1+i)^n-1}$		
	$F/P,i,n$	$P/F,i,n$	$F/A,i,n$	$A/F,i,n$	$P/A,i,n$	$A/P,i,n$	$A/G,i,n$	$P/G,i,n$
26	2 447.2480	0.0004	6 989.2800	0.0001	2.8560	0.3501	2.8465	8.1296
27	3 303.7848	0.0003	9 436.5280	0.0001	2.8563	0.3501	2.8490	8.1374
28	4 460.1095	0.0002	12 740.3128	0.0001	2.8565	0.3501	2.8509	8.1435
29	6 021.1478	0.0002	17 200.4222	0.0001	2.8567	0.3501	2.8523	8.1481
30	8 128.5495	0.0001	23 221.5700	0.0000	2.8568	0.3500	2.8535	8.1517
31	10 973.5418	0.0001	31 350.1195	0.0000	2.8569	0.3500	2.8543	8.1545
32	14 814.2815	0.0001	42 323.6613	0.0000	2.8569	0.3500	2.8550	8.1565
33	19 999.2800	0.0001	57 137.9428	0.0000	2.8570	0.3500	2.8555	8.1581
34	26 999.0280	0.0000	77 137.2228	0.0000	2.8570	0.3500	2.8559	8.1594
35	36 448.6878	0.0000	104 136.2508	0.0000	2.8571	0.3500	2.8562	8.1603
36	49 205.7285	0.0000	140 584.9385	0.0000	2.8571	0.3500	2.8564	8.1610
37	66 427.7334	0.0000	189 790.6670	0.0000	2.8571	0.3500	2.8566	8.1616
38	89 677.4402	0.0000	256 218.4004	0.0000	2.8571	0.3500	2.8567	8.1620
39	121 064.5442	0.0000	345 895.8406	0.0000	2.8571	0.3500	2.8568	8.1623
40	163 437.1347	0.0000	466 960.3848	0.0000	2.8571	0.3500	2.8569	8.1625
41	220 640.1318	0.0000	630 397.5195	0.0000	2.8571	0.3500	2.8570	8.1627
42	297 864.1780	0.0000	851 037.6513	0.0000	2.8571	0.3500	2.8570	8.1628
43	402 116.6402	0.0000	1 148 901.8293	0.0000	2.8571	0.3500	2.8570	8.1629
44	542 857.4643	0.0000	1 551 018.4695	0.0000	2.8571	0.3500	2.8571	8.1630
45	732 857.5768	0.0000	2 093 875.9338	0.0000	2.8571	0.3500	2.8571	8.1631
46	989 357.7287	0.0000	2 826 733.5107	0.0000	2.8571	0.3500	2.8571	8.1631
47	1 335 632.9338	0.0000	3 816 091.2394	0.0000	2.8571	0.3500	2.8571	8.1632
48	1 803 104.4606	0.0000	5 151 724.1732	0.0000	2.8571	0.3500	2.8571	8.1632
49	2 434 191.0218	0.0000	6 954 828.6338	0.0000	2.8571	0.3500	2.8571	8.1632
50	3 286 157.8795	0.0000	9 389 019.6556	0.0000	2.8571	0.3500	2.8571	8.1632

40%普通(按年计)复利表

	一次支付		等额支付数列				等差序列	
	复利终值	复利现值	年金终值	偿债基金	年金现值	资金回收		
	知P求F	知F求P	知A求F	知F求A	知A求P	知P求A	知G求A	知G求P
n	$(1+i)^n$	$\dfrac{1}{(1+i)^n}$	$\dfrac{(1+i)^n-1}{i}$	$\dfrac{i}{(1+i)^n-1}$	$\dfrac{(1+i)^n-1}{i(1+i)^n}$	$\dfrac{i(1+i)^n}{(1+i)^n-1}$		
	$F/P,i,n$	$P/F,i,n$	$F/A,i,n$	$A/F,i,n$	$P/A,i,n$	$A/P,i,n$	$A/G,i,n$	$P/G,i,n$
1	1.4000	0.7143	1.0000	1.0000	0.7143	1.4000	0.0000	0.0000
2	1.9600	0.5102	2.4000	0.4167	1.2245	0.8167	0.4167	0.5102
3	2.7440	0.3644	4.3600	0.2294	1.5889	0.6294	0.7798	1.2391
4	3.8416	0.2603	7.1040	0.1408	1.8492	0.5408	1.0923	2.0200
5	5.3782	0.1859	10.9456	0.0914	2.0352	0.4914	1.3580	2.7637
6	7.5295	0.1328	16.3238	0.0613	2.1680	0.4613	1.5811	3.4278
7	10.5414	0.0949	23.8534	0.0419	2.2628	0.4419	1.7664	3.9970
8	14.7579	0.0678	34.3947	0.0291	2.3306	0.4291	1.9185	4.4713
9	20.6610	0.0484	49.1526	0.0203	2.3790	0.4203	2.0422	4.8585
10	28.9255	0.0346	69.8137	0.0143	2.4136	0.4143	2.1419	5.1696
11	40.4957	0.0247	98.7391	0.0101	2.4383	0.4101	2.2215	5.4166
12	56.6939	0.0176	139.2348	0.0072	2.4559	0.4072	2.2845	5.6106
13	79.3715	0.0126	195.9287	0.0051	2.4685	0.4051	2.3341	5.7618
14	111.1201	0.0090	275.3002	0.0036	2.4775	0.4036	2.3729	5.8788
15	155.5681	0.0064	386.4202	0.0026	2.4839	0.4026	2.4030	5.9688
16	217.7953	0.0046	541.9883	0.0018	2.4885	0.4018	2.4262	6.0376
17	304.9135	0.0033	759.7837	0.0013	2.4918	0.4013	2.4441	6.0901
18	426.8789	0.0023	1 064.6971	0.0009	2.4941	0.4009	2.4577	6.1299
19	597.6304	0.0017	1 491.5760	0.0007	2.4958	0.4007	2.4682	6.1601
20	836.6826	0.0012	2 089.2064	0.0005	2.4970	0.4005	2.4761	6.1828
21	1 171.3556	0.0009	2 925.8889	0.0003	2.4979	0.4003	2.4821	6.1998
22	1 639.8978	0.0006	4 097.2445	0.0002	2.4985	0.4002	2.4866	6.2127
23	2 295.8569	0.0004	5 737.1423	0.0002	2.4989	0.4002	2.4900	6.2222
24	3 214.1997	0.0003	8 032.9993	0.0001	2.4992	0.4001	2.4925	6.2294
25	4 499.8796	0.0002	11 247.1990	0.0001	2.4994	0.4001	2.4944	6.2347

(续表)

n	一次支付		等额支付数列				等差序列	
	复利终值	复利现值	年金终值	偿债基金	年金现值	资金回收		
	知P求F	知F求P	知A求F	知F求A	知A求P	知P求A	知G求A	知G求P
	$(1+i)^n$	$\dfrac{1}{(1+i)^n}$	$\dfrac{(1+i)^n-1}{i}$	$\dfrac{i}{(1+i)^n-1}$	$\dfrac{(1+i)^n-1}{i(1+i)^n}$	$\dfrac{i(1+i)^n}{(1+i)^n-1}$		
	$F/P,i,n$	$P/F,i,n$	$F/A,i,n$	$A/F,i,n$	$P/A,i,n$	$A/P,i,n$	$A/G,i,n$	$P/G,i,n$
26	6 299.8314	0.0002	15 747.0785	0.0001	2.4996	0.4001	2.4959	6.2387
27	8 819.7640	0.0001	22 046.9099	0.0000	2.4997	0.4000	2.4969	6.2416
28	12 347.6696	0.0001	30 866.6739	0.0000	2.4998	0.4000	2.4977	6.2438
29	17 286.7374	0.0001	43 214.3435	0.0000	2.4999	0.4000	2.4983	6.2454
30	24 201.4324	0.0000	60 501.0809	0.0000	2.4999	0.4000	2.4988	6.2466
31	33 882.0053	0.0000	84 702.5132	0.0000	2.4999	0.4000	2.4991	6.2475
32	47 434.8074	0.0000	118 584.5185	0.0000	2.4999	0.4000	2.4993	6.2482
33	66 408.7304	0.0000	166 019.3260	0.0000	2.5000	0.4000	2.4995	6.2487
34	92 972.2225	0.0000	232 428.0563	0.0000	2.5000	0.4000	2.4996	6.2490
35	130 161.1116	0.0000	325 400.2789	0.0000	2.5000	0.4000	2.4997	6.2493
36	182 225.5562	0.0000	455 561.3904	0.0000	2.5000	0.4000	2.4998	6.2495
37	255 115.7786	0.0000	637 786.9466	0.0000	2.5000	0.4000	2.4999	6.2496
38	357 162.0901	0.0000	892 902.7252	0.0000	2.5000	0.4000	2.4999	6.2497
39	500 026.9261	0.0000	1 250 064.8153	0.0000	2.5000	0.4000	2.4999	6.2498
40	700 037.6966	0.0000	1 750 091.7415	0.0000	2.5000	0.4000	2.4999	6.2498
41	980 052.7752	0.0000	2 450 129.4381	0.0000	2.5000	0.4000	2.5000	6.2499
42	1 372 073.8853	0.0000	3 430 182.2133	0.0000	2.5000	0.4000	2.5000	6.2499
43	1 920 903.4394	0.0000	4 802 256.0986	0.0000	2.5000	0.4000	2.5000	6.2499
44	2 689 264.8152	0.0000	6 723 159.5381	0.0000	2.5000	0.4000	2.5000	6.2500
45	3 764 970.7413	0.0000	9 412 424.3533	0.0000	2.5000	0.4000	2.5000	6.2500
46	5 270 959.0378	0.0000	13 177 395.0946	0.0000	2.5000	0.4000	2.5000	6.2500
47	7 379 342.6530	0.0000	18 448 354.1324	0.0000	2.5000	0.4000	2.5000	6.2500
48	10 331 079.7142	0.0000	25 827 696.7854	0.0000	2.5000	0.4000	2.5000	6.2500
49	14 463 511.5998	0.0000	36 158 776.4996	0.0000	2.5000	0.4000	2.5000	6.2500
50	20 248 916.2398	0.0000	50 622 288.0994	0.0000	2.5000	0.4000	2.5000	6.2500

45%普通(按年计)复利表

n	一次支付		等额支付数列				等差序列	
	复利终值	复利现值	年金终值	偿债基金	年金现值	资金回收		
	知P求F	知F求P	知A求F	知F求A	知A求P	知P求A	知G求A	知G求P
	$(1+i)^n$	$\dfrac{1}{(1+i)^n}$	$\dfrac{(1+i)^n-1}{i}$	$\dfrac{i}{(1+i)^n-1}$	$\dfrac{(1+i)^n-1}{i(1+i)^n}$	$\dfrac{i(1+i)^n}{(1+i)^n-1}$		
	$F/P,i,n$	$P/F,i,n$	$F/A,i,n$	$A/F,i,n$	$P/A,i,n$	$A/P,i,n$	$A/G,i,n$	$P/G,i,n$
1	1.4500	0.6897	1.0000	1.0000	0.6897	1.4500	0.0000	0.0000
2	2.1025	0.4756	2.4500	0.4082	1.1653	0.8582	0.4082	0.4756
3	3.0486	0.3280	4.5525	0.2197	1.4933	0.6697	0.7578	1.1317
4	4.4205	0.2262	7.6011	0.1316	1.7195	0.5816	1.0528	1.8103
5	6.4097	0.1560	12.0216	0.0832	1.8755	0.5332	1.2980	2.4344
6	9.2941	0.1076	18.4314	0.0543	1.9831	0.5043	1.4988	2.9723
7	13.4765	0.0742	27.7255	0.0361	2.0573	0.4861	1.6612	3.4176
8	19.5409	0.0512	41.2019	0.0243	2.1085	0.4743	1.7907	3.7758
9	28.3343	0.0353	60.7428	0.0165	2.1438	0.4665	1.8930	4.0581
10	41.0847	0.0243	89.0771	0.0112	2.1681	0.4612	1.9728	4.2772
11	59.5728	0.0168	130.1618	0.0077	2.1849	0.4577	2.0344	4.4450
12	86.3806	0.0116	189.7346	0.0053	2.1965	0.4553	2.0817	4.5724
13	125.2518	0.0080	276.1151	0.0036	2.2045	0.4536	2.1176	4.6682
14	181.6151	0.0055	401.3670	0.0025	2.2100	0.4525	2.1447	4.7398
15	263.3419	0.0038	582.9821	0.0017	2.2138	0.4517	2.1650	4.7929
16	381.8458	0.0026	846.3240	0.0012	2.2164	0.4512	2.1802	4.8322
17	553.6764	0.0018	1 228.1699	0.0008	2.2182	0.4508	2.1915	4.8611
18	802.8308	0.0012	1 781.8463	0.0006	2.2195	0.4506	2.1998	4.8823
19	1 164.1047	0.0009	2 584.6771	0.0004	2.2203	0.4504	2.2059	4.8978
20	1 687.9518	0.0006	3 748.7818	0.0003	2.2209	0.4503	2.2104	4.9090
21	2 447.5301	0.0004	5 436.7336	0.0002	2.2213	0.4502	2.2136	4.9172
22	3 548.9187	0.0003	7 884.2638	0.0001	2.2216	0.4501	2.2160	4.9231
23	5 145.9321	0.0002	11 433.1824	0.0001	2.2218	0.4501	2.2178	4.9274
24	7 461.6015	0.0001	16 579.1145	0.0001	2.2219	0.4501	2.2190	4.9305
25	10 819.3222	0.0001	24 040.7161	0.0000	2.2220	0.4500	2.2199	4.9327

（续表）

n	一次支付		等额支付数列				等差序列	
	复利终值	复利现值	年金终值	偿债基金	年金现值	资金回收		
	知 P 求 F	知 F 求 P	知 A 求 F	知 F 求 A	知 A 求 P	知 P 求 A	知 G 求 A	知 G 求 P
	$(1+i)^n$	$\dfrac{1}{(1+i)^n}$	$\dfrac{(1+i)^n-1}{i}$	$\dfrac{i}{(1+i)^n-1}$	$\dfrac{(1+i)^n-1}{i(1+i)^n}$	$\dfrac{i(1+i)^n}{(1+i)^n-1}$		
	$F/P,i,n$	$P/F,i,n$	$F/A,i,n$	$A/F,i,n$	$P/A,i,n$	$A/P,i,n$	$A/G,i,n$	$P/G,i,n$
26	15 688.0172	0.0001	34 860.0383	0.0000	2.2221	0.4500	2.2206	4.9343
27	22 747.6250	0.0000	50 548.0556	0.0000	2.2221	0.4500	2.2210	4.9354
28	32 984.0563	0.0000	73 295.6806	0.0000	2.2222	0.4500	2.2214	4.9362
29	47 826.8816	0.0000	106 279.7368	0.0000	2.2222	0.4500	2.2216	4.9368
30	69 348.9783	0.0000	154 106.6184	0.0000	2.2222	0.4500	2.2218	4.9372
31	100 556.0185	0.0000	223 455.5967	0.0000	2.2222	0.4500	2.2219	4.9375
32	145 806.2269	0.0000	324 011.6152	0.0000	2.2222	0.4500	2.2220	4.9378
33	211 419.0289	0.0000	469 817.8421	0.0000	2.2222	0.4500	2.2221	4.9379
34	306 557.5920	0.0000	681 236.8710	0.0000	2.2222	0.4500	2.2221	4.9380
35	444 508.5083	0.0000	987 794.4630	0.0000	2.2222	0.4500	2.2221	4.9381
36	644 537.3371	0.0000	1 432 302.9713	0.0000	2.2222	0.4500	2.2222	4.9381
37	934 579.1388	0.0000	2 076 840.3084	0.0000	2.2222	0.4500	2.2222	4.9382
38	1 355 139.7513	0.0000	3 011 419.4472	0.0000	2.2222	0.4500	2.2222	4.9382
39	1 964 952.6393	0.0000	4 366 559.1985	0.0000	2.2222	0.4500	2.2222	4.9382
40	2 849 181.3270	0.0000	6 331 511.8378	0.0000	2.2222	0.4500	2.2222	4.9382
41	4 131 312.9242	0.0000	9 180 693.1648	0.0000	2.2222	0.4500	2.2222	4.9382
42	5 990 403.7400	0.0000	13 312 006.0890	0.0000	2.2222	0.4500	2.2222	4.9383
43	8 686 085.4231	0.0000	19 302 409.8290	0.0000	2.2222	0.4500	2.2222	4.9383
44	12 594 823.8634	0.0000	27 988 495.2521	0.0000	2.2222	0.4500	2.2222	4.9383
45	18 262 494.6020	0.0000	40 583 319.1155	0.0000	2.2222	0.4500	2.2222	4.9383
46	26 480 617.1729	0.0000	58 845 813.7175	0.0000	2.2222	0.4500	2.2222	4.9383
47	38 396 894.9007	0.0000	85 326 430.8904	0.0000	2.2222	0.4500	2.2222	4.9383
48	55 675 497.6060	0.0000	123 723 325.7910	0.0000	2.2222	0.4500	2.2222	4.9383
49	80 729 471.5287	0.0000	179 398 823.3970	0.0000	2.2222	0.4500	2.2222	4.9383
50	117 057 733.7166	0.0000	260 128 294.9257	0.0000	2.2222	0.4500	2.2222	4.9383

50%普通(按年计)复利表

n	一次支付		等额支付数列				等差序列	
	复利终值 知P求F $(1+i)^n$ $F/P,i,n$	复利现值 知F求P $\dfrac{1}{(1+i)^n}$ $P/F,i,n$	年金终值 知A求F $\dfrac{(1+i)^n-1}{i}$ $F/A,i,n$	偿债基金 知F求A $\dfrac{i}{(1+i)^n-1}$ $A/F,i,n$	年金现值 知A求P $\dfrac{(1+i)^n-1}{i(1+i)^n}$ $P/A,i,n$	资金回收 知P求A $\dfrac{i(1+i)^n}{(1+i)^n-1}$ $A/P,i,n$	知G求A $A/G,i,n$	知G求P $P/G,i,n$
1	1.5000	0.6667	1.0000	1.0000	0.6667	1.5000	0.0000	0.0000
2	2.2500	0.4444	2.5000	0.4000	1.1111	0.9000	0.4000	0.4444
3	3.3750	0.2963	4.7500	0.2105	1.4074	0.7105	0.7368	1.0370
4	5.0625	0.1975	8.1250	0.1231	1.6049	0.6231	1.0154	1.6296
5	7.5938	0.1317	13.1875	0.0758	1.7366	0.5758	1.2417	2.1564
6	11.3906	0.0878	20.7813	0.0481	1.8244	0.5481	1.4226	2.5953
7	17.0859	0.0585	32.1719	0.0311	1.8829	0.5311	1.5648	2.9465
8	25.6289	0.0390	49.2578	0.0203	1.9220	0.5203	1.6752	3.2196
9	38.4434	0.0260	74.8867	0.0134	1.9480	0.5134	1.7596	3.4277
10	57.6650	0.0173	113.3301	0.0088	1.9653	0.5088	1.8235	3.5838
11	86.4976	0.0116	170.9951	0.0058	1.9769	0.5058	1.8713	3.6994
12	129.7463	0.0077	257.4927	0.0039	1.9846	0.5039	1.9068	3.7842
13	194.6195	0.0051	387.2390	0.0026	1.9897	0.5026	1.9329	3.8459
14	291.9293	0.0034	581.8585	0.0017	1.9931	0.5017	1.9519	3.8904
15	437.8939	0.0023	873.7878	0.0011	1.9954	0.5011	1.9657	3.9224
16	656.8408	0.0015	1 311.6817	0.0008	1.9970	0.5008	1.9756	3.9452
17	985.2613	0.0010	1 968.5225	0.0005	1.9980	0.5005	1.9827	3.9614
18	1 477.8919	0.0007	2 953.7838	0.0003	1.9986	0.5003	1.9878	3.9729
19	2 216.8378	0.0005	4 431.6756	0.0002	1.9991	0.5002	1.9914	3.9811
20	3 325.2567	0.0003	6 648.5135	0.0002	1.9994	0.5002	1.9940	3.9868
21	4 987.8851	0.0002	9 973.7702	0.0001	1.9996	0.5001	1.9958	3.9908
22	7 481.8276	0.0001	14 961.6553	0.0001	1.9997	0.5001	1.9971	3.9936
23	11 222.7415	0.0001	22 443.4829	0.0000	1.9998	0.5000	1.9980	3.9955
24	16 834.1122	0.0001	33 666.2244	0.0000	1.9999	0.5000	1.9986	3.9969
25	25 251.1683	0.0000	50 500.3366	0.0000	1.9999	0.5000	1.9990	3.9979

(续表)

n	一次支付		等额支付数列				等差序列	
	复利终值	复利现值	年金终值	偿债基金	年金现值	资金回收		
	知P求F	知F求P	知A求F	知F求A	知A求P	知P求A	知G求A	知G求P
	$(1+i)^n$	$\dfrac{1}{(1+i)^n}$	$\dfrac{(1+i)^n-1}{i}$	$\dfrac{i}{(1+i)^n-1}$	$\dfrac{(1+i)^n-1}{i(1+i)^n}$	$\dfrac{i(1+i)^n}{(1+i)^n-1}$		
	$F/P,i,n$	$P/F,i,n$	$F/A,i,n$	$A/F,i,n$	$P/A,i,n$	$A/P,i,n$	$A/G,i,n$	$P/G,i,n$
26	37 876.7524	0.0000	75 751.5049	0.0000	1.9999	0.5000	1.9993	3.9985
27	56 815.1287	0.0000	113 628.2573	0.0000	2.0000	0.5000	1.9995	3.9990
28	85 222.6930	0.0000	170 443.3860	0.0000	2.0000	0.5000	1.9997	3.9993
29	127 834.0395	0.0000	255 666.0790	0.0000	2.0000	0.5000	1.9998	3.9995
30	191 751.0592	0.0000	383 500.1185	0.0000	2.0000	0.5000	1.9998	3.9997
31	287 626.5888	0.0000	575 251.1777	0.0000	2.0000	0.5000	1.9999	3.9998
32	431 439.8833	0.0000	862 877.7665	0.0000	2.0000	0.5000	1.9999	3.9998
33	647 159.8249	0.0000	1 294 317.6498	0.0000	2.0000	0.5000	1.9999	3.9999
34	970 739.7374	0.0000	1 941 477.4747	0.0000	2.0000	0.5000	2.0000	3.9999
35	1 456 109.6060	0.0000	2 912 217.2121	0.0000	2.0000	0.5000	2.0000	3.9999
36	2 184 164.4091	0.0000	4 368 326.8181	0.0000	2.0000	0.5000	2.0000	4.0000
37	3 276 246.6136	0.0000	6 552 491.2272	0.0000	2.0000	0.5000	2.0000	4.0000
38	4 914 369.9204	0.0000	9 828 737.8408	0.0000	2.0000	0.5000	2.0000	4.0000
39	7 371 554.8806	0.0000	14 743 107.7613	0.0000	2.0000	0.5000	2.0000	4.0000
40	11 057 332.3209	0.0000	22 114 662.6419	0.0000	2.0000	0.5000	2.0000	4.0000
41	16 585 998.4814	0.0000	33 171 994.9628	0.0000	2.0000	0.5000	2.0000	4.0000
42	24 878 997.7221	0.0000	49 757 993.4442	0.0000	2.0000	0.5000	2.0000	4.0000
43	37 318 496.5832	0.0000	74 636 991.1663	0.0000	2.0000	0.5000	2.0000	4.0000
44	55 977 744.8748	0.0000	111 955 487.7495	0.0000	2.0000	0.5000	2.0000	4.0000
45	83 966 617.3121	0.0000	167 933 232.6243	0.0000	2.0000	0.5000	2.0000	4.0000
46	125 949 925.9682	0.0000	251 899 849.9364	0.0000	2.0000	0.5000	2.0000	4.0000
47	188 924 888.9523	0.0000	377 849 775.9046	0.0000	2.0000	0.5000	2.0000	4.0000
48	283 387 333.4285	0.0000	566 774 664.8569	0.0000	2.0000	0.5000	2.0000	4.0000
49	425 081 000.1427	0.0000	850 161 998.2854	0.0000	2.0000	0.5000	2.0000	4.0000
50	637 621 500.2141	0.0000	1 275 242 998.4281	0.0000	2.0000	0.5000	2.0000	4.0000

后　记

　　本书是在作者多年从事工程经济学课堂教学和科研活动经验积累的基础上,广泛吸收国内外相关研究论文、同类教材和教学参考资料精华的基础上编写而成的。

　　本书共分为十二章。在本书的编写过程中,得到了有关教授、学生的大力支持和帮助,其中徐瑞芳、耿紫珍、燕方、王海珍、白杨、罗钊等博士参加了部分章节的编写工作,陈超对书稿的格式及内容进行了大量编排及校对工作。对各位学者、学生的热情帮助,在此表达深切的谢意。

　　本书参考了国内外相关研究论文、同类教材和教学参考资料中的一些研究成果,在此特向这些成果的作者表示由衷的感谢。由于编者水平有限,错误和缺点在所难免,恳请广大读者批评指正。

刘新梅

2017 年 6 月

教师反馈及教辅申请表

　　北京大学出版社本着"教材优先、学术为本"的出版宗旨，竭诚为广大高等院校师生服务。为更有针对性地提供服务，请您认真填写以下表格并经系主任签字盖章后寄回，我们将按照您填写的联系方式免费向您提供相应教辅资料，以及在本书内容更新后及时与您联系邮寄样书等事宜。

书名		书号	978-7-301-	作者	
您的姓名				职称职务	
校/院/系					
您所讲授的课程名称					
每学期学生人数	_____人_____年级			学时	
您准备何时用此书授课					
您的联系地址					
邮政编码			联系电话（必填）		
E-mail（必填）			QQ		
您对本书的建议：			系主任签字 盖章		

我们的联系方式：

北京大学出版社经济与管理图书事业部
北京市海淀区成府路 205 号，100871
联 系 人：徐冰
电　　话：010-62767312 / 62757146
传　　真：010-62556201
电子邮件：em_pup@126.com　　em@pup.cn
Q　　Q：5520 63295
新浪微博：@北京大学出版社经管图书
网　　址：http://www.pup.cn